河南省高校哲学社会科学研究重大项目“文学与地方性知识：‘中原作家群’创作及访谈、口述史研究（1976—2023）”（2025-JCZD）中期成果

2025年度河南省哲学社会科学教育强省项目《新世纪中原作家群的城乡叙事研究》（2025JYQS0203）

中原作家群研究丛书

主编 李勇

副主编 刘宏志 朱一帆

地方记忆与文化传承

潘磊 著

武汉大学出版社
WUHAN UNIVERSITY PRESS

图书在版编目(CIP)数据

地方记忆与文化传承 / 潘磊著. -- 武汉 :武汉大学出版社, 2025.8. -- 中原作家群研究丛书 / 李勇主编. -- ISBN 978-7-307-24540-2

Ⅰ. G127.61;I206.7

中国国家版本馆 CIP 数据核字第 2024UD1651 号

责任编辑:徐胡乡　　　责任校对:鄢春梅　　　版式设计:马　佳

出版发行: **武汉大学出版社**　（430072　武昌　珞珈山）

（电子邮箱: cbs22@ whu.edu.cn　网址: www.wdp. com.cn）

印刷:湖北恒泰印务有限公司

开本:720×1000　1/16　印张:18.5　字数:265 千字　插页:3

版次:2025 年 8 月第 1 版　　2025 年 8 月第 1 次印刷

ISBN 978-7-307-24540-2　　定价:96. 00 元

总　　序

在近百年来的中国现代文学发展史上，河南作家一直占有举足轻重的地位。现代文学时期虽战乱频仍，但河南还是走出了徐玉诺、曹靖华、冯沅君、尚钺、师陀、姚雪垠、丰村、赵清阁、刘知侠、于赓虞、李季、苏金伞等一众名家。虽然他们大多有流亡和迁徙的经历，创作也多是异地开花，但他们笔下的中原大地，仍堪称是近现代苦难中国的缩影。当然，现代文学史上的河南作家，确如孙荪所言——“没有形成气候”。真正形成气候是在 1949 年之后，尤其是改革开放以来，以李准、南丁、魏巍、白桦、张一弓、乔典运、田中禾、二月河、刘震云、李佩甫、周大新、柳建伟、刘庆邦、张宇、郑彦英、孙方友、墨白、李洱、冯杰、邵丽、乔叶、梁鸿、计文君、南飞雁、李清源等为代表的一大批河南作家活跃于中国文坛，才真正形成了一个不仅具有相当数量规模，而且具有鲜明地域特色的文学群体。

关于这个文学群体，历来有许多命名。从较早的“河南作家”，到 20 世纪 90 年代的“文学豫军”，再到新世纪的“中原作家群”——命名焦虑某种程度上也折射着这个文学群体的影响力。地域性文学的命名总是存在争议，这几乎是难免的。但河南作家却有一种群体性的、与其他地域作家不同的“个性”。这种“个性”不仅仅是在与南方作家的比较中显现出的一种朴实（而非绚烂）、沉重（而非轻逸）的北方风格，也不仅仅是在与西部作家的对比中展现出的一种现实（而非浪漫）、焦灼（而非自由）的中原精神底色，而是即便与相毗邻的山东、陕西等北方地区和泛中原地区的作家相比，也仍然可以分辨出的一种唯河南作家方有的气质与个性。

对于这种气质和个性，当我们拿刘震云、李佩甫和莫言、张炜、贾平凹、路遥等比较，或者拿乔叶、邵丽、南飞雁、李清源与其他北方地区的中青年作家比较时，就会有非常突出的感受。这种感受，用简单的话概括就是：河南作家对于近现代中国多灾多难的历史和现实有一种远较其他地域的作家更痛彻心扉的体认。而这种体认的来源，就是中原这块土地在中国从贫穷走向富强、从愚昧走向文明、从落后走向进步的过程中，所承受的独一无二的挣扎和撕裂之痛。因为中原有着远较其他地区更庞大滞重的前现代文明负累，故而它的转型和裂变远较其他地区更为艰难，也更为撕裂、疼痛。毫不夸张地说，新时期以来河南作家笔下最让人印象深刻——甚至过目难忘——之处，便是对这种转型之痛的痛彻展示与表达。

所以，不管是从作家作品的体量来说，还是从其个性来说，河南作家都有作为一个地域性文学群体被关注和研究的可能性和必要性。而言其“必要”，实在是因为对这个群体的观察，亦是对百年来中国社会历史发展和文化转型的回顾与反思。多年来，对这个文学群体的观察和思考，并不局限于与河南这块地域有关的学人，它受到的关注是全国性乃至世界性的。郑州大学文学院中国现当代文学专业的诸位同仁，多年来对河南作家给予了积极的、热情的关注和研究。这里原本并没有统一的规划和预先的组织，而只是因为这个文学群体及其创作实在太过醒目，以至于让人无法视而不见。

当然，此次“中原作家群研究丛书”的策划和出版应该算是一个标志。近年来，郑州大学陆续成立了二月河文学艺术研究中心、河南文学研究中心等研究机构，2024 年 3 月河南文艺评论基地（郑州大学）揭牌，这些都为我们能够更好地整合资源、调动力量，更充分、更有力地发掘“中原作家群”这一丰富的文学资源的价值，让这一地域文学资源的价值得到更好、更充分的传播与利用，创造了条件。在此，衷心感谢郑州大学文学院对该丛书出版的大力支持！感谢河南省文联、河南省作家协会、河南省文艺评论家协会，以及广大作家和学界朋友的无私帮助！同时也对武汉大学出版社诸位编辑老师为丛书出版付出的辛苦努力，表示最诚挚的敬意！

李　勇

郑州大学文学院教授、博士生导师

目　　录

引　言

2001年，中国正式加入世贸组织(WTO)，使得“全球化”概念广泛进入人们的视野。所谓“全球化”，吉登斯曾如此定义：“世界范围内的社会关系的强化，这种关系以这样一种方式将彼此相距遥远的地域连接起来，即此地所发生的事件可能是由许多英里以外的异地事件而引起，反之亦然。这是一个辩证的历史过程，因为有这种可能，即此地发生的桩桩事件却朝着引发它们的相距遥远的关系相反方向发展。”①在全球化时代，由于现代科技、传媒的发展打破了传统社会中人与人之间的隔阂，人与人、民族与民族、国家与国家之间的交流越来越畅通，整个世界变得越来越“一体化”。伴随全球化的进程，中国经济获得了飞速发展，并成为世界第二大经济体。但全球化浪潮使“地方性”更加凸显，可以说，正是在全球化语境中，“地方意识”得以大大增强，如汤姆林森所言，“日常生活中最本质的东西，恰恰是由地方性(locality)而非全球性(globality)来定义的，而且在具有侵略性的联结面前，它始终保持着文化的差异性”②。

就文学创作而言，每个作家都对自己生活过的“地方”怀有深厚的情

① [英]安东尼·吉登斯. 现代性的后果[M]. 田禾，译. 南京：译林出版社，2000：56-57.

② [英]汤姆林森. 全球化与文化[M]. 郭英剑，译. 南京：南京大学出版社，2002：10.

感，“地方”往往是其文学世界的源头，而文学对“地方”的重新建构和叙述，又成为这一地方的“地方志”，文学作品与“地方”之间在一定程度上形成了互文性结构，两者互为参照、互相引证。读者从“地方”中熟悉了小说的社会环境和风土人情，又从“地方志”中认知了“地方”的历史掌故和轶事传闻。从近年来流行的“空间”理论来看，“地方”是一个“社会空间”，“地方就是我们如何使世界有意义，也指我们经历这个世界的方式。基本来讲，地方就是权力的背景下具有意义的空间”。① 在现象学视野中，“特别的地方”是由个人和群体的讲述、社会活动、惯例和习俗、共同的“记忆”相互塑造的，它是一个包括空间性和时间性、主体性和客体性、自我和他者的结构，因此，“地方”不仅是人物活动的外部容器，还是与人的主体性不可分割的社会结构。② 同时，“国家/地方”作为一种认知框架，“地方”意味着“地方视野”，在当下全球化的语境下，研究者也认识到，“地方除了是存在之物，还是认识世界的一种方式，是我们观看、认识和理解世界的方式和途径”③。

从地理位置来看，河南是农业大省，也是中国农业文明的发源地，属于中原文化的核心区域。中原文化是一种农耕文化，其发展经历了从繁盛到衰落的过程。传说中的“三皇五帝”大多与河南关系密切，伏羲与炎帝定都于淮阳，黄帝建都于新郑，颛顼、帝喾分葬于内黄与睢阳。在中华姓氏中，约有1500个姓氏起源于河南。此外，“河图”“洛书”也在河南境内(孟津与洛水)，是《周易》的重要来源。夏商周时期，夏、商都以河南为政治中心，青铜器与甲骨文的发掘可以证明当时河南是最先进的文化区域。两汉、魏晋时期，道家、法家思想发端于中原(老子、庄

① 转引自袁红涛. 地方的浮沉：现代乡绅叙事研究[M]. 上海：上海社会科学院出版社，2023：16.

② 转引自袁红涛. 地方的浮沉：现代乡绅叙事研究[M]. 上海：上海社会科学院出版社，2023：16.

③ 黄莉萍. 找回失去的“地方”——基于西方马克思主义空间批判范式转型的阐释[D]. 上海：华东师范大学，2017.

子及韩非子都是河南人），孔子祖籍河南，他讲学、游说的主要活动区域也在中原。佛教传入中国后，最先落脚于中原，洛阳白马寺被誉为“释源祖庭”，它们构成了中原文化的基本框架。隋唐、五代、宋金时期，在文学艺术领域，河南也曾大放异彩，出现了吴道子、韩愈、杜甫、白居易、李商隐、李贺、元稹、岑参等书画家和诗人。北宋时期，洛阳的程颐、程颢“以儒为统，兼采佛道”，建立了洛学，中原文化由此趋于定型。元明清之后，中原文化逐渐衰落，据丁文江考证，河南籍名人在不同历史时期的分布情况如下：西汉时期 39 人，占 19%，名列各省第二；东汉时期 170 人，占 37%，名列各省第一；唐代 219 人，占 17%，名列各省第三；北宋 324 人，占 22%，名列各省第一；南宋 37 人，占 6%，名列各省第四；明朝 123 人，占 7%，名列各省第四。① 从这些数据中，我们可以看到中原文化逐渐衰落的轨迹。

宋朝靖康之难后，中原不再是政治、文化中心，河南也失去了“天子脚下”的风光。民国时期，黄河多次泛滥，加之持续的社会动荡、天灾人祸，河南失去了粮仓与经济中心的地位。黄河的多次改道、决口改变了河南的生态与人文环境，开封一带备受困扰，曾经繁华的朱仙镇一次次被淤泥掩埋（如今重新修缮的朱仙镇景区也是游客寥寥）。隋朝的大运河不断淤积，河南逐渐失去了漕运的便利。20 世纪 90 年代以来，在中国的市场化、现代化进程中，由于河南地处内陆，虽是交通枢纽，但人才纷纷流入东南沿海一带，经济上相对落后，河南逐渐丧失了话语权，甚至成为被讽刺、调侃的对象，一度被贴上落后、贫穷、愚昧的标签。中原文化整体上是基于农耕文明的政治文化，本质上具有强烈的政治依附性，由此导致人格独立性的匮乏以及价值观的保守。中原人的生活哲学带有强烈的官本位色彩和经世致用性，形成了崇尚权力、中庸尚和等基本价值观。笔者在读史景迁的《追寻现代中国

① 张新斌. 中原历史名人与新世纪的中原[M]//王彦武. 中原文化与现代化. 郑州：大象出版社，2002：135.

（1600—1949）》时注意到一个历史细节：1911 年，武昌起义爆发，武汉三镇因为有大量工人与长江船夫，以及有现代学堂和新军组织，成为全国革命的中心。1911 年 10 月 22 日，陕西与湖南两省新军起义，两省的咨议局领导人、议员纷纷支持革命。接着，江西、山西、云南三个省份也举起反清的大旗，但是距离北平、武汉等新文化中心较近的河南并没有走在时代的前沿。1915 年 12 月，袁世凯称帝时，国人群情激奋，纷纷抗议。1915 年 12 月，云南都督宣告独立；1916 年 1 月，贵州也宣布独立；3 月，广西通电独立，河南仍然没有积极响应。《河南》杂志曾犀利地指出：中原人眼光窄隘，作计不远。自幸居中国腹部，他省虽亡，河南不至同归于尽，冀享太平之庸福。① 对此，李凖在《黄河东流去》中有着精彩的阐述："我喜欢这些故事，他们都体现了中原一带的'侉'味，一般人管河南农民叫'侉子'，'侉'是什么东西？我理解是既浑厚善良，又机智狡黠，看去外表笨拙，内里却精明幽默，小事吝啬，大事却非常豪爽。我想这大约是黄河给予他们的性格。"②

正因为中原文化具有这种鲜明的特征，河南作家的创作呈现出一定的相似性。从人生哲学、审美情趣、艺术思维方式，到题材选择、语言运用等，中原文化都给作家的创作带来了深刻的影响。在现代文学史上，徐玉诺因描写豫西鲁山一带兵匪肆虐下百姓的凄苦而赢得了鲁迅、茅盾、叶圣陶等文坛大家的关注，师陀则以描写中原内陆小镇生活的封闭、贫瘠、保守、落后而被文坛熟知。20 世纪 80 年代以来，河南籍作家大多钟情于乡村书写，他们大多出身农村，周大新是南阳邓州人，刘震云是豫北延津人，刘庆邦是豫东沈丘人，墨白是淮阳人，冯杰是豫北安阳人，他们通过当兵、高考、文学创作等方式走向城市。李佩甫虽然生在许昌市的一个工人家庭，但童年时代曾居住在乡村，因而更钟情于

① 刘增杰. 中原文化圈与 20 世纪河南文学[J]. 焦作大学学报，2001(4).

② 李凖. 我想告诉读者一点什么？（代后记）[M]//李凖. 黄河东流去. 北京：人民文学出版社，2005：707.

乡村。此外，还有乔典运、张宇、田中禾、乔叶、邵丽等作家。正如李丹梦所言，“共同的乡村出身或乡土经验的濡染，在此至为关键，它成为豫籍作家看取世界的基本视角，并将风格彼此差别巨大的他们揽聚成一个松散又不无宿命意味的‘共同体’”①。关注农民、农村，描写乡土的苦难，以及农人被基层权力所主宰的无奈与屈辱(有时对城市诉诸强烈的“憎恨”情绪)，成为大部分豫籍作家一贯的立场。因为他们都经历了从农村到城市奋斗的艰难历程，对写作有着倔强的执着，其中暗含着通过写作改变个人命运的雄心，这也体现了中原文化经世致用的特征。张宇曾说：“那时候我在厂里，打球、跳舞、搞宣传队，因为样样都行，就觉得不过瘾。因为不过瘾，就想着要搞创作。先写诗，后写小说。开始时连连失败，也可能这失败使我着魔。我生性胆大，不相信别人干了的事，俺山里娃子就不行。”②墨白也提到：“1992 年初，我离开了生活 36 年的故乡，离开了我工作 11 年的乡村小学，我身上带着泥土气息目光里充满了胆怯进入了城市人的视野，到颍河上游的周口地区文联的文学期刊《颍水》任编辑。从某种意义上来说，我经历了 20 世纪 80 年代中期以来中国农民进入城市的运动，从那一刻起，我就开始像候鸟一样在农村和城市之间不停地迁徙。”③这种现实的动机，与民国时期的作家大异其趣，当然或许与当时是乱世有关。左翼作家周文曾说：“我的弄文学，并没有想‘登龙’或者做‘文学家’之类。从开始我就觉得要发泄，这一股怨气呀，好像如骨鲠在喉，不吐不快似的。同时我还有着一种幻想：这社会里面的人大抵是青面獠牙，自私自利，刻毒残酷卑鄙龌龊的；我孤独，可是我不能离开这社会，我还有喊一喊的勇气，在几个也许比较清醒的朋友那儿吸取些微同情的满足。”④

本书拟从地方文化的视角出发，选取若干具有代表性的作家，剖析

① 李丹梦. 文学“乡土”的地方精神[M]. 北京：北京大学出版社，2014：56.
② 朱伟. 张宇札记[J]. 当代作家评论，1991(6).
③ 墨白. 梦境、幻想与记忆[M]. 郑州：河南大学出版社，2013：429.
④ 周文. 周文文集(第 3 卷)[M]. 北京：作家出版社，2011：35.

20 世纪初以来河南籍作家的创作与中原文化的互动关系。同时，本书还将探讨这些创作如何沉淀为地方记忆的一部分，并对后来的作家产生潜移默化的影响，由此呈现出豫籍作家在拥有独特个性的同时，有着相似的群体特征。

第一章

现代史上中原文化记忆的文学书写

第一节　徐玉诺：豫西“匪祸”的创伤记忆书写

豫西地区位于黄河中下游南岸，是河南、陕西、山西三省的交会处，包括今天的洛阳、平顶山、三门峡以及郑州和许昌的西部地区。这里群山环绕，地势险要。由于战争频仍及民风彪悍，民国时期这一地区的“匪祸”闻名全国。从清末民初到中华人民共和国成立，土匪在豫西地区猖獗达半个世纪之久。出生于鲁山县徐营村的徐玉诺，童年时代就生活在这样的地域环境中。童年是一个人成长的起点，童年的经历会对后来的人生产生重要的影响。而童年的创伤也会一直留在作家的记忆中，成为他创作的母题与原型。

徐玉诺 20 世纪 20 年代初登上文坛，他的诗歌曾受到过叶圣陶、王任叔、郑振铎、闻一多、周作人等文坛大家的赞赏。叶圣陶曾在《文学周报》第 39 期发表题为《玉诺的诗》的长篇评论，称赞玉诺诗有“奇妙的表现力、奥妙的思想、绘画般的技术和吸引人的句调”①。他的小说也引起了鲁迅和茅盾的关注，鲁迅曾“三番五次嘱咐孙伏园”给徐玉诺写

① 转引自刘增杰. 中原诗坛开路人——序《徐玉诺诗文辑存》[M]//秦方奇. 徐玉诺诗文辑存(上). 郑州：河南大学出版社，2008：4.

信，让他“把发表在《晨报副刊》等的二十来篇小说收集出版”，并表示“自愿作序”①。茅盾在《中国新文学大系·小说一卷·导言》中也曾言及徐玉诺。

一、处女作《良心》

他登上五四新文坛的第一个脚印是由郭绍虞推荐发表于1921年1月7日《晨报》上的小说《良心》。《良心》创作于一个充满新与旧、启蒙与愚昧、良知与罪恶激烈冲突和较量的大变革时代。

徐玉诺是笔者的同乡，② 1894年11月5日出生于河南省鲁山县徐营村一个贫苦的农民家庭。幼年师从同盟会会员徐教诗，接受启蒙，1912年入鲁山县立高等小学堂学习，1916年毕业，考入设于省会开封的河南第一师范学校。作为一个思想积极、追求上进的热血青年，他从闭塞、淳朴的乡村走出来，感应于时代的召唤，接受了五四新文化运动所提倡的民主、科学思想。徐玉诺曾参与讨伐追随北洋政府、卖国求荣的河南督军赵倜的行动。1919年5月18日，开封学界联络各界人士共4000人，在河南第一师范学校操场召开大会，支持北京学生的爱国斗争。大会之后，开封15所中等以上学校的学生联合会宣告成立。徐玉诺被推举为学联理事，成为河南学生运动的领导人之一，领导了5月31日的总罢课。6月中旬，赵倜强令各校提前放暑假，企图以此平息学生的爱国风潮，学联将计就计，把爱国运动推向全省城乡。徐玉诺回到故乡鲁山，联络母校县立高小师生，组织了“救国10人团”，开展游行示威，查禁日货，在伏牛山麓这个闭塞的小城，掀起了革命浪潮。1920年春，全国人民掀起就山东问题与日本直接交涉的浪潮，开封学生于4月

① 徐玉诺. 怎样学习鲁迅先生[N]. 河南日报，1950-10-19.

② 笔者童年生活过的小村庄距徐营仅八里，笔者的爷爷出生于1919年，曾在青年时代见过徐玉诺。

17 日再次实行总罢课。对此，督军赵倜用卑鄙手段试图分化瓦解学联，而徐玉诺欲在开封南关火车站卧轨，以控诉军阀破坏学联的罪行，警醒同胞。大潮过后，徐玉诺陷入了苦闷和思索之中。他在极度激奋中，于是年春夏之交写出了短篇小说《良心》，揭示了法律和良心的冲突，控诉和诅咒了黑暗社会对人的良心的扭曲——中国漫长的传统社会是人治社会，人治社会的稳定与平衡是靠“良心”来维系的。爆发于 1911 年的辛亥革命在推翻封建君主专制的过程中，引进了西方近代资本主义的民主与法制，意在建立法治社会。但是，由于其时民族资产阶级的软弱性和封建势力的根深蒂固，辛亥革命的果实很快被袁世凯窃取。袁世凯企图复辟帝制，刚刚引进的法制尚未立稳脚跟便遭到肆意践踏。袁世凯及其继承者的北洋军阀统治，既无视法制又践踏了中华民族传统美德的集中体现——良心。他们争权夺利、荼毒生灵、贪赃枉法、贿赂公行、出尔反尔、卖国求荣，种种卑劣行径不仅给中国社会带来政治动荡，而且严重污染了社会风气，导致道德沦丧，良心泯灭。这种社会状况令一切有良知的知识分子忧心如焚。一旦权力和法律被丧失“良心”这条伦理底线的人们所操纵，就会变成保护旧罪恶和制造新罪恶的工具。徐玉诺少年时代在乡间受过朴素良心文化的滋养，青年时代接受了新文化运动的熏陶和“五四”爱国运动洗礼，正是在对这种社会现实痛苦而深刻的思考之后，他创作了《良心》这篇小说，来表达自己对这一问题的思考。

《良心》这篇小说十分短小，前半部分讲述了一个暂住在小旅馆里的“我”和住在对门的大律师罗子客之间的一场对话。罗子客为自己能运用法律技巧为一个“明明白白图财害命”的罪人辩护，并获取“两千块钱的酬劳”而沾沾自喜，认为法律在解决社会问题时有无上的权威。“我”则认为“良心”是为人之根本，有罪的人总摆脱不了自己良心的谴责。小说后半部分是“我”回忆起一个乡村的男孩子，他在村后放火引发了一场火灾，但他却诬陷另一个小孩是凶手，他一直受着良心的谴责，觉得那个小孩的眼光射碎了他的心，最后他终于承认自己才是放火的真凶。小说的重心在于后半部分，通过儿童的悔过之心，反映出作者对时代的深沉思索：“良心固然没有条件，势力，教人怕，但是他居人的血脉系，呼吸系，神经系的中心，能够把持一切，支配一切。人都有个良心在心里。良心本不让人违犯他的条件，要是有时照顾不到，人们的行为违犯了他的条件，立时他的势力就到人身上，各系都失掉作用；就是电信也不能这样快！并且在没有其他条件，势力，能够解脱这个势力，教人没有罪！”①良心与良知是维系人与人之间正常关系、维系社会正常运转的深层因素。在中国，“良心”具有朴素的民间伦理色彩，即“本然之善心”(朱熹)。德国哲学家费希特曾指出：“良心从来都没有犯过错误，也不可能犯错误；因为良心是对我们的纯粹原始自我的直接意识，没有任何其他意识超越了这种意识；这种意识是不能用任何其他意识检验和纠正的。”②美国哲学家弗洛姆在对资本主义文化进行批判时指出：“就其本质来说，良心就是不求同，在大家都说‘是’时能够说‘不’；而要说‘不’，则必须确定判断的正确性，这种正确性是说‘不’的基础。……人只有在体验到自己是人，不是物，也不是商品时，才会有良心。”③在弗洛姆看来，“良心”就是不从众，只有在人不被物化时，“良心”才能存在。

茅盾认为：“徐玉诺是一个有才能的作者，然而他在尚未充分发展之前，就从文坛上退隐了……他留给我们的小说只有很少的几篇，而且处处表示了他只是刚刚起步……然而从少数的篇幅中我们看见他向更高阶段发展的基本美质。”④茅盾并未指明这种美质是什么，但我们从徐玉诺的处女作《良心》中，可以感知到这种“基本美质”：

一是小说蕴含着人道主义的特质。五四新文化运动伊始，陈独秀等

① 徐玉诺. 怎样学习鲁迅先生[N]. 河南日报，1950-10-19.

② [德]费希特. 伦理学体系[M]. 梁志学，李理，译. 北京：商务印书馆，2017：180.

③ [美]艾里希·弗洛姆. 健全的社会[M]. 孙恺祥，译. 上海：上海译文出版社，2018：142.

④ 刘运峰. 中国新文学大系导言集(1917—1927)[M]. 天津：天津人民出版社，2009.

新文化运动的倡导者便要推翻陈腐雕琢的贵族文学，倡导真情真性的平民文学。周作人提倡“人的文学”，这是以人道主义为基础，将“人”摆到文学的核心位置，文学必须关注人的生存和灵魂，这也是五四新文学的核心主题。徐玉诺以诗人的敏锐观察力，洞悉了那个时代中陈旧、愚昧、罪恶对个体生命的忽视与扼杀，“杀杀杀……时代吃着生命的声响”。(《夜声》)于是，他的作品以“真”为根本，以“情”为灵魂，表现出对于生命的珍爱与关切。《良心》正是紧扣了这一时代主题。在《良心》所述及的四个人物中，作者谴责了两个因良心扭曲而丧失人道的人——律师罗子客和半大孩子。罗子客在黑暗社会污浊风气的熏染下，为了获得包括“鱼、鸭、咸腿还有二十个三炮台”的礼物和“两千块钱的酬劳”，把一个“明明白白图财害命”的罪人辩护成无罪，这无疑是在鼓励罪人更肆无忌惮地去图财害命。而半大孩子自己是放火烧一家房屋的凶手，却昧着良心“随机应变，见个小孩子在那里拾柴，我就拉住他，说他是个放火的凶手”。结果在大众盛怒之下，拾柴小孩被活活打死。然而，《良心》的主人公并非“我”和大律师罗子客，这二人只是线索和陪衬，意在烘托和渲染后半部分那个乡村半大孩子。半大孩子受不了内心的忏悔和良心对他的煎熬，临死之前终于承认了自己的所做所为，使自己的心灵得以平静，获得了安慰，借以唤醒人的善良之心。童心是人类真善美的体现，这也是徐玉诺把儿童作为主要人物的原因所在。他通过呼唤关爱生命，来对抗现实的冷酷与凄惨。从省城名律师到乡村半大小孩，其灵魂都遭到污染，良心都发生了扭曲。徐玉诺一方面对人生感到困惑和失望，觉得没有光明和希望，命运像枷锁一样紧紧扼住了个体生命的喉咙，“立在黑暗之中的是命运——他挥着死的病的大斧/截断了一切人的生活和希望”(《命运》)；另一方面，徐玉诺并未因困惑和失望而消沉，而是努力与黑暗搏斗，用自己的良知、爱与憎，以及文学笔触去复活人们心灵中已渐趋泯灭的良心。《良心》中所展现的这种对生活和生命充满激情和热爱的人道主义精神，一直贯穿在徐玉诺的整个小说创作中。

二是小说淳朴而隽永的表现力。徐玉诺不像五四时期的其他作家那样，或有书香世家的深厚文化底蕴，或有没落子弟因奋起或颓废而形成的气质，他出身于闭塞农村的贫苦农家，来自民间，带有真淳的诗人气质。作家李准曾评价徐玉诺“真纯如婴”，乡里也有“徐疯子”“徐傻子”的绰号，足见其诗人的真性情。这种诗人气质使得徐玉诺的小说没有刻意雕琢的痕迹，而是直抒胸臆，任情而行。在同时期的其他作家们专注于婚恋和“问题”小说的时候，徐玉诺则拓展了五四小说的题材，抒写乡土故事，描摹淳朴的乡土人情。他的这些乡土系列作品像一首首田园小诗，散发着芬芳的泥土气息。《良心》的人物和情节都很简单，结构也像随笔一样散漫，中间只用两句话交待了“我”想起了一桩乡村故事，便开始了对故事的叙述，在这漫不经心的建构中，却引发了读者对法律和良心的沉思，对时代和命运的反思。

三是小说中的细节描写颇见功力。《良心》中对大律师罗子客的描写仅寥寥数笔，就生动地再现了一个整日处于法律与良心冲突之中的律师形象。例如，“有时且望神地，不期然地尽力一抽，才把纸烟夹在右手第二指及第三指的中间，脸上亦微逗出笑意，要是没有喷出的烟雾替他笼罩，那脸上的皱纹便可很显著地辨得出已成了凹凸形了”。爱抽烟说明他时常陷入苦闷之中，而他凹凸不平的皱痕足以见出这一职业长时间以来对他的磨砺和摧残，暗示他也饱受良心的折磨。又如，“有一天，天还早着哩，罗子客气咻咻地从外边回来；头部充满着红血轮，静脉也涨得很粗了，只他短粗的呼吸，已足使他频频泛出的酒气遍布在一院子的空气里边。”其中，“气咻咻”“头部充满着红血轮”“静脉也涨得很粗了”这些描写，可以见出罗子客在为罪恶辩护之后良心的不安，这些不安和焦虑全都刻在了脸上。而在与“我”的一场论争之后，“罗子客静着一会，他在法庭上犀利的口才与他脱离了；以我主观的眼光看上去，似乎颓丧地头渐渐垂下了，但是他的喘息依旧不止”。他的沉默证明了他的良心尚未完全泯灭。

《良心》作为徐玉诺的处女作，当然难脱先天的稚嫩和粗糙。茅盾在赞赏徐玉诺的小说有“基本美质”的同时，还指出徐玉诺的小说“没有组织……只是将他所有的印象单纯地再现，没有经过组织分解，抽出‘典型的’什么来”。① 这与他浓厚的诗人气质有关，使得这一点既成为他小说的最大特色，同时也成为最大的缺憾。《良心》作为短篇小说，没有结构的精心构架，也没有连续发展的故事情节，这也在一定程度上说明徐玉诺一开始对小说创作便缺少文体意识。小说的形式和内容是相互影响的，过分地忽视形式必然会破坏小说的发展。2001 年诺贝尔文学奖得主、英国作家奈保尔曾说：“好的文学作品在形式和内容上一定是新的……文学，就像所有的生活艺术一样，总是在前进。作为其生命的一部分，它的主导形式应该不断改变。没有任何一种文学形式可以在同样的灵感中持续很长时间。如果每一个有创造力的人都在不断地燃烧自己的创意，那每一种文学形式总是能达到它所能做的极限。”②文学的魅力在于不断地创新，从内容到形式。从《良心》中，我们可以看到人道主义、淳朴而隽永的表现力、颇见功力的细节描写等是他的小说的“基本美质”，但文体意识的缺乏、题材的重复也妨碍了徐玉诺的小说创作向更深处作稳健的探索。

二、“唯真”的文学观

初登文坛的徐玉诺以《良心》开始自己的创作，也宣告了他“唯真”的文学观。这一文学观的形成，一方面来自他的人生经历。与鲁迅、郁达夫等“五四”作家相比，徐玉诺出身贫苦农家。鲁山徐营村地处叶县、鲁山、宝丰、郏县四县的交汇地，荒丘野岭连绵、土地贫瘠，地理位置偏僻，土匪横行，地主豪强为虐。他的祖父徐名成、父亲徐教芳都是庄稼汉，除了自己开垦的几亩荒地外，还租种了邻居的十几亩地，勉强维持

---

① 刘运峰. 中国新文学大系导言集(1917—1927)[M]. 天津：天津人民出版社，2009.

② 转引自张峰，赵静. 当代英国流散小说研究[M]. 北京：外语教学与研究出版社，2018：34.

一家人的生计。父亲徐教芳在农闲时到同村秀才徐名贤开的油坊打工，补贴家用。由于家境贫苦，徐玉诺12岁才开始入私塾开蒙，还是父亲恳请东家少算工钱，才让他受教。1913年，徐玉诺考入鲁山县立高等小学。受远亲、同盟会会员徐兴斋的影响，他对时事、政治产生兴趣，求学的费用靠母亲和妻子张氏纺棉花、织布供给。在县城读书时，他由于贫穷包不起伙食，需要家人送饭。一次，叔父徐海给他送完面后出城，恰好遇到土匪攻城，叔父身中流弹，动弹不得，最后被野狗撕扯而死。这种无法排遣的创伤记忆成为徐玉诺文学创作的一个起点。他常常对人念叨："我海叔好端端一个人，怎么就消失了？只剩一只鞋！"小说《一只破鞋》便是来源于这一经历。据徐玉诺的女儿回忆，每次从外地返乡，他必到叔父的坟头，头枕墓冢陪叔父一夜。在河南第一师范学校，徐玉诺受到五四新文化运动的影响，投身学生运动，被推选为学联理事。他组织罢课、发动演讲，但后来学联因内奸出卖而瓦解。徐玉诺曾想通过卧轨自尽来唤醒同胞，但被老师劝阻。如此年轻便"遭遇"死亡，让徐玉诺早期的诗歌里留下了对死亡的追问、对生命的意义的探索。"自杀还算得有意义的/没意思的人生/他觉得自杀也是没有趣味。"(《鬼火·二》)

1921年夏天，徐玉诺从师范毕业后，开始了四处漂泊的教书生涯。他曾在鲁山、临颍、开封、洛阳、信阳、南阳、镇平、邓县以及吉林、山东、福建等地任教，涵盖了小学、中学、师范、大学等各种层次的学校。在萧军的回忆录中，记载了他与徐玉诺相见的情形："我默默地听取着和观察着他越说越激动，越自我兴奋的理论和面部表情，当时是并不完全理解的。而这时他的一双中型的眼睛那一贯温和、微笑着的眼光不见了，变得锐利而闪动，面部上每一条粗糙的纹路也展开了，微微漫上了一层汗水的闪光。"①当时，萧军在吉林城的军阀部队里当一名骑兵，徐玉诺在当地的毓文中学当老师。面对这个正在读《野草》的年轻士兵，徐玉诺表现出长者的关心与鼓励，让萧军写下自己的诗作，并邀请

---

① 萧军. 人与人间：萧军回忆录[M]. 北京：中国文联出版社，2006：148.

他到自己任教的中学谈天。他对诗的品评给了萧军以文学的启蒙：“不管是旧体诗还是新体诗，只要能够把真实的思想和感情朴素地表现出来就是好诗！凡属装模作样的诗，花枝招展的诗，尽管它也打扮得像个‘诗的样子’，那也不是诗，它既感动不了自己，也感动不了别人，那是没有灵魂，没有血肉的诗！”①萧军坦言，“徐玉诺就是那时期我偶然遇到的第一位文学知名的诗人。也是我遇到的第一个称赞鲁迅先生《野草》为真正的诗的人”②。

在漂泊的教书生活中，贫穷和苦难始终如影随形。1923 年 3 月，在临颍教书的徐玉诺送友人去北京。朋友上火车后，他觉得话仍未说尽，决定把朋友送到郑州。到了郑州，两人又因为交谈甚欢错过了站。徐玉诺索性将朋友送到了北京。两人分手后，他已身无分文，就托朋友在《晨报》上刊登了一则《求职启示》：“徐玉诺君愿充各级学校文学教授，或各报校对及各种书记员，每日工作十至十四个钟头，月薪只需十二元。”十二元的月薪在当时仅是北京同行业最低薪水的 1/10，编辑孙伏园有意将这则启示放置在“百物出卖”栏旁，并连续几日刊出。孙伏园的这种做法颇似郁达夫写给沈从文的《给一个文学青年的公开状》，愤极之余，是对其时社会黑暗与不公的讽刺与鞭挞。一个诗人、教师与“物”并置在一起，要求的又是极低的薪水，可见当时社会的黑暗与不公。其效果正如郁达夫劝沈从文不如做贼一样：“你现在不是只愁没有地方住没有地方吃饭而又苦于没有勇气自杀么？你没有能力做土匪，没有能力拉洋车，是我今天早晨在你公寓里第一眼看见你的时候，已经晓得的。但是有一件事情，我想你还能胜任的，要干的时候一定是干得到的。这是什么事情呢？啊啊，我真不愿意说出来——我并不是怕人家对我提起诉讼，说我在嗾使你做贼，啊呀，不愿意说倒说出来了，做贼，做贼，不错，我所说的这件事情就是叫你去偷窃呀！”劝一个文学爱好者做贼，看

① 萧军. 人与人间：萧军回忆录[M]. 北京：中国文联出版社，2006：148.
② 萧军. 人与人间：萧军回忆录[M]. 北京：中国文联出版社，2006：149.

似荒诞，实则反映出当时文人谋生的艰难、生活的贫苦。郁达夫的文章写于1924年，徐玉诺的“卖身启示”刊于1923年，可见其时北京文人生存的艰苦。

“卖身启示”事件之后，徐玉诺在外流浪了四年，才回到河南老家。然而，另一个重大的痛苦又在等着他，女儿因病去世。妻子告诉他：“自你不告而别，她天天喊着爸爸，后来病了没钱医治，就死了。”未成年的女儿去世，诗人怎能不心痛？但为了释放或者说掩饰内心的痛苦，他选择了放荡形骸、怪言异行。1929年，周作人发表了徐玉诺写给他的一封书信：“诺近一年来，生活颇觉安稳，实则已驰入奇境，走到绝地……起初我还用往年那埋葬记忆，将愁印在地下的方法，回避一时，近且时时侵逼，渐渐烧着了心灵底衣襟。”①人生的巨大创痛岂能淹没于记忆之中？反而会时时浮上心头，成为难以抹去的创伤性记忆。

另一方面，徐玉诺以新诗创作登上文坛，当时的诗歌理论也多将诗歌视为一种抒发真情实感的文体。“五四”初期，新诗主要发表在《新青年》《少年中国》《觉悟》等五四新文化运动的阵地上，第一批白话诗人胡适、刘半农、周作人、俞平伯等人都是新文化运动的骨干，可见新诗与五四新文化运动的密切联系。胡适在《谈新诗》中多次提倡“写实的描写”，并赞扬“完全写实的”诗歌。作为第一批“白话诗人”，胡适所倡导的“诗须要用具体的做法，不可用抽象的做法”②，是这一时期诗人在艺术上的共同追求。因此，当时的白话诗主要分为两类：一是以白描手法对民间疾苦和社会人生的实写，如刘半农的《学徒苦》《铁匠》，胡适的《人力车夫》，周作人的《两个扫雪的人》等；二是通过托物寄兴，表现诗人对社会人生的感悟与思索，如周作人的《小河》、鲁迅的《梦》等。徐玉诺的诗歌创作正是产生在这样一个诗歌氛围中。

---

① 秦方奇. 徐玉诺诗文辑存(下)[M]. 郑州：河南大学出版社，2008：555.

② 胡适. 论新诗[M]//陈金淦. 中国文学史资料全编(现代卷)：胡适研究资料. 北京：知识产权出版社，2010：372，385.

文学研究会的俞平伯也说过，文学家的唯一天职就是"老老实实表现人生"，而"新诗的大革命，就含有浓厚的人生的色彩上面"①。创造社的郁达夫在《诗论》中如此给诗歌定位："诗是有感于中而发于外的，所以无论如何，总离不了人的情感的脉动，所以诗的旋律韵调并不是从外面发生的机械的规则，而是内部的真情直接的流露。"②写下《女神》等名篇的郭沫若也指出："诗只要是我们心中的诗意诗境底纯真的表现，命泉中流出来的 Strain，心琴上弹出来的 Melody，生地颤动，灵底喊叫；那便是真诗，好诗。""诗不是'做'出来的，只是'写出来的'。"③由此，在 20 世纪 20 年代登上诗坛的徐玉诺，亦将"真"内化为自己诗学的核心标准。他如此来理解"真"："要知道所谓丰富不在有典故而在真：真了没有不丰富的。每一缕情绪的起来，必有它所以激起的环境；那环境就表现这情绪：使这情绪再现于他人永存于世界的唯一资料。有能看见这环境剪裁这环境编织这环境，使这环境的特性的具体而微影像入纸，恰当灵活的把那一缕情绪表现出来；这就是真，这却没有不丰富的。"④徐玉诺早期的诗歌正是因为这种"真"，在诗坛受到好评。如郑振铎宣称："只有玉诺是现代的有真性情的诗人"，"他是中国新诗人里第一个高唱'他自己挽歌'的人"，"只有真情的人才能唱这挽歌"。⑤ 茅盾则评价徐玉诺是"热情的、带点原始性的粗犷的"作者，"对话是活生生的口语"，"人物描写全没有观念抽象的毛病"，"他写动作是紧张的，但亦自然"，"能够描写心灵上的轻淡的可是发自内心深处的波动"。⑥ 这些文学大家的评论推崇，可能会在某种程度上使徐玉诺更加坚信自己"真"的文学

① 俞平伯. 社会上对新诗的各种心理观[J]. 新潮，1919，2(1).

② 郁达夫. 郁达夫文集·文论(第 5 卷)[M]. 广州：花城出版社，1980：203.

③ 郭沫若. 论诗通信[M]//中国新文学大系：建设理论集，上海良友图书印刷公司，1935：347.

④ 徐玉诺.《霓裳续谱》一脔[J]. 明天，1929，2(1).

⑤ 秦方奇. 徐玉诺诗文辑存(上)[M]. 郑州：河南大学出版社，2008：55.

⑥ 茅盾. 中国新文学大系：小说一集[M]. 上海：上海文艺出版社，2003：26.

观。正如李丹梦所言："'真'或'真性'已被徐玉诺内化为精神的骨髓。他的生命驻留在原始热情、自然冲动的状态：一种了无章法的'自由'，一个罕见难得、无以名之的'真人'。"①

三、"匪祸"的创伤性记忆书写

执着于将自己真实的生命体验转化成文字的徐玉诺，在小说中以极为真切的笔触向读者呈现了豫西南这片兵匪肆虐的土地上人们凄苦的生存状态。《一只破鞋》虽然是小说，但实际上是作家生命中的血与泪化成的文字。小说中的海叔是一个三十一二岁的农夫，"赤着足，仅穿两只已破旧不堪而补着批头的鞋子；他和蔼而喜祥的渐渐下额的面孔上，还披散着不能辫住的黄色的乱发"。他虽然不识字，但对"我"这个大侄子有着深深的关爱，"我们虽说爱你读书，但是爱你更甚！……"淳朴的话语反映出他质朴、善良的性格。但是，就是这样一个普通但对"我"来说绝不普通的亲人，竟然在兵匪交战中死去了。小说中的"我"是个正在读书的青年学生，少不更事，还带着一些年轻人的狂妄与漠然，甚至盼望着更刺激、更丰富的人生。面对战火，他甚至还有一点小小的兴奋："我们也很想听得匪将的枪声，或者伤了我们，让我躺在地上。或者轻轻地从我们身边飞过。有时一只开花弹，从城垛上拭着过，或者一个老人不听响的中了一弹，向后倒下来；我便很失望的恶憎那子弹，他与我太不生关系了。"海叔失去音信后，小说在"父亲"的焦灼痛苦与"我"的漫不经心的对照中推进，有点复调的色彩："他(父亲)苦苦的寻思着，便没精打采坐在从城上塌下的石块上"，而"我的心并不能全把持叔叔身上；那战事的高兴和纸牌的沉醉，如梭一般缴绕我的思想里"。对于父亲失去兄弟的痛苦，年轻的"我"很难去体会："我并不是知道了我的父

① 李丹梦."唯真"的偏执：再论徐玉诺[J].中国现代文学研究丛刊，2017(11).

亲对于他的兄弟的悲哀是怎么一回事；没意思，只是习常的听从着父亲的命令罢了。”当他们寻到姑姑家里，姑姑说海叔曾经来过又去了，父亲已料知海叔的结局，“父亲不待她说完，便呜的一声哭起来了……我只是发呆……不知怎着！……”少不更事的“我”和持重老成的“父亲”的态度形成了强烈的张力，使小说文本更为丰富，也更有文学感染力。失去亲人的痛苦通过文学的方式得以宣泄，但是创伤很难通过写作平复，痛苦的记忆并不能随着写作而淹没。因此，作者在小说结尾写道：“我一点也不能向下写，自此以后我一点不能记忆了……。”

徐玉诺从人道主义的平民视角书写了兵匪之祸。他们并不能区分兵与匪的不同，亲人海叔究竟是死于兵之手还是死于匪之手并不重要，重要的是他在这场争斗中失去了生命。所以徐玉诺曾写道：“兵就是匪，匪就是兵。”他只是从人文主义的视角，呈现出兵匪交战中民不聊生、无数无辜生命被吞噬的现实，“在远远的黑暗中，时时有火光莹莹的闪烁着，想着是有些房屋正在燃烧，不曾有人去救灭……或者是半死不死的人们身穿着的衣裳，又在被弹火燃着”，“城上一堆一堆的死尸都不曾抬下去。他们互相枕藉着；真是想不起来，还有些受伤的在上边躺着呻吟……”这一残酷景象，徐玉诺还以诗歌的形式表现出来：

> 没有恐怖——没有哭声——
> 因为处女们和母亲
> 早已被践踏得像一束乱稻草一般
> 　　死在火焰中了。
> 只有热血的喷泼，
> 　喝血者之狂叫，
> 　　建筑的毁灭，
> 　　岩石的崩坏，
> 　　枪声，马声……
> 轰轰烈烈的杂乱的声音碎裂着。

没有黑夜和白昼——
只有弥漫天空的黑烟红火，
翻反的尘土焦灰流荡着。

——《火灾》

在频繁的战火中，“我”失去了亲人，而“我”自己也如草芥般活着，没有尊严，随时都有失去生命的可能。徐玉诺的“在摇篮里”系列小说以纪实性的文字，呈现出当时中原大地上百姓凄苦的生存状态。“在摇篮里”大多取材作者自己童年的成长经历，叙事也大多是儿童视角。儿童不谙世事的天真与现实的残酷形成了鲜明的对照。原本天真无忧的童年之梦随时都会被兵匪打断。在《在摇篮里》(其一)中，“我”八岁，弟弟才五岁，一个寒冷的冬夜，“大约二更打过一点的时候，那冰冷的风从西北角屋顶的空隙中呼呼的刮了进来，雪屑冷森森的在屋里飞散着，显得非常寒冷”，“我们”在寒冷中入睡，“母亲怕我们受着冷，持干草将泥砖烧热，放进被窝去，所以我们早在伊吱咛吱咛的纺纱声中，送到甘美的梦乡里去了”。在作者细腻的描写中，我们可以感受到，即使是在被兵匪侵扰的艰难日常中，“母亲”依然带着女性特有的温暖，用烧热的伴着干草的砖放进被窝以免孩子受冻。当然，乡村的贫瘠也可见一斑。然而，面对匪祸，这温暖是如此脆弱，“乓啦啦……乓啦啦……爷爷老白狼！爷爷秦椒红！乓啦啦……”的声响还是打破了“我”和弟弟的美梦。“我”在慌乱中被母亲推到墙头，在极大的恐惧中一头埋进草堆，但身子还露在外面。听到子弹被推进枪膛中的声音，“我”感到必死无疑，但一个土匪的善念救了“我”一命——“老红！那都是穷人家的孩子；不要管他!”可以说，“我”的生命是偶然拾来的。《到何处去(在摇篮里之三)》写的仍是“我”童年时代在土匪惊扰下的生活。土匪的到来打乱了村民的日常生活，“那时我们寨子果真住着两杆子匪(一杆子是萧老八驾着的一百八十匹马，荷的都是钢套筒；一杆子是叶县的县队，一共有八九十人，荷的是土枪。都是穿得很褴褛，不知他们为什么来到这里）。我们寨里所有还活着的，虽说不是匪，却都是匪的奴隶。我们的房子都让他们住着，小孩子们给他们放马，男人们给他们搬运东西，女人白天黑夜给他们煮饭缝衣：……虽说万难忍受，但是除死以后一时实难反抗”。成为“匪的奴隶”形象地描绘出土匪驻扎村庄后的现实。出于安全的考虑，父母将“我”送到距离家乡较远的另一所村庄暂住。在那里，“我”和另一个孩童小须常常在田间采摘野菜，因为在土匪的惊扰下村子里已经破败不堪，亲戚家泥水匠的职业已经很难维持生计。儿童的天真与时代的沧桑形成了极大的反差，“我和小须时常携了一个竹丝篮带着两把小铲，打猎一般的在田间找那些荠荠菜，毛羽菜，刺脚芽之类。虽说我们每天只有两次菜汤喝，我们并不觉得饿，在田间纵横的跑着，我一半是采菜，一半是游戏；另外在休息中间谈些荒唐的故事；这正同我们有时从途中爬出一根甜美的草根放在舌上一样”。如此艰苦的日子，儿童却并不以为意，他们仍是娱乐、游戏，草根在他们的眼里是如此甜美。唯其如此，才更映衬出岁月的艰难、时事的残酷。然而，“我”和小须难得的快乐还是被打断了，“有一天我俩正在一块麦田中慢慢的采毛羽菜，那是三月半的天气，太阳晒得田间懒洋洋的。起初自然是很静默，可以说连一点沉寂的鸡声也没有；后来渐渐有大土枪的声浪从远远的西方传来……噔，噔，噔噔噔一连接着响了一阵”。“我们”还以为是结婚的炮声，其实是土匪来了。懵懂的“我”跟着小须的爷爷开始逃离村庄，一路上孤独、恐惧、焦灼，“只见经过许多荒凉寂寞而不住一人的村落”，“我想念家乡，急得只是顿足”。晚上，“我们”不敢再到村落，“就在一所墓道上白杨林中睡下。这夜天上没有月光，只有繁星闪闪着；地上微微的闻着蚯蚓声，风刮得清冷清冷；我们互相紧靠着，在疲乏而且悲哀的心里，我渐渐的失了知觉，走进梦乡里去了。夜中时时因四近的火光和枪声醒惊过来，心中只是发颤”。在孩童的世界里，即使在惊恐中，他们仍然观察着月光、繁星、蚯蚓声。徐玉诺从儿童的视角去写土匪带来的恐惧，给残酷的世界蒙上一层温馨的薄纱，然而也更见其在儿童纯真心灵上留下的创伤。

父亲趁乱逃出城与“我”重逢，在父亲——一个成年人的叙述中，匪祸是如此恐怖，又如此真实，和儿童朦胧的感受形成了鲜明的对照。他到了一个村落，本以为是一个平安的地方，小孩子们还在街上玩耍，然而“在夜间不知是兵或是匪，在村头上放了一阵枪，便燃起火来了。那夜还刮着西北风，一时火势很烈；火焰缭绕在黑暗的夜里，仿佛全村都燃着了。一时各家男女老少都惊慌着跑到街上，却都死在街上了”。“其实我们都死了！……我醒来的时候，何营全村的火已经烧过去了；遍地都是死人，有些房上的火梁还在墙上放着残烟，独只何成一个人坐在地上望着哭着。”刚刚死里逃生的何成似乎无法从“死亡”中苏醒过来，“大家都是很难过，他却仍然是冷冷的望着空气出神”。小说最后的呼喊是让人心碎的，在土匪肆虐的大地上，弱小的我们已经无处可逃，“我同父亲又跑了，只在荒野上挣扎着——呵，我们到那里去？”童年的创伤会一直留在作家的记忆中，成为他创作的母题与原型。因此，对徐玉诺的研究必须正视他在童年时所经历的由于匪祸带来的恐惧与漂泊的情感震荡。《最后的记忆》是对这种童年创伤的抽象摹写，所谓“最后的记忆”，就是在兵匪灾祸中，“我”成为不再有灵魂、不再有生命的物化的“票子”，可以说，这成为作家一生不断浮现的梦魇。“一个下级军官带着三个兵士走近我，我……奴……噜……恐怖的心啼啼的跳着，不能言语。我全失了知觉，一切都是模糊……只见那军官在我背上印了个印记，并且指挥着兵士说：‘把这个东西做得好好的！’只恍惚那兵士在他们带着布包的腰间，哗啦一声把白亮亮的长刀从鞘中抽出……”

在近现代历史上，鲁山、宝丰是土匪比较集中的地区。小说中的白朗在历史上确有其人。白朗(1873—1914年)，字明心，河南宝丰大刘村人。他出身于农民家庭，幼入私塾，年余辍学，稍长务农，农闲赶车贩盐谋生，来往于会兴镇(在今三门峡市)、赊店镇(今社旗县)之间。白朗身高五尺，膀大腰圆，浓眉大眼，声如洪钟，见多识广，待人宽厚，仗义行侠，能为人排忧解难，被车帮兄弟推为首领，有“官大哥”之称。

1911年辛亥革命爆发后，白朗借助革命党的声威，组织起一支农民武装，以“打富济贫”为号召，打击土豪劣绅，惩治贪官污吏，自发地展开了反清斗争。1912年，白朗发动反对袁世凯的斗争。他率领的队伍转战鄂豫皖陕甘五省，先后同北洋军队20多万人展开战斗。1914年6月底，白朗义军回到豫西，分散活动。7月10日，袁世凯以“大总统统率办事处”名义，悬赏10万元购拿白朗首级，并令各路官军会剿豫西，分驻各城镇，施行联防清乡，实行连保连坐。7月26日，白朗带着剩余的五六十名弟兄，困守于宝丰、汝州交界之虎狼爬岭三山寨，与北洋军激战两昼夜，被流弹击中，年仅41岁。①

除白朗外，20世纪20年代在当地还有张庆的武装力量。张庆，字献廷，宝丰县赵庄乡魔冢营村人，原本是白朗队伍中的一员，他身材高大，鼻隆眶深，皮肤白皙，头发金黄，貌类洋人，绰号“老洋人”。白朗死后，他在豫西成立农民武装“河南自治军”，拥众千人，自任总司令。后来，他的队伍逐渐扩大至两万多人，并接受孙中山的改编，孙中山委任张庆为豫军第一师师长，兼豫军总司令。他的队伍曾多次通过捕获外籍传教士、外籍工程师而引发北洋军阀政府的恐慌。1924年1月，吴佩孚调集驻鄂豫两省军队五个混成旅，对张庆所部进行前堵后截。张庆率部连连苦战，伤亡惨重，转回鲁山、宝丰地区，最后退守郏县西北老爷顶，被北洋直系军队层层包围，血战三昼夜。突围时，参谋长丁保成变节，张庆被杀害，部队也随之瓦解。② 中国近现代的历史本身就是复杂而动荡的，从白朗、张庆的活动踪迹中，我们可以感知到当时徐玉诺及其家乡的人们的生存环境。从宏观角度看，白朗、张庆的武装配合了当时革命军的行动，冲击了北洋军阀的统治。然而，从人道主义视角来看，两方频繁的冲突和交战，以及土匪的游民特征，又造成了当地民不

① 白朗的资料，参考潘民中《白朗起义及其影响研究》，“纪念白朗殉难100周年学术座谈会”(2014. 11. 30)。

② 张庆的资料，参考潘民中《白朗起义及其影响研究》，“纪念白朗殉难100周年学术座谈会”(2014. 11. 30)。

聊生的现实，普通民众在生死线上苦苦挣扎。而徐玉诺的小说正是从人道主义的视角，以文学的形式，让我们感受到了普通百姓的生之艰难。

处于五四新文化浪潮中的徐玉诺，在极力展现豫西兵匪灾祸下百姓凄苦的同时，也继承了鲁迅乡土小说的精神，着重揭示他们在严酷的生存环境下精神心灵的异化与扭曲，借用左翼理论家胡风的概念，即“精神奴役的创伤”。在《锅腰老公》中，老人面对激烈动荡的时事，渐渐变得麻木起来，认同了农夫生命的卑微，只求苟活，“什么是死，什么活着？——人在世上同大海的水一样，变成冰，变成汽，就是变成老虎尿，还是他那一样东西，一点也不损失。活着还不胜死了的，因为现实人正是不好做的啊！”他劝慰想死的人们：“我们心里要放平安一点！只要我们活一天，就要做一点的事；有一个人活着，就要做一个人的事。只要把豆籽埋在土里会生芽，长了起来，我们总要……”这是中国近现代频繁的战乱、灾难下社会底层民众朴素的生存哲学——只能活着。尽管坚韧不拔，但也失去了生命的精神向度。这让人想起萧红对东北地区乡村的描写，“人和动物一样忙着生，忙着死”。又让人想起余华《活着》中的富贵，历经种种生活中的灾难、变故，只是依然活着。在《祖父的故事》(在摇篮里之二)中，在严酷的生存逼迫下，亲情也逐渐变异。老了的祖父，因为不能劳动，在家中仿佛成了一个多余的存在。他住在牛房中，一开始父亲还放些干草叫祖父取暖，“现在什么也没有了，那些只留着潮湿和黑暗；我们要一猛的进去，那些朽木材，细菌及干草的泡酵气味，立时会窜进你的鼻孔来，窒住你的呼吸”。在繁重的农业劳作中，祖母对不能劳动的祖父心生厌恶，甚至看着祖父吃饭也觉得不平、怨愤，而年迈的祖父只能妥协：“‘好，我就不吃；我永远也不吃了’！他说这话时，他的嘴唇颤抖着，他那残余的一个真实的男子的血轮忽然暴集在脸上，这时祖父真恼了。”其实，祖父在青年时代也是一个壮劳力，创造了自己的辉煌，“在徐营北地兴国寺的两边，有一小块四周被小河圈着的一百多亩的良田，名叫‘大荒地’的谁不知道呢。那是祖父亲手开辟的”。只有童稚的“我”愿意靠近祖父，为他端水倒茶，听他讲民间传说的鬼神故事。在童年的“我”没有世俗色彩的视角下，祖父才不成为一个多余的存在，而是一个给“我”美好童年的爷爷。“‘爷爷，你再给我讲一个故事吧！’我破空地问着，他那时仿佛也正醉心着这样残余的景致，他并不转向我，淡淡地说：‘什么故事呢?’‘什么故事都可以！’我很高兴地这样说罢，他便变作平常给我讲故事时的沉思状态。”平淡的描写中凸显了祖孙两人相处的温情，与成人世界的冷酷形成了极大的反差。

徐玉诺的描写让人想起林海音《城南旧事》中的《我们看海去》，里面的那个“他”，在成年人的世界中是一个贼，但“我”坚持认为“他”是好人，因为他尚存善念、悔过之心，想供成绩优异的弟弟出国念书，最后却被抓。“妈妈”让“我”长大了写一本书，“说一说一个坏人怎么做了贼，又怎么落得这么个下场”。但“我”反抗“妈妈”这么教“我”，“我将来长大了是要写一本书的，但决不是像妈妈说的这么写。我要写的是‘我们看海去’”①。

在《行路》中，徐玉诺为我们勾勒出被土匪（趟将）所改变的人们的生存处境，人的生命已不再是生命，而成为土匪的“票子”。文中描述道：“脱去衣裳，夺去所带的银钱，这还算小事；要是一被拉为‘票子’，那就最难受了。他们对待票子的规程，早就在他们实行上宣布出来了，凡票子当日不赎的，下入地洞。过两天不赎的，就要刮露蹄——可不是同牲口一样，刮去了脚掌上的肌肉，并将三棱瓦片刺入软肉内。要是过三天呢? 那不用说，就是撕票了。”然而，“在摇篮中”的“我”因一个土匪的善念，活了下来。但不是每一个孩子都有这样的幸运，“东乡太平庄黎老头家也不过有三十亩地，他只为一个孩子；前天被趟将拉去，居然要八百银子，黎老头遍乡哀告，才照数收集好了；及把银子交上，去领票的时候，看见已经成一堆肉片在那黑暗的地洞里了”。如果是女子被绑票，情况则更为复杂，“我们华北人最讲究女子贞操，破坏贞操的趣很高，保护贞操的也格外紧要，就是拿全家生命去换也不惜。所以女子

① 林海音. 城南旧事[M]. 长春：吉林出版集团有限责任公司，2015：96.

一被拉为‘票子’，那票钱就来到很快”。在趟将的眼中，人不过是谋取利益的工具。小说中的“我”本是一个教书匠，为了自己的安全，假扮成趟将，穿上了他们的服装，“一件紫色的有襟绸衫，一条黑汴绸裤子，一条腰带带着很长的五色穗子，是家丝织成的”。起初，“我”总害怕身份被识破，并且对那些被土匪盘剥的行人生出无限的同情与悲哀。但同行的土匪说出他们的思维逻辑：“‘一个行人一千钱，搜集起来，一百行人就是一百千！’他这样说着，就不觉得那远方之人是人类；正同渔夫捉鱼是一样神气。又仿佛行人带了钱，同野草开了花似的，是应该教我们采取的。”即刻，“那同情的悲哀，就像云散冰解的消灭了。我立时也就觉得那一百千钱是有用的！我又想起，有机会时我也要搜集许多钱，在乡下办一个幼稚园，奏钢琴……”客串了一次土匪后，“我”的心理竟然也发生了变化，小说最后，一群小孩子正在用瓦片建桥玩，完全无视了“我”这个“土匪”的存在，“犯了我的威气，我恨之的踢他两脚，骂他：‘混账东西！混蛋！’”已经有了土匪的神气了。小说以戏谑、幽默的口吻挖掘出趟将横行之处民众心理的变化，在恃强凌弱成为社会常态时，即使是被欺凌的弱者也产生了变身为“强者”从而可以欺辱更弱者的心理。徐玉诺的这种描写继承了鲁迅对国民性的批判，揭示出民众阿 Q 式的心理：见了狼变得像羊一样软弱，见了羊变得像狼一样凶狠。阿 Q 在面对假洋鬼子的“哭丧棒”时，“赶紧抽紧筋骨，耸了肩膀等候着”，如“羊”般的驯服，但是对小尼姑、小 D 这些比他更弱的弱者，他马上会露出“狼”的气势。

在小说中，徐玉诺多是直观地呈现兵匪灾祸中底层百姓的生死挣扎，而在诗歌这一文体中，他更加注重从形而上的层面去探究在极度压迫下生命的哲理与感悟。诗与哲思有着必然的联系，诗歌评论家罗振亚曾说：“诗的起点是哲学的终点，最深沉的哲学和最扣人心弦的诗都挤在哲学与诗的交界点上。优秀的诗人既是驾驭文字的高手，又是智慧的思想家。大凡有冲击力的好诗都是凝结着哲学分子，只不过以感性形态呈现出来而已。因为诗歌从本质上讲它不仅仅是一种情感，一种思想，而是主客契合的情感哲学。”①如《命运》：“前面是黑暗的；无论怎么聪明的人，连他眼前一分钟也不敢断定没有什么不好的事情出来；立在黑暗中的是命运——他挥着死的病的大斧，截断了一切人的生活和希望。”在颠沛流离、动荡不安的生活中，这种绝望感是徐玉诺最真切的感受。这首诗让人想起鲁迅的“绝望之为虚妄，正与希望相同”。与顾城的《我的幻想》也有几分神似，“我在幻想着，幻想在破灭着；幻想总把破灭宽恕，破灭却从不把幻想放过”。再如《生命》：“当恶魔重重围住我/把我的气和血全部抽出的时候，/亲近的人都说我已经死了。/但我记得，/医生用针刺入我的心房时候，/我的灵魂是平安的，/在另一个地方，/得到极浓厚极甜蜜的安慰。”由于在童年时就常常遭受死亡的威胁，所以在徐玉诺的诗作中有许多对死亡的思考。在这首诗歌中，“我”被恶魔死死缠住，失去了生命的温度，没有了气与血，但“我”的灵魂是平安的，并且得到“极甜蜜极浓厚”的安慰。正是这种对生命的观念，对灵魂和精神的执念，使他能够坦然面对死亡。在《人生之秘密》中，徐玉诺描绘了儿童无忧无虑的童年随时都有被死神造访的可能：

　　死神是什么味道？
谁知道！
因为她将走近我，并且
我觉得她快要到我身边的时候，
我早已不嗅了。
　　她有仙鹤一般
美丽而且洁白的两翼么？
我们只觉得她的沉静，寂寞，
一般轻松而且热浊的空气压着；
并未看见她的美丽，

① 来自罗振亚在郑州大学文学院的演讲《在云端舞蹈——破译新诗经典的策略》。

听得她的飞声。
　　小孩子还在那里，
他的身体依然全备；
可是他只是沉静静地睡在那里，
再不提着两条小腿在草地上跑了。
樱桃一般而荡漾着微笑的小面颊
变成蜡纸一般白；
可爱的明珠一般的眼睛，
也不再流动和睁开了。

“我”想象死神的样子，她或许是美得如仙鹤洁白的两翼，然而“我”只是感受到它的压迫，它的到来使天真的孩子也失去了之前的神采，“樱桃一般而荡漾着微笑的小面颊/变成蜡纸一般白；/可爱的明珠一般的眼睛，也不再流动和睁开了”。死神并未放过天真的孩童，他们本是沉重的现实世界中的一抹暖色，然而也被一并带走了。再如“当我把生活结算一下，发觉了死的门径时；/死的门就噶的一声开了。/不期然的，就有个小鬼立在门后，默默的向我示意；/我立时也觉得死之美了”。可以说，诗人在穷困流离的生活中，难免会遭到死亡的威胁，因而不得不去思考死亡的命题，以死来观照生。诗人以悲悯的情怀感慨命运对人的捉弄：

你看命运能够怎样的戏弄人吧！
用一个不规则的黑洞放在人的前面，
同戏弄老鼠一样；
逼迫着从这个洞里进去，
又逼迫着从这个洞里出来，
事情更没有这个再有趣味了。

——《杂诗》

人不能自主自己的命运，而是任由不断变换的游戏规则摆布，失去了做人的尊严。这种对人生况味的抒发，亦能引起当下我们的情感共鸣。这首诗与诗人食指的《疯狗》异曲同工：“受够无情的戏弄之后/我不再把自己当成人看/仿佛我成了一条疯狗/漫无目的地游荡人间/我还不是一条疯狗/不必为饥寒去冒风险/为此我希望成条疯狗/更深刻地体验生存的艰难/我还不如一条疯狗/狗急它能跳出墙院/而我只能默默地忍受/我比疯狗有更多的辛酸/假如我真的成条疯狗/能挣脱这无形的锁链/那么我将毫不迟疑地/放弃所谓神圣的人权。”写下这首诗的郭路生当时精神已经崩溃。两位诗人生活的年代不同，但同样以诗歌的形式抒发了被禁锢、被宰制的人生的悲哀。对食指的诗，摩罗如此解读：“他为什么觉得人权是奢谈哪？因为我们没有谈人权的前提。谈人权你首先是人才能够谈论人权，可是我们的生存状态，实际上我们不是人，我们只不过是一条狗。而且我们是一条狗，还没有达到发疯的程度。疯狗它还能够不顾一切摆脱外在的拘束，让自己的感情的神经真正放纵起来，奔腾起来。而我们作为一个受社会各种因素制约的人，连这种放纵和奔腾起来的可能性都没有。所以我们还不如一条疯狗。”①他的解读也适用于徐玉诺的这首诗。徐玉诺的《黑暗》像闻一多的《死水》一样，以反语的方式来“讴歌”黑暗，因为黑暗已经成为社会、人生的常态，使人无法摆脱：“世界再没有比黑暗更深奥更耐爱更全备的处所了；/在那里有人类所要有而且取不尽的东西，/在那里有人类所爱看而且看不穷的美丽，/在那里有人类所要听而且听不到的低微而且浓厚的音乐……/自由莫过于在黑暗中，/快乐莫过于在黑暗中……/罩在人类头上的，将要重落下的是黑暗呟！”再如《小诗》：“人生最好不过做梦，/一个连一个的，/遮盖了生命的斑点。”以凝练的语言抒发了对现实人生残酷的感慨。徐玉诺的《跟随者》以蛇作为意象，既写出了它所象征的无所不在的烦恼、苦闷，

① 摩罗. 论文革时期的潜在写作对时代资源的超越[J]. 社会科学论坛，2004(10).

也写出了它的亲近与亲和，甚至可以说它缓解了"我"的孤独情绪：

烦恼是一条长蛇。
我走路时看见他的尾巴，
割草时看见了他红色黑斑的腰部，
当我睡觉时看见他的头了。
烦恼又是红线一般无数小蛇，
麻一般的普遍在田野庄村间。
开眼是他，
闭眼也是他了。
呵！他什么东西都不是！
他只是恩惠我的跟随者，
他很尽职，
一刻不离的跟着我。

这首写于1922年的诗歌与冯至的诗歌名篇《蛇》构成了互文性的关系，蛇在中国文化中本是一个负面形象，象征着冰冷、阴暗，但在诗人的笔下，却成为传达爱情、相思的特殊方式：

我的寂寞是一条长蛇，
静静地没有言语。
你万一梦到它时，
千万啊，不要悚惧！
它是我忠诚的侣伴，
心里害着热烈的乡思：
它想那茂密的草原——
你头上的、浓郁的乌丝。
它月影一般的轻轻地

从你那儿轻轻走过；
它把你的梦境衔了来
像一只绯红的花朵。

正是由于现实人生的残酷，徐玉诺在诗作中大量描绘自然的美好和儿童的纯真，这成为惨淡人生中一抹温暖的色彩。这种创作倾向与顾城的《感觉》有异曲同工之妙：

天是灰色的
路是灰色的
楼是灰色的
雨是灰色的

在一片死灰中
走过两个孩子
一个鲜红
一个淡绿

李丹梦指出，徐玉诺对自然的书写是感觉型的，“它跟现代新诗初期秉持写实主义的‘风景诗’不同。徐笔下的自然，恍若一片‘感觉的森林’”①。确实，他的感受是敏锐而细腻的，如《一步》中：“我一步一步的走着，送到耳边的是两岸密林里边，小鸟的清脆的歌曲；迎面细风吹着——这是从太平洋吹过来的细风，满含着极温柔的湿润，和野香。轩松松的浅草，在我足下亲吻，我的脚一下，她也轻轻的躺下一点……”又如《无题》中：“一个小鸟不期然的落在窗外榕树小枝上，/细流……离

① 李丹梦．“唯真”的偏执：再论徐玉诺[J]．中国现代文学研究丛刊，2017(11)．

流……婉啭而清脆的唱了一板；/稍微侧一侧耳，似乎要听些什么，以后/细流……/离忧……正要一板一板的向下唱，/小孩子赤着脚跑来了；两个空挑子，在他肩上不停止的摆动，他唱着/妮妞……妮妞……”自然的美好与孩童的天真，这是一个没有被黑暗吞噬的美好世界。《小孩子》里也是这样一个自由自在的世界：

我们的步伐，是小羊
在羊场上的跳浪；
我们的歌唱，是小鸟
在树林中的流漓；
我们的心
浪漫而且狂热。

我们不知道：
什么是国界，所有权？……
什么是法律，道德？……

我们说这个世界，
自由自在的世界，
就是我们的世界

徐玉诺将自己的诗集题名为《将来之花园》也是别有深意的，在他心中，“曾闪耀着美丽的将来之梦，他也想细细心心的把他心中更美丽，更新鲜，更适合于我们的花纹组织在上边；预备着小孩子们的花园”①。在《诗》中，诗人描绘了一个捧着自己的诗和自然融为一体的场景，这应该是诗人的自况：“轻轻的捧着那些奇怪的小诗，/慢慢的走入林去；/

① 郑振铎. 卷首语[M]//徐玉诺. 将来之花园. 北京：商务印书馆，1922.

小鸟们默默的向我点头，//小虫儿向我瞥眼。/我走入更阴森更深密的林中，/暗把那些奇怪东西放在湿漉漉的草上。//看呵，这个林中！/一个个小虫都张出他的面孔来，/一个个小叶都睁开他的眼睛来，/音乐是杂乱的美妙，/树林中，这里，那里，/满满都是奇异的，神秘的诗丝织着。”徐玉诺的朋友叶圣陶曾说：“他(徐玉诺)最喜欢和自然景物互相亲密；不仅亲密，他能融化陶醉于自然景物之中，至于忘了自己。去年的初夏，他到杭州去，中间来我的乡间住了三天。那正是新苗透出不可绘的绿，云物清丽，溪水涨盈的时候。我因为我的工作，不能每天陪着他玩。他看惯了江北的山野，骤入江南的田畴，格外觉得新鲜有趣。他独自赤着脚，走入水没到膝的稻田里，抚摸溪上的竹树，探访农家的小女孩，憩坐在环门的小石桥栏，偃卧在开着野花的坟墓上。”①因此，“他的描写景物的诗——与其说描写，还不如说他自己与自然融化的诗。这一类诗他异常丰富，都有奇妙的表现力，唯美的思想，绘画一般的技术和吸引人心的句调”。② 由此可以见出，徐玉诺醉心于自然，在大自然中寻求情感慰藉，因此成就了其独特的诗歌风格。无独有偶，与徐玉诺同时代的郁达夫也曾谈到自然与艺术的关系：“自然景物以及山水，对于人生，对于艺术，都有绝大的影响，绝大的威力，却是一件千真万确的事情；所以欣赏山水以及自然景物的心情，就是欣赏艺术与人生的心情。”他还指出：“山水、自然，是可以使人性发现，使名利心减淡，使人格净化的陶冶工具。”每个人都可以做一个自然山水的欣赏者：“乡下愚夫愚妇的千里进香，都市里寄住的小市民的窗槛栽花，都是欣赏自然的心情的一丝表白。我们只教天良不泯，本性尚存，则但凭我们的直觉，也就尽够做一个自然景物与高山大水的初步欣赏者了。”③对于不少

① 叶绍钧. 玉诺的诗[M]//秦方奇. 徐玉诺诗文辑存(上). 郑州：河南大学出版社，2008：168.

② 叶绍钧. 玉诺的诗[M]//秦方奇. 徐玉诺诗文辑存(上). 郑州：河南大学出版社，2008：168.

③ 郁达夫. 郁达夫全集(11)[M]. 杭州：浙江大学出版社，2007：232.

艺术家来说，山水自然往往是他们艺术和人生的启蒙者。

徐玉诺以处女作《良心》登上文坛，就暗含着他作品背后深层的思维逻辑。在很大程度上，他试图将“个体的良心”作为解决社会矛盾、问题的途径。这种思路虽缺乏现代法治色彩，但具有淳朴的民间文化特征。在《良心》中，“我”期待着律师罗子客良心发现。在《农夫贾林的死》中，背叛仁厚的丈夫并和药房老板私通的农妇，在害死丈夫后饱受良心的折磨，最后与情夫断绝了关系。徐玉诺对良心的坚持，并以此作为当时解决社会问题的良药未免过于简单。拘泥于自身的生命体验，对时代宏观把握的欠缺，这种局限性也限制了他的作品可能达到的深度。对此，秦方奇指出：“执著地开掘自我的经验，真实地再现家乡的苦难，使他成为新文学作家中较早成名的‘泥土诗人’和‘小说家’，而对自我的太过执迷则使他可以名噪一时，‘有向更高阶段发展的美质’，但却终未跨进更高阶段的门槛，成为大家。”①

四、创伤性记忆的制约作用

徐玉诺拘泥于自身创伤性的生活经验，对当时的社会结构缺乏宏观把握。加拿大籍历史学家陈志让指出，中国在 1895 年之前是绅军政权，1895—1949 年是军绅政权。据陈志让的《军绅政权——近代中国的军阀时期》一书，在军阀割据的时代，各地军阀互相争夺地盘，导致政治黑暗，经济衰退，庞大的军费开支都转嫁到民众头上，民不聊生。1924 年第二次直奉战争之前，冯玉祥问吴佩孚关于直系军队的粮饷问题。吴佩孚说：“统由各本军随地筹办”，“兵站是用不着办的，你们只管定到哪里吃到哪里。不但自己省却许多麻烦，地方上官绅也是万分欢迎的。”吴佩孚的话揭示了军绅两个集团的联合，他们联合起来从民众身上榨取军费。兵站筹办军费的手续是“先查封”，他们以一个师或一个团的名义，

① 秦方奇. 徐玉诺诗文辑存(上)[M]. 郑州：河南大学出版社，2008：35.

给需要的粮仓、房舍、运输工具贴上纸条，印上“某某师查封”，派几个士兵把守，不准他人动用。然后，兵站负责人和财货所有人交涉。如果所有人是大军阀、大官僚、豪绅，他们利用在当地的权势，通过当地政府从其他地方筹集军队所需要的东西。如果所有人是大商人，如银行、钱庄、矿厂、轮船公司，他们可以出一笔钱，请军队到别的地方去买或者征用所需物资。如此一来，只有中小地主、富农和贫农来承担军费和兵差负担。兵站还负责“拉夫”，拉来的“夫”替军队运辎重、修战壕，或者干其他杂务。1929 年，全国 1941 个县中，823 个县负担兵差。在山西北部，兵差的数目竟高出正税 225 倍！为了应对军人的威胁，地方绅士和商人组织了自己的武装——团防，以防军人、土匪和农民，但很多地方的团防因为装备训练不足，不能防兵，也不能防匪，反而成为帮助军队镇压农民的工具。例如，四川南溪县在 1925 年一年之内换了六次占领军，地丁税从正税 7000 元增加到 323500 元，县政府和团防局都变成了代军队收税和办兵差的机关。他们在收税时利用职务之便，中饱私囊，放高利贷。军费的增加导致捐税负担的增加，地主和农民的负担都显著增加。一般来说，地主交正税即地丁税，附加税和杂税由地主和农民分摊。地主通过加租加息和扩大土地面积来转嫁负担。因此，当时的半自耕农和佃农都免不了要负债，甚至小地主和小自耕农也有负债的危险。由欠债到抵押衣物、家具、房舍、耕牛、田地，直至最后出卖田地，许多人从小地主或自耕农变为佃户。由此，造成了农村社会阶级结构的变迁，“一方面是自耕农降为佃农，造成阶级的两极分化，另一方面是新兴的地主(军阀、团阀、新的豪绅)代替了旧的文人地主。新的有枪、有权、有势的地主把公田、庙田、祠田也占为私田。而且他们能把大部分的捐税转嫁到农民身上，更加重农民的负担，促进阶级结构的两极分化”①。从上层来说，军阀之间的派系特征非常突出，“结成派系常

① 陈志让. 军绅政权——近代中国的军阀时期[M]. 桂林：广西师范大学出版社，2008：150.

以私人关系为基础，有的人把这些关系叫做‘感情’，其中包括家族、亲戚、师生、僚属、结拜兄弟、同学、同乡等传统的私人关系。这些私人关系都不是平等关系，把这些传统关系带进中国的政治生活里来，就把基本上属于平等关系的党员、议员关系，基本上是平等的人组成的政党、国会等，变成不中不西、非驴非马的东西”，“派系没有政纲，只对某一个或某一些问题有特别的看法。派系即使有组织也没有明确的组织法。派系政治行为的标准不是‘讨论、表决、少数服从多数’，而是传统的恩惠和忠诚的交换关系”①。由此可见，当时上层政治生态的恶劣。中央政府依靠外债内债，地方政府则由军绅政权向民众征得各种收入，作为维持政府运转的一种途径。“趟将”来源于农民群体，他们不同于安分守己的传统农民，见多识广，有较强的反抗性和破坏性。不可否认，他们的行为对当时黑暗的军绅政权有着激烈的反抗意义。鲁山一带的白朗和张庆的武装力量都在不同程度上冲击了军阀统治，从侧面辅助了当时革命党人的革命斗争。陈志让指出白朗所率领的农民势力的强大：“这个帮(白狼帮)于 1913 年秋在袁世凯的家乡省份河南开始活动，为了应对段祺瑞个人指挥的北洋军，白狼帮在河南、安徽、湖北、山西和甘肃发动一场打了就跑的战争，最终回到河南，并最终在这里于 1914 年秋季被将近十镇的政府军消灭。段祺瑞这支部队曾在 1913 年的革命中通过击败国民党而获得的声威，如今完全丧失了。白狼帮首领及其部队让北洋军经历了最严峻的考验，有资料证明这些令人畏惧的现代军人事实上‘没有牙齿’。”②

执着于书写个人经验的徐玉诺在文坛的昙花一现，与现代左翼作家周文颇为类似，周文侧重于写兵灾。客观来说，其时兵与匪的界限也并不清晰，如社会学家林耀华所说：“那个年代，土匪和军队的差异实在

① 陈志让. 军绅政权——近代中国的军阀时期[M]. 桂林：广西师范大学出版社，2008：101.

② [加]陈志让. 袁世凯传[M]. 王纪卿，译. 长沙：湖南人民出版社，2013：212.

不大。军队实际上是从土匪之中招募的，二者的区别仅在于后者明显不合法，而前者则是暗中搜刮人民。”①黎元洪在 1922 年也曾形象地说：“遣之则兵散为匪，招之则匪聚首为兵。”周文出生于 1907 年，四川荥经人，为了生计，16 岁就到驻西康的一个军阀部队当文书，辗转于川康边地，还在一个军官学校当过教员。过早目睹了军阀统治的黑暗、体验到现实人生的残酷，周文为数不多的作品都以揭露四川军阀统治的黑暗为主旨。他的成名作《雪地》写的就是川康大雪山中的军旅生活。在西康积雪没膝的山路上，一个营行进着，路上已经冻死两排人，冻掉手指脚趾的有一排人，数月苦战，仅剩下五六十人了。营长挪用兵饷，运回四驮子鸦片，还增加了两个蛮太太。冻掉手指的士兵不得不让同伴帮着捏糍粑吃，却挨了营长的皮鞭。士兵挤了蛮太太的坐骑，被营长踢到崖下的雪坑。终于走完了雪山，进入打箭炉的关口，旅长害怕已经被欠饷两个月的士兵闹事，又想削弱这支并非嫡系的部队，收了营长一驮鸦片的贿赂，就将他们重新改编，重新原路返回关外。带头闹事的士兵被枪毙，士兵怒火中烧，拔出刺刀杀死了长官，夺枪逃跑。

周文早期小说对川康边地风景的描绘和对军阀统治下民众生存苦难的凸显，使其在当时的文坛上颇为引人注目。1933 年，周文身在上海，得知在军阀部队供职的弟弟早已阵亡在战场，他非常悲痛，他曾经劝说弟弟离开军阀部队到上海谋生，却被要强的母亲劝阻下来。为此，周文甚至与寡母产生了隔阂，不再与她联系。周文小说中的叙事人“我”常常是一个部队中的文职人员，对于部队中的黑暗深恶痛绝而又无能为力，作品中总是弥漫着一种深深的绝望感。他的小说创作集中于 1933—1939 年，他自述创作是因为内心积存了太多的情绪，需要一个发泄的出口，这一点似乎也和徐玉诺较为相似：“我的弄文学，并没有想‘登龙’或者做‘文学家’之类。从开始我就觉得要发泄，这一股怨气呀，好像骨鲠在

① 林耀华. 金翼——一个中国家族的史记[M]. 北京：生活 · 读书 · 新知三联书店，2015：147.

喉，不吐不快似的。同时我还有着一种幻想：这社会里面的人大抵是青面獠牙，自私自利，刻毒残酷卑鄙龌龊的；我孤独，可是我不能离开这社会，我还有喊一喊的勇气，在几个也许比较清醒的朋友那儿吸取些微同情的满足。”①他的创作动机如徐玉诺一样来源于沉重的个人记忆：“它像恶魔似的时时紧抓着我的脑子，啃噬着我的心，而且常常在梦里翻演着过去的那些令人不愉快的陈迹。是一个很可怕的重负呵！使我烦恼，使我痛苦，任我怎么决心忘掉也忘不了它！”②1935年围绕他的小说《在山坡上》所发生的争论，其实反映了周文对于自身写作原则的坚持，那就是书写自己所经历的边地世界，这一点和徐玉诺也颇为相似。当《文学》主编傅东华质疑小说的真实性时，周文强调自己的写作来源于自己所经历的边地生活——这种生活的残酷性或许已经超出了人们的想象：“当我十七岁那年，在一个部队里当一个小‘军佐’的时候，第一次看见的一场战争是在家乡的一个山坡上。……只见山坡上的石板桥横呀顺的躺着十几个尸体，有的虽还没有死，但衣服已被剥去，全身和全脸都冻得惨白得带土色，而且发抖，恐怖的两眼一翻一翻地看着我们这些胜利者的敌人跨过他们的身边。我那刚才开始上坡时的那种胜利的快活心情立即消失了，换来的是恐怖和凄惨。”③

与徐玉诺所不同的是，周文在后来的写作中逐渐克服了自身经验的局限性，努力去探究军阀统治下的社会结构与经济运行的逻辑。他的长篇小说《烟苗季》以禁烟为切入点，生动地反映了纷繁复杂的军阀政治生态。烟苗季来临之际，作为肥缺职位的禁烟委员为众人所垂涎。旅长想将这一职位交给自己的亲信赵军需官、张副官长和陈监印官，并计划购进500条枪，准备成立补充团，让自己的侄子来统帅。司令官担忧旅长的势力膨胀危及自身，于是召回正在休假的吴参谋长，并派钱秘书游说

① 《在摸索中得到的教训》，收入上海生活书店1934年版《我与文学》。

② 周文. 周文文集(2)[M]. 北京：作家出版社，2011：148.

③ 周文. 关于《山坡上》的原形(1936)，后收入《多产集》，题为《我怎样写〈山坡上〉的》。

他出任补充团长。由此，形成了对立的“旅长派”和“参谋长派”。吴参谋长精明狡诈，有司令官做后盾，他外与敌营的江防军联络，内与周团长是拜把兄弟，还有参谋官和两个连长为亲信。由于赵军需官克扣兵饷，为旅长买地，帮旅长太太存款于商号，吴参谋长的亲信便煽动士兵闹饷，传统绅商也密告旅长的十大罪状，使得旅长内外交困、处境狼狈。由于旅长鲁莽骄横，不善权谋，甚至想辞职撒手回乡，但是他手下的赵军需官和张副官长却要诡计，诬陷参谋长的侄儿吴刚是刺客。旅长下令全城戒严，并派一连的士兵到参谋长公馆擒拿所有人。为了缓解欠饷危机，旅长还下令逮捕信洋教的商人宋保罗，威胁他缴纳官款。吴参谋长则以出卖矿山换取洋人的支持，洋人宣称要轰炸全城，从而逼迫司令官撤掉旅长。最后，周团长被刺身亡，吴参谋长举兵攻入旅部。

周文通过深入军阀政治的内部，揭示了军阀政治的异常黑暗和无意义无价值，派系、亲信、利益的争夺使这种政治毫无现代色彩，反而带着中世纪特有的黑暗。正如杨义所说：“它以纷繁的线索，偶或难免节外生枝，以生动的人物性格，每每是细致逼真地揭示了川康地区军阀为政的凶残和险恶，揭示了军阀之间割地分肥，军阀内部上下猜忌、派系纠结，裙带风、朋党风渗透于每个组织细胞的封建性结构。而且这种封建性结构已出现变异，一个勾结洋教堂，以出卖主权换取洋人为外援的军阀，战胜了一个强梁霸道、散发着匪气的军阀，这意味着连中国内地也日深一日地殖民地化了。”①在《在白森镇》中，周文将视角投向受军阀势力支配的地方政权，描写了一个小县城里正县长和分县长的权力争斗。分县长处处掣肘贪赃枉法的刘县长，而刘县长则怀疑军长派来的门生施服务员是监视自己的人。刚出校门的施服务员仿佛周文的自况，他带着书生气和理想主义的气质，对县长高谈阔论《民约论》和克鲁泡特金的互助论。刘县长安排亲信扮演了一场土匪由陈分县长主政的白森镇进犯山村的闹剧，怂恿施服务员将村民预先准备好的控告分县长通匪的状

① 杨义．中国现代小说史(2)[M]．北京：人民文学出版社，2011：494.

子转达军部。但是，陈分县长是师长的亲信，没有被法办，只是被撤职遣缺，由刘县长暂时代理。刘县长害怕分县长报复，让施服务员接任，薪水对分。陈分县长又唆使土匪逼刘县长把枪支转卖给富户，小县城开始流传施服务员通匪的谣言，他只得落荒而逃。小说中的施服务员书生意气，但并没有自己的原则，对权力所带来的种种利益也并不真正排斥，因此，茅盾才说："他若正式做官时，作恶的能力一定还要大。"①然而，除了施服务员的性格比较丰富外，周文的写作更多地凸显了军阀之间的利益争斗及其内部的裙带风、朋党风的盛行，强调了其统治的黑暗、腐败。从某种程度上来说，这种描写也遮蔽了更复杂的人性展示，不免有雷同的特征。1932 年，周文到上海参加了左联，曾任左联常委、组织部长。1940 年，他到延安，曾任陕甘宁边区教育厅厅长，边区秘书长。到延安后，周文主要致力于延安的文艺大众化工作，任大众读物社社长、陕甘宁边区教育厅厅长，将延安共产党的方针政策、施政纲领等以通俗的方式传达给陕甘宁边区的民众。1949 年后，他任职中央党校。1952 年，在中央党校的"三反五反"运动中，卷入复杂的政治斗争而身亡。

与周文相似的是，徐玉诺在短暂的创作爆发期后也逐渐淡出了文坛。徐玉诺放弃写作，某种程度上源于他那种情感爆发式的写作方式。书写自己沉重的人生记忆给他带来了极大的精神痛苦，这样的回忆性写作使得他非但没有遗忘反而加深了自己的痛苦记忆，甚至在情感上压垮了他。如他在诗中所写：

你好比一只
奋勇而且驯良的小牛，
在这无穷无尽
黑暗而又满着泥泞的路上

① 杨义. 中国现代小说史(2)[M]. 北京：人民文学出版社，2011：495.

把一辆满载
生活问题的小车，
拽了又拽；
那小灵魂燃烧着你所有的心血……
止不住一阵一阵的向前冲，
感得全世界的泥泞，
都起了神秘不可测的波纹！
可怜吆！
小车
被泥泞黏胶着，
分寸也不向前移动；
你那满身血汗的心灵，
竟活活的死在栋下了！

——《杂诗》(16.17)

诗人自己就是这样一辆被窘迫的生活和爆发式的情感写作压垮的“小车”，因此他最终离开了文学创作。1923 年，鲁迅曾让《晨报》编辑孙伏园带信给徐玉诺，让他把发表的小说结集出版，并愿为之作序，徐玉诺却以整理新作为由婉拒了鲁迅。李丹梦将徐玉诺婉拒鲁迅的原因归结为其“长情沟通的缺弦”以及“对长情规则的隔膜”。事实上，徐玉诺在童年时代随时都有失去生命的可能，可以说这命就是捡来的，所以他对现实人生有种超脱的态度，对常人所期盼的功名利禄报之以轻蔑。大概，童年的经历使他更能体悟人生如寄的感觉吧！与之相对的是，周文在 20 世纪 30 年代到上海之后，得到了鲁迅的诸多提携与帮助，也因此成为文学史上比较重要的左翼左家。周文到上海后就参加了左联，是左联的工作人员，负责地下出版物的发行工作。其时，鲁迅是左联的盟友，常到左联讲他对文学创作的种种看法。周文正是在听了鲁迅对于左联文学创作的意见后，将自己的作品《冰天雪地》(后改名为《雪地》)寄给鲁迅，鲁迅又将之推荐给茅盾。因此，鲁迅和周文的交往要比与徐玉诺的交往自然顺畅得多。

五、中原文化的特异存在

放弃了写作的徐玉诺以教书为生，其言行举止“特异”，仿佛以一种游侠的方式存在于世间。这种“特异”的言行，既是对童年创伤的情感宣泄，也是在自我和社会之间构筑起一道防护之墙。鲁山是墨子故里，当地流传着一首民谣：黑泥捏个墨子王，披头发，大脸膛，橡壳眼，高鼻梁，一身黑衣明晃晃，皂角大刀别身上，两只赤脚奔走忙，肩上挎个万宝囊。野鸡翎，长得花，天下污浊一扫光。① 徐玉诺的言行与墨子有几分相似。

1928 年，徐玉诺曾在淮阳师范任教。淮阳师范分为东西两部分，相距半里。徐玉诺每天奔走于两校之间上课，觉得疲惫，于是买了一匹马，驰骋于东西校区之间。“或竟策马出城而去，常常误了上课时间。有时策马过急，致马性发作，或怒做人立状，或后腿向上直踢，父子二人被翻下马，引得满街大哗。住家妇女，也探身墙头上笑得发颤。有时玉诺君在教室授课，而他的马也在窗外萧萧而鸣。在这当儿，是徐玉诺君精神大放射的时候，更讲得手舞足蹈，忘其所以。……”②20 世纪 30 年代，徐玉诺在家乡的鲁阳中学任教，他穿着紫花布短褡，里面一件衬衣，袒胸露腹，头发剃得精光，逢人便问：“你们看我像不像个罗汉？”在鲁山当地，有个穷妇人，丈夫暴病而死，儿子突发高烧，她一筹莫展。徐玉诺得知后，提出要买妇人院子里的椿树。妇人半信半疑地收了钱，徐玉诺却一去不返。还有一次，徐玉诺从福建回家路过上海，看到车站的难民人山人海，他将身上仅有的 800 元散给难民，自己大胆地冲

---

① 秦方奇. 鹰城古韵——平顶山[M]. 郑州：河南科学技术出版社，2011：34.

② 张默生. 异行传[M]. 重庆：重庆出版社，1987：199.

进头等车厢。检票员要检查他的票时，他吐了口痰，厉声喊道：“你还不认识我徐玉诺？”他教书期间的怪诞言行就更多了。据学生反映，听徐玉诺上课就像看话剧，讲台成为他的舞台，讲到高兴处，他不禁手舞足蹈。他这种游侠式的做人风格一直延续到 1949 年后。1950 年 4 月，河南省召开首届人民代表会议，深居鲁山的徐玉诺是鲁山的代表之一。他头戴瓦灰色瓜皮毡帽，身着黑平布夹袄夹裤，外套黑棉布开襟背心，裤脚紧扎，露出一截白布袜，脚蹬一双黑布鞋，满口土话。在谈到文化普及问题时，他突然激动地站起来，大声喝道：“如今咱们有的报纸，农民能看得懂吗？”言行怪诞的徐玉诺在被贫穷和战乱主导的中原地区是一个特异的存在。由于中原地区历史上长期被贫穷、战乱所侵扰，普通民众形成了生存至上的人生哲学，他们克己顺从，匍匐在大地上只为活下去，无半点超越色彩。

徐玉诺游侠式的“疯魔”一生，是中原文化中的一个特异存在，也可以说是被逼到生存极限之后的一种反击和自我保护，是中原文化中另一种独特的样态，趟将、游侠都是一种体现。徐玉诺当年告诉叶圣陶：“我们那里是土匪的产地。人家以为土匪的唯一欲望是钱财，是粮食，谁知那些只能居于副贰的地位，主要的还在猎取一种剧烈的刺激。他们掮着枪在路上走，看见农民在田里种麦，忽然高兴，便一枪把农人打死。他们走过一个寨集，忽然高兴，便放起火来……农民也觉得种田的事太平淡了。他们很高兴守寨；因为每逢守寨，总是与土匪为敌，他们可以放枪了……我也喜欢放枪；不为别的，只为放枪能引起强度的兴奋。我告诉你，生活在兴奋之中的人实在与疯子无异。前年我住在省城里，就得了这个绰号，非常确当。我可以作一个譬喻：一个人受了猛烈的火烙，在身体上留下个可怕的疤痕；以后只消抚摸或者看到这个疤痕，当时一切被烙的惨状就完全涌现在心目中了。这怎能叫人不要成为疯子！怎能叫人不要在只求在兴奋之中生活！”①这种兵匪肆乱的生活，

① 叶绍钧．火灾[J]．小说月报，1922，14(1)．

不仅改变了人们生活的物质形态，也改变了人们的精神世界。

李丹梦指出，徐玉诺的写作作为一种地方文化记忆，对其后的作家如李佩甫产生了一定的影响。徐玉诺的诗《哇哇开刀——自己的诗歌之五》中，描写了一个凶猛的叫花子在街头做骇人的表演：用刀砍向自己的头颅，向路人讨钱。李丹梦指出："徐玉诺发现，自己在写作中竟不自觉地成了一个专职表演、兜售底层苦难与鲜血的乞丐或戏子！而且这个乞丐又跟他内心的创伤、阴影——野蛮愚昧的故乡土匪形象叠合一处，这是多么难堪的事实！今天，服务于中国的功能化想象模式与地方主体角色在当代河南作家那里依旧存在，看下李佩甫、墨白等人在苦难书写中那矻矻以求的态度与狠辣恐怖的细节、场面，便可明白。"①确实如此。当代河南作家大多擅长凸显生存苦难的写作，如刘庆邦写煤矿工人的小说，尤其是《神木》，人成为向煤矿主索取赔偿金的"点子"，使读者触目惊心。墨白的小说在先锋叙事的形式中对颍河镇上人们的生存苦难的揭示多了一份浓重的历史感，并在个体心灵上留下沉重的阴影，正如他所言："作为一个农民的后代，我饱尝了由长期的城乡二元对立所构成的人格的不平等而引起的精神歧视，我深刻地体会了由精神蜕变所产生的痛苦。在无处不在的蔑视的目光里，我用力地寻找着作为一个公民应有的尊严，化解着多年来由社会的不公所带给我的自卑心理。"②刘震云则突出现代化进程中城市平民的生存之苦，以及被权力任意摆布的日常生活状态。然而，在苦难深重的现代中国，苦难书写也绝不仅仅是河南作家的专利。

以四川为例，在现代中国，四川的地域文化由于相对封闭，带有更多的历史沉积、远古遗产和民间特色。1919 年四川防区制成立，由政务处处理民政，但它的最高长官是那个防区的最高军事领袖，其余的行政

① 李丹梦．"唯真"的偏执：再论徐玉诺[J]．中国现代文学研究丛刊，2017(11)．

② 墨白．梦境、幻想与记忆[M]．郑州：河南大学出版社，2013：429．

人员都由军人委派。区内的各县都有政务处和县议会，但人员的任命以同宗、同乡、同学、亲戚和部下为标准，许多县长都是军人，这样各级政府就变成了军人领导的军绅政权。① 因此，在现代文学史上，四川作家群带有鲜明的地域文化特征：“李劼人作品所具有的成都这个西蜀古都的凝重和雄伟，艾芜作品所具有的滇缅边地的朴野和岷沱平原的明丽，沙汀作品所具有的川西北山区的阴郁和沉重，周文作品所具有的川康一隅的残酷和凄厉，都使人真切地感受到一个内陆性省份的闭塞的宗法制农村城镇之‘隔山不同风，隔水不同俗’。”②沙汀的小说和徐玉诺的作品有几分相似，都擅长书写兵匪统治下民众的生存苦难。《兽道》中，魏老婆子为了刚生完孩子的儿媳妇免遭兵匪们的侮辱而喊着“我跟你们来哩！”然而，最后媳妇还是受侮辱而死，她变疯了。这部小说的情节让人窒息，读后使人无法忘却。《在祠堂里》中，努力追求个人爱情的连长太太，却被封闭落后的巴蜀文化扼杀了年轻的生命。她的母亲身份卑微，是一个洗衣婆，连长将她们母女掳来，自居为她们的恩人，当连长发现她的不忠后，残暴地毒打她。其他军官不仅不同情，还以“婆娘家，洗脚水，洗了一盆又一盆”为由怂恿连长划破她的脸，将她配给叫花子，或者将她拖到城外让士兵轮奸，兵匪的残暴可见一斑。那些街坊邻居也并未放过这个可怜的女人，嘲笑她是“贱皮子”，要吃有吃，要穿有穿，“拿着福享不来”。他们如同冷漠的看客，“鉴赏”着连长如何将这个可怜的女性钉进棺材中。兵匪的残暴与看客的冷漠相互映衬，勾勒出一个封闭、灰色、病态的川地社会氛围。沙汀所写的城镇，其封闭与灰暗程度也远远超出了徐玉诺的豫西地区。其实，徐玉诺在写作之初，大概未曾想过兜售苦难，只是心中郁结了太多的情绪需要通过写作宣泄，在这点上，他和周文是相似的。因为不想重复、不愿重复，他和周文都自愿地放弃了写作，这未尝不是一种明智的选择。

---

① 陈志让. 军绅政权：近代中国的军阀时期[M]. 桂林：广西师范大学出版社，2008：34.

② 杨义. 中国现代小说史(2)[M]. 北京：人民文学出版社，2011：408.

第二节 王实味：从豫南乡土写真到发抒青年“零余者”的人生幽愤

王实味，1906年出生于河南信阳潢川，其父曾是前清举人。因《野百合花》而得名的王实味，其实也曾活跃于20世纪20年代的文坛。1925年，王实味曾考入北京大学文学院预科，同班同学中有王凡西、胡风。1926年2月，由徐志摩担任主编的《晨报副刊》发表了王实味的短篇小说《杨五奶奶》。1927年7月，短篇小说《毁灭的精神》发表于《现代评论》。1928年，短篇小说《陈老四的故事》发表于《创造月刊》。1929年，短篇小说《小长儿与罐头荔枝》发表于《新月》。同年10月，他还曾致信鲁迅并附上自己的小说稿，得到了鲁迅的回信。①

王实味20岁便开始在《晨报副刊》上发表小说，颇有点少年得志（1925年，徐玉诺的处女作《良心》也是发表于《晨报副刊》，不过当时徐玉诺已经25岁了），后又有小说相继发表于《现代评论》《创造月刊》等当时的著名杂志。此外，王实味的英文程度颇高——1929年24岁时便翻译了德国作家G. Hau Ptmann的小说《珊拿的邪教徒》（中华书局，1930年4月版）。1933年，他翻译的法国作家都德的小说《萨芙》作为“世界文学名著丛书”之一由商务印书馆出版；他还翻译了英国作家高尔斯华绥的小说《资产家》和哈代的《还乡》，作为“世界文学全集”中的两本由中华书局出版。这些成就在无形中养成了王实味恃才傲物的自信。1930年，他的中篇小说《休息》曾入选徐志摩主编的“新文艺丛书”，由中华书局出版。这套丛书前七种中有四种是译文，三种是创作，有沈从文的《旅法及其他》、胡也频的《一幕悲剧的写实》和徐志摩的《轮盘》。当时，沈从文已是著名作家，以其牧歌式的湘西系列在文坛独树一帜，

① 来自朱鸿召：《王实味年谱》，在《鲁迅书信集》中，并未找到鲁迅给王实味的回信。

胡也频是左联作家丁玲的丈夫，王实味的小说能够与他们并列，可见徐志摩对其作品的欣赏。据王实味夫人刘莹的回忆，王实味还曾写有《三个落伍兵》《兵祸》，讽刺他在南京的所见所闻。他将小说寄给《新月》，但当时徐志摩已经因为飞机失事去世，《新月》的主编是胡适，准备刊用，但等到审查官审查完将稿子退回时，《新月》已经宣布停刊了。

王实味保存下来的小说并不多，仅寥寥数篇。客观来说，其小说创作也并不能给人留下太深刻的印象。《陈老四的故事》与“五四”初期的小说较为类似，刻画了木匠陈老四辛苦而又麻木的人生。他和其他大多数默默无闻的底层民众一样，只求最低限度的生存，“有的是求生的力量，吃惯的是苦，更有着那种比牛马更驯顺的忍耐”。因为周边很多村民得了传染病“虎列拉”，失去生命，需要棺材，木匠陈老四的日子才过得“匀溜”起来。陈老四的灵魂是麻木的，对于那些与他一样的人们，他并无同情，他所在乎的仅仅是“只要他再死得多些，好让他发财”。从当下的视角来看，王实味的作品是对人类“平庸之恶”的思考。《小长儿与罐头荔枝》则从儿童的视角讲述了当时社会贫富差距的现实，一个佣人的孩子所期盼的只不过是没有尝过的荔枝罐头。而《杨五奶奶》以充满地域色彩的方言俚语勾画出一个泼妇的形象：“杨五奶奶那泼辣劲真够数：是男人冒犯了她，至少你得挨唾沫，吃耳光；是女人冲撞了她，更不用提，要打得你头青脸肿，皮破血流。”从穿着打扮上来说，她仿佛是赵树理笔下“三仙姑”的前辈，“大团髻子有碗口大，扎着水红头绳，还插了两朵‘蝙蝠蟠桃’的大绒花。长吊的包金耳坠，太阳照着闪闪发光。满脸的粉和胭脂，虽然擦得像戏中的那老旦，可惜枯皱纹终究没填平”。最终，她的儿媳妇不堪忍受她的折磨而死去，“娘家带了许多人来，杨五奶奶被人‘秧了大麦’，浑身打得像条花长虫”。但这篇小说在刻画乡土泼妇时，似乎遮蔽了其人格的复杂性。鲁迅的《离婚》中的爱姑在别人眼中也是一个泼妇，但其原因在于丈夫和公公借自己家的权势欺压她，而她的“泼”在象征权力的“七大人”面前荡然无存。相较而言，鲁迅的笔力更加老道，对乡村女性的灵魂的揭示也更深入。同时，泼妇在乡土社会的产生与形成，也有着多种文化基因。从民间文化的角度来说，她们的存在也意味着一种反抗，“通过这些方式，她们(泼妇)帮助自己战胜那些外部世界(天堂、地狱、社会、制度)强加在她们身上的恐惧，使自己(和辱骂的对象一起)紧紧地附着在熟悉的、能够把握的自然和生活层面上，而不是被推向恐惧的地狱或高不可攀的天堂。这种将生与死、高雅与卑下、强权与弱势界限搅乱的辱骂，正是‘民间性’因素中基本而永恒的力量之一”①。

有意思的是，王实味也有一篇小说《毁灭的精神》写到了兵灾。与徐玉诺笔下兵匪肆虐的豫西不同，《毁灭的精神》中的梅家洼地势偏僻，“既不临通衢大道，又没住有什么有钱的富户，因此，在土匪与军队双重蹂躏之下的H县，幸还没有遭过怎样的惨劫”。正是因为如此，当成千的大兵到来时，人们陷于慌乱之中，妇女和儿童大多逃走了。而秦顺，一个朴实、和善的庄稼人，因为恋家，儿子又惊风发烧，没有离去。他牵挂儿子，走着去二十里外的集上请大夫。小说对此时秦顺的心理刻画得非常生动，“他等着，等着，又悬系爱儿底病症，又担心着兵祸的降临，心中像一潭水快干完了的浑泥浆，鱼虾在里边乱跳，乱蹦，乱攒!”但等到日落，大夫也没有回来，“他对小董先生(大夫的儿子)叮嘱了又叮嘱，请他父亲一回来就坐轿子到梅家洼西小庄秦顺家去”。但回到家，秦顺看到的却是亲人惨死的现实，妻子、儿子、岳母都被杀死了。较之徐玉诺，王实味将苦难书写到了极致，妻子被大兵侮辱而死，“在床的另一端，更躺着他底爱儿福儿。那小生命底死状更加凄惨了!他胸部以下还睡在被单里，小小的脑门已被击碎，全个头颅满为血液与脑浆涂蔽，耳目口鼻已辨不清楚了!”徐玉诺探索的是当兵匪成为一种生活常态时，它对人们的生活、精神世界的影响和塑造，而王实味则凸显了兵匪的突然性，以及它对安静日常生活秩序的破坏。他愈是凸显之前

① 张柠. 土地的黄昏：中国乡村经验的微观权力分析[M]. 北京：中国人民大学出版社，2013：151.

生活的安静、美好，便愈是揭示出兵匪到来后的残酷与凄惨。小说的最后耐人寻味：平素温和的秦顺成了一个复仇者，杀死了那些大兵后，自戕而死。较之徐玉诺，王实味的描写更具戏剧性。这一结局在某种程度上也暗示了王实味情感的热烈。夫人刘莹起初对他的印象也是“工作很热情，容易激动”①。

中篇小说《休息》更是王实味自我投射的产物。这篇小说有“五四”初期“问题小说”的特征，重在揭示病态社会给青年造成的心理创伤，主人公秋涵有着郁达夫小说中“零余者”的影子。1924 年，王实味因为河南留美预备学校遇到资金问题被迫停办，转入中州大学预科，但因为家庭无力再供其上学而失学。在朋友的帮助下，他到开封邮局工作，艰难谋生。写青年与社会的矛盾，是“五四”初期不少问题小说的共同主题，冰心、郁达夫等都有涉及。“五四”初期的问题小说，是五四启蒙主义与初入社会的青年学生的社会热情和人生思考相结合的产物，但王实味将这种矛盾书写到极致，其中显露出强烈的人格特征。

有意味的是，现实中的王实味化身成为小说中的秋涵，在“龌龊黑暗”的邮局艰辛谋生，而小说中的“实薇”尚在安静的校园里读书。这一情节设置，折射出王实味对校园生活的无比留恋，他是多么想像小说中的“实薇”那样，还在美好的学生时代啊！小说以深情的笔触写校园生活的美好：“记得去年暑假，你我和梧波、直卿，大家都留在校中没回去；我们同住在二斋十五室，每天除读书外，谈天，辩论，打球，下棋，是如何地快乐！有时当月明人静之夜，我们悄悄跑到沉寂幽秘的操场去，你和直卿吹着清婉的洞箫，我和梧波轻轻地唱歌和着，那又是多么使人欣然陶醉的情境？”在师陀笔下单调的小城景致，在秋涵的心中全是美好：“我们互相偎依着静立于一座小炮台上，鉴赏那伟大的自然之真美；遥望城外的乡野，披着神秘静淡的银沙，隐隐约约地烟雾缭绕，像是梦

① 刘莹. 沉痛的诉说 无限的思念[M]//朱鸿召. 王实味文存. 上海：上海三联书店，1998：357.

中的纯美世界；城内的房屋街市，映着月光，也如银妆玉琢；街上萤火般的稀疏的电灯，更觉淡远，使我们忘却了那是风沙漠漠的汴梁。”尽管邮局有和善的尹局长如长辈般嘘寒问暖，有朴实善良的杂役，有朋友田君的陪伴，但“我”仍觉得有太多愤恨、悲哀、凄苦，难以化解，最终形成仇恨、怨愤的情绪，它们不停地损耗着“我”的健康。“我”和社会完全对立起来，“我”厌憎着社会，痛恨着社会：“这万恶社会剥夺了我应受的教育，压迫着我拿宏富的精力来干这么牛(马)的工作，丧我心灵的活泼，使我变成一架肉做的机器！”“在这毫无人味的社会里，所谓同情互助，都不过是好听的名词罢了，你所感到的只有冷酷，只有恶意！”小说中有些语言充满了怨毒之气，甚至显得过于刻薄了。

对于家人给他订下的婚事，他自然反对，因为“彼女貌既可厌，复目不识丁，而性情又极泼悍；最使我见而欲呕者，则为其裹如驴蹄之双足！”在他的心中，全然没有对女性作为封建制度牺牲品的一丝怜悯，只有深深的厌恶。这其实折射出作家自身性格的缺陷，温厚不足，刻薄有余。秋涵也意识到自己“暴烈的火性”，精神、情绪常常处于要暴烈的状态：“十天以来，我底灵魂在叫嚣，在狂喊。当我在点数汇款或开写汇票时，它在我耳旁高叫，‘死猪呀！’‘麻木不仁的死猪呀！’我底心便被这叫声刺疼了。当我做完了事或躺或望着休息时，它又‘杀呀！流血呀！死呀！死呀！’地狂呼着。”因此，可以想象，始终无法调和个人与社会、个人与环境矛盾的秋涵在母亲死后的结局了。尽管他曾经劝慰在学校的实薇：“合理的美的社会一日没建设成，人类底幸福一日不能获得。我们不可灰心，也不必望洋兴叹，因为只要努力，多少总有它底代价的。薇弟，我们不要悲观，悲观不是我们觉悟青年应有的倾向。”但他在母亲去世后，还是选择自杀结束了生命。

生活中的王实味颇似《休息》中的秋涵，性格暴烈、孤傲，有时候甚至过于尖刻，伤害了朋友和同事的感情。对徐志摩，一个将他引入现代文坛的著名诗人，他也丝毫不退让。一天，他相约到了徐志摩家，恰好徐志摩有事出去了。第二天，他再去，到了早一点。一进门，娘姨对他说："大少爷还不曾起身"，请他稍候。当时徐志摩已是知名诗人，主持《晨报副刊》，比王实味年长 10 岁，而王实味在文坛尚没有什么名气。然而，王实味火冒三丈，掉头就走。回家后，他写信将徐志摩痛骂了一顿。徐志摩接到信后，颇有君子之风，到王实味家里道歉问候。① 而据夫人刘莹记述，王实味所敬仰的一个共产党的地下工作者李芬也曾对她说："这个人是好同志。写作能力很强，就是有点好挖苦人。"李芬将王实味对自己表示好感的信交给党支部书记段纯，段纯将王实味训了一顿，让他以后不要"纠缠"李芬。王实味觉得段纯的态度与语言都有侮辱性，便与之争辩，段纯斥责王实味无组织无纪律，要开除王实味的党籍。性格孤傲的王实味说："你只能利用职权开除我的党籍，可是开除不了我头脑中的共产主义思想。"最后，王实味的党籍真的被开除了。如果说被开除党籍一事，王实味是出于对自身尊严和人格的维护，那么在有些事件中，他的表现则是过于尖刻、刻薄。王实味与张天翼在北大读书时就是好友，1932 年，张天翼从南京到上海专程拜访王实味。当时王实味与刘莹的女儿已经好几个月了，还没有结婚的张天翼高兴地逗孩子玩，王实味却语带尖刻地开玩笑："你配有这样的好孩子吗?"妻子刘莹的回忆自然有为王实味辩护的意味，她说："王实味对朋友其内心本来是像一团火，可是开起玩笑来、说起俏皮话来，常常用词尖刻，完全不顾别人的感受。"但朋友专程拜访，以如此的"玩笑话"来伤害朋友的感情，从中也可以见出王实味以自我为中心、不考虑他人感受的性格。

1937 年 10 月重新入党后的王实味，带着开封一中的学生到了延安。在延安，他的性情依然如故，丝毫没有改变，甚至因为延安是红色圣地而带着理想主义的热情去指出它的缺陷、"苛求"它的完美。1938 年 5 月，马克思诞辰 120 周年纪念日，马列学院成立，并附设一个编译室，主要从事马列经典著作的翻译。洛甫(张闻天)早就注意到王实味的英文水平和翻译能力，点名调王实味去工作。1941 年，马列学院改名为中央

① 王凡西. 谈王实味与"王实味问题"[J]. 九十年代月刊(香港)，1985(5).

研究院，王实味在中国文艺研究室任特别研究员。四年中，他翻译了200万字的理论著作，包括《德国的革命与反革命》《雇佣劳动与资本》《价值、价格与利润》，以及列宁的《什么是革命之友》《中央委员会告共产主义同盟书》《共青团的任务》等。这些书不仅在延安出版，而且在重庆和沦陷区发行。王实味在延安的翻译工作无疑助推了他在专业领域的自信及求真的科学精神。其实，早在1929年，王实味在翻译《珊拿的邪教徒》时，就不卑不亢地指出郭沫若译本的某些错误："有些地方，依据常识和上下文情，好像绝对是郭先生错了。《异端》(郭译本)的译文好像也欠流利，有些地方甚至晦涩难以索解，许是执笔时心神太粗疏了。"但他同时也对郭沫若的错漏之处颇为体谅："个人对于郭先生是很景仰的，所以绝非对于郭先生的译文来故意挑剔。我想郭先生当时也许是为了生活关系，匆匆译过就匆匆卖给书局，所以不免失于粗疏了。"①在涉及学术的争论时，可以见出王实味的心态是比较平和的。1942年3月18日，中央研究院召开整风大会。关于整风的领导问题，中宣部副部长罗迈(李维汉)指示"院领导和各研究室主任为当然委员"，而王实味提出全部检委由群众民主选举产生。最后举行表决时，赞成检委全部民选者84人，占总数3/4。结果全部由群众选举，产生了21名检委。

与徐玉诺相似的是，孤傲暴烈的王实味也有特别仗义的一面。对穷困的百姓，他常常出手相救。据刘莹回忆，有一次王实味刚得到30元稿费，马上去还房东的租金。回到家后，发现屋内一个人拉着箱子正准备往外走，王实味特别生气，但当他跟随这个人回到家，发现对方的孩子重病，家中特别穷困时，就将口袋里的10多元全部给了这个人。王实味在东北教书期间，有一次，有个学生因交不起学费，学校不让他上课。王实味给这个学生做担保，后来学费一直没有交上，学校直接从王实味的工资中扣除了费用。还有一次，有个学生的舅父受当地豪绅的欺

① 王实味．珊拿的邪教徒(译者序)［M］．上海：上海三联书店，1998：104-106.

压，王实味主动为他写打官司的状子。当然，与徐玉诺颇具传奇色彩的行侠之风相比，王实味的这些行为更多体现了他作为一个知识分子善良、正义的人格特征，但似乎缺少些徐玉诺的洒脱与不羁，也难以冲淡或缓和他人格构成中的偏激与尖刻。

徐玉诺和王实味于中原文化而言都是一个特别的存在，他们的人格更多是受到创伤后的一种应激反应和自我保护，他们的文学创作则植根于河南乡土世界，呈现出与豫西和豫南不同的乡土风情。

第三节　师陀：中原乡土文明和大都市文明之间的双重漂泊者

师陀，1910 年生于河南杞县一个姓王的小地主家庭。杞县是河南省开封市辖县，位于河南省东部，东临商丘市，南临周口太康县。杞县境内古多杞柳，因此西周称杞国，秦置雍丘县，五代改杞县。杞国的历史最早可追溯到夏朝初年。西周末杞为宋所灭，公元前 740 年，杞武公十一年，杞国从雍丘(今河南杞县)迁都至齐、鲁之间的淳于一带，重建杞国，于公元前 445 年被楚国灭亡。杞县城，古称“雍丘城”，曾是杞国的都城。杞国在这里立国 1000 余年，留下了许多文化足迹，杞县境内有众多的夏、商、周文化沉积。在民国时代，师陀生活的杞县地处内陆，不似江浙一带较早受到现代都市文化的冲击，而是一个有着浓厚传统文化气息的小城。

师陀在开封读中学时，曾自作主张将名字改为王长剑，以示对革命的向往。1931 年，他到北京，在北京曾经参加过共产党的外围组织“反帝大同盟”。“九一八”事变发生后，他以芦焚为笔名，将两篇短篇小说《请愿正篇》和《请愿外篇》寄出，分别发表在《北斗》和《文学月报》上，这是他文学活动的开始。他的笔名音译英文 Ruffins，意为暴徒，可见他的叛逆气质。他的创作引起了左翼文学刊物《北斗》主编丁玲的注意，丁玲写信问芦焚是否愿意和“左莲”女士交朋友。芦焚知道“左莲”即为“左联”，但一心想参加实际革命斗争的他只是将文学创作当做爱好，因此谢绝了丁玲。

在中国现代文学史上，从其创作倾向来看，师陀属于京派，他的第一个短篇小说集《谷》，深切地表现了北方农村的颓败，具有悲哀的抒情气质。1937 年 5 月，《谷》与曹禺的《日出》、何其芳的《画梦录》一起获得了《大公报》文艺奖金。当时，《大公报》的社评如此评价师陀的《谷》：“糅合了纤细与简约的笔……创造了不少真挚确切的人型。”师陀抗战前到上海，并在“孤岛时期”长期滞留于此。与沈从文相似，师陀也自称“乡下人”“土人”，他曾说：“我是从乡下来的人，说来可怜，除却一点泥土气息，带到身边的真亦可谓空空如也。”①这种自认是他面对都市时所持的文化立场。事实上，对闭塞、静滞的北方乡村，师陀也持批判立场。在他的小说中，当叙述人回到北方的乡村，“看到一片北方的‘废园’世界，为我们创造出‘大野上的村落，和大野后面的荒烟’特定的中原文学意象”②。“五四”以来，乡土中国的叙事形成了三种范式：以鲁迅、台静农为代表的旨在对国民性进行文化批判的乡土写实小说；以茅盾、吴组缃为代表的着重揭示经济—阶级关系的农村社会剖析小说；以废名、沈从文为代表的有着文化守成情怀的田园抒情小说。但师陀显然对这几种叙事都有所吸收和借鉴，他着重于解剖在宗法制度下的农村平凡众生的社会文化心理。师陀和沈从文同为乡下人，其不同之处在于师陀的“反田园牧歌”的乡土叙事。当年，评论家李健吾就注意到了他和沈从文的不同。在师陀的笔下，那个有着美丽风景的乡土世界“一切只是一种不谐和的拼凑：自然的美好，人事的丑陋”，“读完了之后，一个象我这样的城市人，觉得仿佛上了当，跌进一个大泥坑，没有法子举步……这像一场噩梦。但是这不是梦，老天爷！这是活脱脱的现实，那

① 芦焚. 黄花苔[M]. 上海：良友图书印刷公司，1937.

② 钱理群，温儒敏，吴福辉. 中国现代文学三十年[M]. 北京：北京大学出版社，1998：245.

样真实”。因此，“芦焚先生和沈从文的碰头是偶然的。如若他们有一时会在一起碰头，碰头之后却会分手，各自南辕北辙，不相谋面的”。①

一、封闭、落后而又充满温情的中原小镇的文学摹写

师陀的成名作《果园城记》(1946)的写作灵感源于他对朋友的一次探访。1936年夏天，师陀从北京到上海时，途中曾在一个小市镇的火车站停留，探访一位老朋友。当地萧条落后的景象引发了他的创作灵感：写一部自清朝灭亡后至今的小镇历史。小说以一位自我放逐的知识分子的短暂回乡为出发点。叙事人“我”在感叹时光流逝、世事沧桑的同时，依然在搜寻着承载童年记忆的果园城的旧时风物。因为果园城不仅仅是一个“中国小城”的代表，更最重要的是，它是“我”——一个漂泊者与放逐者的果园城：“你也许要说，所有的泥土都走过一代又一代的人；而这里的黄中微微闪着金星的对于我却大不相同，这里的每一粒沙都留着我的童年，我的青春，我的生命。就在这岸上，我曾无数次背了晚风坐着，面向将堕的红红的落日。”还有记忆中特别的一道风景，“这里我特别记起那城坡上的青草，短短的青草，密密的一点也看不出泥土的青草，整个城坡全在青色之中，当细雨过后，上面缀满了闪闪的珠子。这时便能看见白羔跳踉，一面往城上攀登”。盛产红果的果园城，遍布着果园，“果园正像云和湖一样展开，装饰了这座古老的小城。当收获季节来了，这里便充满工作时的蟋蟀声，小枝在不慎中的折断声，而在这一片声响中，又时时可以听见忙碌的呼唤和笑语。人们将最大最好的，这种酸酸的，甜甜的，像葡萄酒一样香，像粉脸一样美丽的果实放在篮里，再装进筐里，于是一船一船运往几座大城，送上消化永远不良的人们的食桌”。还有那来自大自然的声响，更加衬托出了小城的寂静：“促织瞿瞿的在土坡上叫着；河湾里散布着漂浮草和三白草；辣蓼羞涩的垂

① 李健吾. 读《里门拾记》[J]. 文学杂志，1937，1(2).

了脸，可爱的红红的脸——四周围是一种漠然的不可言道的寂静。”最让漂泊者萦怀的还是果园城的塔，它是小城的一种信仰，一种文化象征。古塔是沧桑历史的象征，它见证了果园城的历史：“果园城每天从朦胧中一醒来就看见它，它也每天看着果园城。在许多年代中，它看见过无数痛苦和杀伐战争，但它们到底烟消云散了；许多青年人在它脚下在她的观望下面死了；许多老年人和世界告别了……这个曾经看过以上种种变动的塔，现在正站在高处，像过去的无数日子，望着太阳从天际从果园城外的平原上升起来。”

除了果园城不乏温馨与清丽的自然风物，还有那些点缀了漂泊者记忆的小城人物，他们使这座小城带上了情感与生命的温度。例如，悠闲的邮差先生兼任邮务员、售票员，“每天带着老花眼镜，埋头在公案上剪裁花样。因此——再加上岁月的侵蚀，他的脊背驼了”，然而他仍是极为敬业的，“当邮件来到的时候他站起来，他念着，将它们拣出来，然后小心的扎成一束”，“小城的阳光照在他的花白头顶上，他的模样既尊贵又从容，并有一种特别的风韵，看见他你会当时趁便出来散步”。他如此悠闲是因为“他手中的信反正总有时间全部送到，那么在这个小城里，另外难道还有什么事等候他吗？”

还有给人们创造了一个让人神往的虚拟世界的说书人，“他说武松在景阳冈打虎，说李逵从酒楼上跳下去，说十字坡跟快活林，大名府同扈家庄。他的声音不高，并且时常咳嗽，但是很清楚，有时他要学鲁智深大吼，喽啰们呐喊。他用折扇打、刺、砍、劈，说道关节处将惊堂木一拍”。“我们”都被他迷住了，“他从傍晚直说道天黑一会，定更炮响过，接着是寺院里的大钟，再接着，远远的鼓楼上的云牌。当这些声音一个跟着一个以他们宏大的人们熟悉的声调响过之后，摊肆全被收去，庙里安静下来，在黑暗中只有说书人同他的听客”。“说书人”逐渐老去，在病中告别了人世，然而“在我们这些愚昧的心目中，一切曾使我们欢喜和曾使我们苦痛的全过去了，全随了岁月暗淡了，终至于消灭了，只有那些被吹嘘同根本不曾存在的人物，直到现在，等到我们稍微安闲下来，他们便在我们昏暗的记忆中出现——在我们的记忆中，他们永远顶生动顶有光辉”。说书人给了在尘世中漂泊的“我”带来多少情感的慰藉，“当你活着的时候，甚至当你支持着你的病体的时候，你可曾想到你感动过多少人，你给人多少幻想，将人的心灵引的多么远吗？”“你向这个沉闷的世界吹进一股生气，在人类的平凡生活中，你另外创造一个世人永不可企及的，一个狭义勇敢的天地吗？”

还有在黄昏时分，走街串巷卖煤油的人是果园城不可缺少的一道风景，是他点亮了每一家的煤油灯。他担着挑子，敲着木鱼，“梆！梆梆！他顺了小巷走下去，一路上喊着，比先前更响更急得敲着木鱼。所有的灯他都认识，只要摸摸他就知道是谁家的，甚至是谁用的。现在它们已经被点起来，光亮照耀在每一个屋子里了，不管是发霉的熏黑的整洁的倾塌的全照耀到了……木鱼越来越急，越响越远，最后只剩下空洞没有行人的小巷，转个弯，他的影子随即消失在昏暗中”。还有果园城的人们虚构出的水鬼阿嚏，活泼如一个孩童，渔夫将他一脚踹进河里，他却同渔夫开了个大玩笑，说他的儿子将来是个举人。渔夫信以为真，无奈儿子根本不是读书的料。事实上，“小说是将阿嚏作为果园城平民乐天派的代表人物来写的，其炉火纯青的从容抒写渗透着人与自然，与幻想中的异物之间息息交流的淳厚的情感韵味，形成了一个涤瑕荡秽、澄澈空明的审美境界”①。

我们会感叹，师陀何以将果园城勾勒得如同一幅秋日的油画般明丽、温暖、丰裕？这或是由于《果园城记》的写作贯穿了 1938 年 9 月到 1946 年 1 月，恰是战争时期。当时，他一人独寓于上海的“饿夫墓”中，动荡的时代，在战争的侵袭中时刻体味着时局的变幻、人生的孤独。可以说，在战争的背景下，人们随时都会失去生命。战争打破了人们正常的生活秩序，仿佛给原本的人生按下了暂停键，催生了人们的末日之

① 杨义. 师陀：徘徊于乡土抒情和都市心理写照之间[J]. 中国现代文学研究丛刊，1990(4).

感。正是在这样的情境下，故乡在作家的深情回望中变得如此可感、可亲：“我们只有在闲着的时候才会想到往昔的种种，才会天真的想到我们曾经在一个树林里散步，在一个荒僻地方栽过一株小树，在另一个荒僻地方曾经睡觉，在一个不知姓名者的坟上曾经读书。我们正是这样不住的找着这种旧梦，破碎的冷落的同时又是甜蜜的旧梦，在我们心里，每一个回想都是一朵花，一种香味，云和阳光织成的短歌。”

《果园城》与师陀早期的《落日光》一样，充满了漂泊在外的游子深深的悲凉之感，让读者沉浸在对人生的悲凉反省之中。小说散发着淡淡的忧伤，漂泊的游子回到故乡，想去追寻一丝难得的温情，找寻迷失的自我，然而却时常陷入无望与失落之中。小说中的“我”，其实是新旧文化之间的精神漂泊者、放逐者，在哪一种文化之中都不能找到生命的支点。《果园城记》中有四篇都讲述了漂泊者的故事，甚至可以说漂泊者是这部小说真正的主角，果园城的一切都是在漂泊者的视角下呈现出来的。在《狩猎》中，孟安卿满腹壮志，20 岁时变卖了自己的家产，离开故土和年轻的恋人去流浪。12 年后，他回到果园城，然而这个小城已将他彻底遗忘，街头卖纸烟的并不知道有他的存在。失望之中，他甚至打消了去看年轻的恋人的念头，悄悄离开了小城。同为漂泊者的“我”感慨道：“你不妨顺从你的志愿尽量往远处跑，当死来的时候，你倒下去任凭人家收尸；但记住一件，千万不要重返你先前出发的那个站头。”这不无怨伤的叙述，道出了漂泊者的生命悲凉之感。在《孟安卿的堂兄弟》中，孟季卿在北京住了将近 20 年。年轻时的他性格活泼，喜欢划船，朋友常常挤满了他的房间，绰号“安乐公”，“这个人一辈子不会叹气，跟他在一处你永远想不到忧愁”。然而，果园城中他的大家族中的兄弟排挤这个在外的游子，在财产分配上故意冷落他，并觊觎他名下的财产。“家”的伤害让他对婚姻失望，终生没有成家，渐渐老去。在一次酒后醉倒，再也没有醒来。他死后，“他的三位老哥中间发生一场大纠纷，为了遗产，他们开始兴讼。……其中有一位便跑到磨坊街去拆他的房子，另一位拆另一所，第三位当然照办……官司不住的打下去，先前的三进大宅最后遂成一片空场”。在《期待》中，漂泊者徐立刚是“我”童年时的玩伴，在外参加革命被捕，已经失去了生命。小说中的叙事者“我”来到他的家中看望他的父母。儿子的离去给这个家庭留下深深的哀伤。徐大爷知道儿子已死，但又不愿让老伴知道，“像罪人般一直在旁边被煎熬”。原本喜欢说话的徐大娘，在思念儿子的悲痛中“看起来很迟钝，脸上的皱纹比先前更深，皱褶更大”。她从柜子里拿出珍藏的布包，里面是儿子的书信。她让“我”依次读给她听，其实每一封信，信中的每一个字她都早已记熟，但还留心着每一个字。读到徐立刚在监狱中写的暗示诀别的信，她仍不愿相信儿子已死去的事实，哽咽着：“男孩子心肠真狠，也不想想当娘的怎么过的，一出去就不知道回来了”“好几年不朝家里打信，我常常想，不知道他是胖是瘦，也不知道受不受苦……我连模样都猜不出……”老两口在吃饭时还给儿子摆着碗筷，等待他的归来。“我”难掩悲痛，“热泪滚到脸上，两个老人从后面追上来，一直把我送出大门”。感人至深的文字，是对其时社会黑暗的最有力的鞭挞：“那些谋杀徐立刚的人，当他们枪毙他的时候，他们可曾想到母亲的心多么仁慈，多么广大，她的爱情多么深吗？”在《傲骨》中，他是一个小城的叛逆者，经历了诸多挫折之后，并没有和守旧的小城妥协，成了一个孤独的“憎恨者”。他在一个中学做老师的时候，“他的同事们，那些‘人师们把‘王莽’念成‘王奔’……只知道拍马、吃酒、打牌、吊膀、欺骗。……他觉得跟这种无赖同事，跟他们同样被称作先生，他好像大大的受了侮辱。”这个归乡的游子还曾试图改造小城，“在自己田地的两端——临着大路的地方和所有早已荒废的空地上以及河岸上都栽上树”。然而，穷苦的乡下人夜晚将这些树苗全部拔掉了，“用锯截断，用斧劈开，送到灶里去了”。最后，在小城中他成了一个彻底的“孤独者”，“他的原是高高扬起的表现着英气的眉，现在是紧紧的皱着，好像被大风雨摧残的树叶，低低的压在他的眼上；从他的眼里，你可以看出正耀着冷的，复仇的像囚犯们眼里耀着的那种光辉”。这篇小说有鲁迅《孤独者》的影子，写出了一个觉醒的孤独者的悲哀。

正是借助漂泊者的视角，小城的穷乏、停滞、生存的残酷才真切地呈现出来，正如作家所言，“这是一块有毒的土地”。《果园城记》中的悲剧是鲁迅所说的近乎无事的悲剧。主人公回家探访朋友，看到的是这样近乎静止的小镇：“不管世界怎样变动，它总是像那城头的塔样保持着自己的平静，猪仍旧可以蹒跚途上，女人仍可以坐在门前谈天，孩子仍可以在大路上玩土，狗仍可以在街岸打鼾。”未出嫁的老姑娘，一直在缝制着永远无机会穿的嫁衣；当年鼓吹改革的人，走上了贫穷与死亡之路。小城流传的传说和故事，更是作为精神支撑使人们安于现状，沉没在时间的长河中。小城人不喜欢科学理性地解释自然现象，而是习惯在自编的知识掌故中寻求精神安慰，“塔”这一建筑景观转化成了虚无缥渺的神仙镇妖护城的传说。农业学校毕业的葛天民想用科学改造原始农业，被解除场长职务后，成了愤世嫉俗的名士，但他思索四年，抛弃了科学，从神话、民间传说中苦心探究小城的历史。他认为，神仙赴过西王母的宴会后，想到果园城摘点水果解酒，意外发现小城衙门贪赃枉法、兄弟为争夺遗产互相残杀的劣迹，从而遗落了袍袖里的宝塔。于是，宝塔成了对人间罪恶的警告，带有强烈的道德教化色彩。果园城的小学老师贺文龙，年轻时也曾有过雄心大志，他想当一个作家，然而，小学老师生活的繁忙、经济的穷困逐渐磨损了他的理想。孩子出生后，他无钱雇用奶妈，时间又被孩子占满，年轻时写的文稿被孩子当做画纸涂鸦了。他追想起写这篇文稿时的自己，是一去不复返了：“希望、聪明、忍耐、意志，一切人类的美德无疑的全比罪恶更难成长，它们却比罪恶容易销蚀，容易腐烂，容易埋没。”单调、静止的果园城磨去了一个曾经心怀壮志的年轻人的棱角，“将来有一天他也许会跟许多悔恨他们少年行径的老年人一样，他会从新想起他的文稿，很可能以为只是当初一种妄想，一时的血气冲动。不过还有一个更大的可能，他也许——自今而后也许永不会想到它了”。师陀借风俗绘出中原小镇的特殊色彩，又透过这层色彩窥视着浸染着血与泪的人间悲喜剧。正如夏志清所说：“改革者、共产党人及国民党官员来的来了，去的去了，可是城镇本身却我行我素，继续着它懒惰、懦弱和残酷的行径。”①

小城抹去与销蚀着力图改变现状的人们的雄心，又禁锢着其中生存的女性，小城是传统宗法文化的典型代表，在封建宗法文化的束缚下，众多女性成为其牺牲品。师陀以极富同情的笔触，写出了文化封闭的小城里种种女性的生存悲剧。在《桃红》中，那个做了三箱子嫁妆等待出嫁的老姑娘素姑，仿佛是宁静小城的象征，她期待着变化，但因为地处中原，社会变革的风声很难吹拂到这里。谁能想到，素姑也曾活泼过，点缀了“我”的童年，“我很快的想起我们曾怎样亲自动手做点心，素姑怎样送我精工刺绣的钱袋，我们怎样提了竹篮到果园去买花红”。在《颜料盒》中，油三妹从小爱说爱笑，性格英勇，“比她的哥哥更像男子”。后来考进师范学校，毕业后回乡教书。在当时女性地位比较低的时代，像她这样受过教育、经济独立、思想现代的女性本应过上幸福的生活，但她的命运却以悲剧收场。读书的时候，她是人们茶余饭后的谈资。果园城里，流传着各种关于她的谣言：“人们说她和三个男人同时谈着恋爱：一个是她的先生；一个是一家高级中学的学生，一个学生会的委员；另一个是军队里的，据说是个少校。”23 岁时，她和一个同学自由恋爱，未婚先孕，遭到家人和小城的歧视。在无形的压力之下，她选择结束自己的生命，“她的枕头上因为留着很多泪还是湿的”。小说的结尾，“船场送来的锤声是不变的、痛苦的，沉重的响着，好像在钉一个棺材”，隐喻了静止、封闭的小城文化是怎样扼杀了一个年轻女性的生命。那些在叙事人“我”的生命中出现的少女，她们的人生都以悲剧收场，“第一个将不如意的去过完一生，第二个吃了藤黄……第三个少女，她因为政治运动被判五年徒刑，她将在监狱里消磨去她的大部分青春”。《一吻》中的大刘姐，“生的体面，做一手好针工”，牺牲了青春朦胧的爱恋，为了生计嫁给衙门里的一位师爷。她过上了让小城人们羡慕的好日子，然而那一丝青春的爱恋却成为她人生中无法弥补的怅惘与遗憾。她特地故地重游，

① 夏志清. 中国现代小说史[M]. 上海：复旦大学出版社，2005：295.

不承想为她拉车的车夫，就是那个曾让她萌发青春爱意的小锡匠。

在《城主》《刘爷列传》中，师陀试图探索在由宗法文化主导的小城，一个家族从兴盛走向衰败的历史。在古代，富贵之家的衰败司空见惯，因此自古就有“君子之泽，五世而斩”“大富之家，不过三代”的说法。在古典文学中，作家往往将此视为轮回或者宿命，如《红楼梦》中家族衰败的故事弥漫着一种深深的宿命感和虚无感。在“五四”以来的新文学叙事中，这一主题得到了更为丰富的开掘，形成了一个关于大家族崩溃的叙事传统，或从家族制度和礼教的道德批判着眼，或从经济——阶级的分析入手。其中最有代表性的是巴金的“激流三部曲”和《憩园》，小说深切地解剖了富荫后人、“长宜子孙”的大家庭模式，“它把祖宗财产变作套在子孙颈上的枷锁，使他们安闲自足，不思进取，不管个人性格如何，只要不突破这种家庭模式，他们就难以避免地堕落成杨梦痴式的‘败家子’或姚国栋式的奥勃洛摩夫”①。

师陀的叙事兼有二者的特征，同时更注重对中国乡土文化的探索，侧重于宗法文化主导的乡土中国社会为什么无法走出自身重复循环的困局。《城主》中的魁爷，“一个无形的果园城主人”，通过拉拢和小城中几个大家族的关系，帮助解决农民之间的诉讼、争端而迅速积累威望和财富，“官吏们从他手中得到了好处，他也从果园城的居民身上得到好处”。在“大门外面比顶和善的还要和善”，但在家里，娶了四房姨太太的他“具有一切我们能够想象到的中世纪封建主子们的最坏的特性”，“他的男仆们，即使他的和他的儿子的住宅里失了火，他们也不能随便进去。在他的禁止十二岁的男童的住宅里，他的四位太太每人有一所房屋，他每人给她们一个丫鬟，一个女仆，另外在她们房子里给她们预备一把鞭子。当她们犯了错误，只有上天也许会怜惜她们，他把她们剥得赤条条的，把她们吊起来，用专门为她们设备的鞭子抽打”。魁爷暗暗统治了果园城 15 年之久，最后还是败落了。作为大家族中专制的家长，他无法接受自己的权威被挑战和背叛——他的一个姨太太爱上他的年轻

① 杨义. 中国现代小说史(2)[M]. 北京：人民文学出版社，2011：159.

车夫。曾经不可一世的魁爷在时光的流逝中老去，渐渐被遗忘，成为人们口中的“鬼爷”“龟爷”。在《刘爷列传》中，老刘爷为了和自己的大哥大刘爷一争高下，在乡村、小城都置办了田产。30岁时，妻子刘奶奶终于为他生下一个儿子小刘爷来延续香火。自小，承载着父母振兴家族希望的小刘爷“就像一个王子似的在嫉妒、羡叹和娇宠中长大起来”。老刘爷和刘奶奶去世以后，小刘爷继承了全部遗产：一座乡下的住宅，一座城里的住宅，还有三百亩地。但他成了一个浪荡子，抛下自己的妻子，去省城买了一个妓女，被她和她所谓的“表哥”骗取全部家当后，落魄地回到果园城，以坑蒙拐骗为生。这篇小说其实是师陀的长篇小说《无望村馆主》的故事原型，它所揭示的是，千百年来乡土中国一直在上演发家与败家的故事，止步不前、原地踏梦，它自身并不能产生新的生产力、生产方式和生产关系以及生活理想，一切都是既定生活形态的重复，如发家—败家的轮替。

师陀以作家的敏感和自觉，写出了身处内陆的中原村镇的封闭和落后，揭示出中国传统村镇的超稳定结构：在这里，历史失去了本来的意义，时间不是线性流逝的，而是循环的。日月的循环、四季的循环、贫与富的循环、生与死的循环，它们构成了村镇生活的实质。师陀在小说中如此写道：“当我们长久的离开某处地方，我们忽然听见仍旧没有改变，以前我们就在这样静寂的小巷里听惯了的声调。我们从此感叹！要改变一个小城是有多么困难，假使我们看见的不仅仅是表面，我们若不看见出生和死亡，我们会相信，十年，二十年，以至五十年，它似乎永远停留在一点上没有变动。”政治的风云变幻和社会环境的变化，都很难改变村镇固有的生活方式。从某种程度上而言，传统的村镇社会就像一个具有强大吸纳力的“循环的陷阱”，“资本主义的萌芽，商品经济的兴盛，城市工业的发展，新式学校的建立，党派在农村的延伸，一切进步的因素一旦进入村落，就被强大的传统势力所化解”①。师陀所描写的

① 张乐天. 告别理想：人民公社制度研究［M］. 上海：上海人民出版社，2016：2.

并非如他所言“一切中国小城的代表”，而是中原的村镇，是现代文明尚未彻底侵入的乡村和乡镇，它们沉浸在寂寞的古老情调中。“果园城，一个假象式的西亚西亚式的名字，一切这种中国小城的代表”，自然果园城并非中国小城的代表，由于中国的地区不平衡性，果园城更多地是指尚未受到现代文明影响的小村镇，如较为偏僻的中原、四川、云贵一带。但如解志熙所说，这一词语的使用，“泄露了 20 世纪 30 年代中国社会科学界关于中国社会性质论战的讯息及其对师陀的启发”①。晚年师陀回忆，他自 20 世纪 20 年代末就接受左翼思潮影响，30 年代前期在北平积极参加了中国共产党的外围组织“反帝大同盟”的政治活动以及左翼人士组织的社会科学学习，所以他很熟悉那场以左翼社会科学工作者主导的论战。那是一场影响深远的论战，“亚西亚生产方式”(马克思对以自然经济为主的东方社会经济形态的概括)和中国社会的停滞性是论战中的热点问题。那场论战推动了社会科学工作者对农村社会的调查与研究：梁漱溟发起了乡村建设运动，一些年轻的社会人类学家则致力于乡土中国的田野调查。师陀对乡土中国封闭自足、传承有序而又循环往复、逐渐恶化的现状的描写，与费孝通对乡土中国的分析、梁漱溟对中国社会的分析有较多相似之处。因此，从现实层面来说，果园城并非当时中国一切小城的代表，但师陀的确想借助果园城所代表的宗法文化的停滞，来探讨当时中国文化的封闭、循环、停滞问题，及中国如何走出自身的困局，如何借助外部力量来实现自身的变革。

二、对都市文明的反思与批判

1936 年，师陀由北平到上海，写下了以战时上海为背景的长篇小说《结婚》和散文集《上海手札》。尽管这两部作品文体不同，但都给我们展

① 解志熙. 现代中国“生活样式的浮世绘”——师陀小说叙论[J]. 清华大学学报，2007(3).

现了一幅经济凋敝、满目疮痍、贫富悬殊、底层人艰难求生的上海景象。

长篇小说《结婚》以中学历史教员胡去恶为主线，展现了 1941 年珍珠港事件前后的上海洋场社会。胡去恶是封建大家庭的庶出子，为能与恋人结婚，他用自己的两本书稿做抵押，向富家子弟田国宝借了一万元，让在股票公司做事的花花公子钱亨帮其炒股。其间，胡去恶迷上了为报复表哥钱亨而主动向其示好的上海小姐田国秀，疏远了昔日的恋人林佩芳。然而，最终钱亨吞没了去恶的款子，两部书稿也被田国宝署名出版。为摆脱困境，去恶欲与田国秀结婚，反被田国秀骂他这个穷鬼不配。精神崩溃的去恶在幻灭中持刀杀害了钱亨，自己也被巡警开枪射死。《结婚》是中国现代文学中都市叙事的重要收获。在师陀之前，现代文学对都市的叙事大体可以分为两类：左翼作家的都市社会分析叙事和海派作家的都市新感觉叙事。左翼作家的都市社会叙事较重视社会经济问题，注重人物的阶级身份，海派小说家喜欢运用现代性技巧来揭示都市摩登的生活方式，醉心于展现都市摩登的声色光影。而师陀的都市叙事更关注社会与人，“我是写我心目中的社会与人”，“我只是刻意描写社会和人”①。

在这部小说中，师陀深入人物的内心世界，用大量篇幅写出了上海这一大都市带给胡去恶这个小人物的孤独感和自卑感。胡去恶是一个普通的中学历史教员——在上海，这是一个受人鄙夷的职业，薪水很低，他穿着寒酸(学生送他绰号“剃头师傅”)，内心深感自卑。他对恋人佩芳真实地倾吐着自己强烈的自卑感：“我自惭形秽，想起我的衣服是补缀过的，裤脚是补而不能再补的，不由我不将两臂夹紧，尽量缩小自己，使人家不看见我的丑样；我的脚也忽然害羞，似乎觉得它没有踩马路的资格。它应该钻进小胡同去，找个地缝躲起来。”与自卑相伴而生的是巨大的孤独感。当恋人佩芳一家离开上海——在去恶看来“人山人海、红尘万丈”的大都市，他立刻陷入了孤独之中：“在几百万人的上海，他举

① 师陀. 师陀全集 8(第五卷)[M]. 郑州：河南大学出版社，2004：340.

目无亲，像条断缆的船，载浮载沉，被卷来卷去，他冷了，饿了，病了，死了，谁关心他？谁想得到他？”胡去恶强烈的孤独感和自卑感，正是与上海的大都市生活方式紧密相联的。都市主义是一种全新的生活方式：众多来源广泛、背景复杂、没有血缘关系的陌生人聚集在都市的公共空间中，流动频繁，生活瞬息万变。20 世纪 30 年代，上海就已经有了相当多的百货大楼、咖啡馆、舞厅、公园、跑马场等象征现代都市文明的公共空间，上海的公共租界曾有四大百货公司——先施、永安、新新和大新，里面都设有舞厅、顶楼酒吧、咖啡馆、饭馆以及游乐场。这些公共空间所展现的是迥异于乡村生活的都市生活方式，其中所聚集的陌生人群会使初来乍到者倍感孤独——正如西美尔所说，“人们在任何地方都感觉不到在大都市人群里感到的孤立和迷失”①，去恶的孤独感和自卑感，正是在上海的公共空间得到了充分的展现。在《结婚》这部小说中，“小天堂”咖啡馆、股票交易所、大东茶馆等象征现代都市文明的公共空间，仿佛是师陀有意安排的胡去恶完成精神蜕变的重要环节。

首先是“小天堂”咖啡馆。这是钱亨第一次约胡去恶谈借债事宜的地方。同去的还有田国秀、黄美洲、“老处女”，他觉得女招待仿佛只对他十分傲慢，而对其他客人细心体贴得就像“医院里的看护”。当他不小心把茶水泼到了“老处女”的衣服上时，“老处女”一阵怪罪，田国秀巧妙地替他解了围。这一寻常的举动却使在上海找不到归属感的胡去恶倍感亲切，田国秀也显得更美丽了，他感到她“其实是很美的，那种凄伤表情特别动人”。这与他初次见到的田国秀迥然不同——在胡去恶到田国宝家借钱第一次见到田国秀时，曾认定田国秀“是个妖艳少妇，骨子里是呆板愚蠢”。正是田国秀的这一举动，使他丧失了戒备，心生感激，在上海仿佛找到了归属感，因而轻信钱亨等人，钻入了他们设好的骗局之中。尽管如此，这时他所想的仍是借钱投机，成功后和佩芳结婚。

其次是股票交易所。在小说中，这个股票交易所设施简陋、陈旧，

---

① 汪民安. 现代性[M]. 桂林：广西师范大学出版社，2005：13.

但里面挤满了来投机的三教九流：旧式商人、银行职员、公司职员、无业游民、小姐、少奶奶、小报记者、戏子、艺术家、大学教授等。在这里，去恶的投机欲望被激发起来，他不愿再去学校教书。在投机成功的想象中，他变得自大自负起来，认为“现在我也是上海市面上的人，说不定从今天起，就日月高升，发达起来”。他即刻开始瞧不起黄美州和“老处女”，认为他们“一个是被人抛弃的可怜鬼，一个是没人要的老女人”。当钱亨告诉去恶帮他净赚了二百元时，他更是认同了金钱至上的生活观念，说：“钱真是好东西，有了钱便有了快乐。”在股票交易所，去恶的人生观念已经悄然起了变化，他投机的目的已不再是结婚，而是自己的发达高升。

最后是“大东”茶馆。在这里，去恶已经不像在“小天堂”时那么自卑拘谨了，他谈笑自如，多了几许自信，仿佛获得了“新生”。他自然地把手搭在钱亨肩上，说着客套话：“你想我敢不来？既约下你，还有张小姐，打可特黄，三位大贵客，你们肯赏脸，就算看得起我来了。管他刮黑风下雹子，我也不能爽约。”由这番话可以看出，去恶的交际语言已经很老练了。也是在“大东”，他觉得田国秀更加美丽了——“像只天鹅，高贵，娇艳，喷香，光彩照人”。在“大东”吃完饭后，去恶喝醉了，跟着钱亨等人去了舞厅。在这里，“醉”具有象征的含义，暗示着去恶精神的完全堕落，他沉醉在一厢情愿的幻想中，放弃了佩芳，恋上了田国秀。

咖啡馆、股票交易所、茶馆、舞厅这些公共空间作为上海现代都市文明的象征，一方面让主人公胡去恶觉得自卑、孤独；另一方面也是一种诱惑，刺激了他融入这个都市的野心，这使他轻信于人、进入投机行业，最终一无所有，毙命于上海街头。和左翼作家把西式公共空间处理成腐败的、色情的场所不同，师陀尽管对这些场所也无好感，但他显然更注重这些场所给为生存而挣扎的小人物所带来的心理焦虑。换句话说，师陀更重视这些公共场所所代表的都市摩登生活方式如何诱发了人性之恶。

有意思的是，由于师陀在上海生活贫困，他只去过股票号和舞厅。

因此，师陀对这些空间的描绘并非写实的，主观想象的色彩较为浓厚。其实，身处上海的师陀对胡去恶这个阶层的生活是熟悉的，而对钱亨等人这一阶层的生活是十分陌生的。他曾说过："我尽管在上海住了好几年，对于上海的所谓上层社会并不了解，对于上海的'下层社会'知道的也很少，只有中层社会，我接触的比较多点。"①因此，师陀在小说中不惜以漫画式的夸张手法塑造钱亨等人来表达他对上海的认识。黄美洲是个华侨子弟，年轻时家庭富有，人长得也英俊潇洒，又是博士，因此是很多女孩心目中的理想伴侣。他娶了校花，后染上了梅毒而脸烂眼瞎，妻子跟给他治病的医生私奔了。他跟妻子打了五年官司，发誓要敲诈十万元赔款，然后告他们通奸罪，让他们不能结婚。而"老处女"张小姐，一个 30 岁的女子，为了生存，不得不和瞎了眼睛的黄美洲整天待在一起。钱亨、田国秀则是人性扭曲的代表。钱亨可以说是"吃软饭"的，他和一个富婆勾搭在一起，用富婆给他的钱再去包养舞女。他在股票上失利，需要金钱，就和田国秀重归于好。摩登女郎田国秀是师陀表现上海的重要符号。她衣着时髦、思想空洞，本看不起寒酸的去恶，但为了报复钱亨却和去恶建立了恋爱关系。在师陀笔下，上海就是一个典型的"毁人炉"，不仅使得胡去恶精神堕落、失去自我，黄美洲、钱亨、田国秀等人同样也是它的牺牲品。可见，正是上海这个都市造就了这些形形色色怪异的人，人性扭曲，道德沦丧，成为一个典型的"毁人炉"。师陀写于同时期的散文集《上海手札》则以纪实的方式书写了沦陷时期上海"毁人炉"的景象，一面是徘徊在街头的衣衫褴褛的流浪儿死在垃圾箱或马路旁边，生存在最底层的工人每天只有繁重的劳动，如乡下的驴子，下层小知识分子为全家的生计而奔波，有的被一颗流弹结束了生命，有的把积蓄花光后铤而走险；另一面是发国难财的商人奢华、安逸的生活，时髦的上海小姐仍然关心着高跟鞋和香水。这真是一个"朱门酒肉臭，路有冻死骨"的世界！

---

①　师陀. 师陀全集 5(第三卷)[M]. 郑州：河南大学出版社，2004：288.

师陀注重对上海都市文化的批判，揭示人在上海这一“毁人炉”中的精神困境和人性变异，其笔下的上海图景是比较接近于鲁迅的(师陀也确是鲁迅的敬仰者)。鲁迅多次用“上海秽区”“恶浊之地”“是非蜂起之乡”等明显贬义的词汇来表达他对20世纪30年代上海的厌恶，认为上海这个商业发达的城市留给普通市民的路只有“爬”和“撞”。由于“爬”起来太辛苦，很多人只有去“撞”——“一个个发麻的腿还在抖着，就撞过去。这比爬要轻松得多，手也不必用力，膝盖也不必移动，只要横着身子，晃一晃，就撞过去。撞得好就是五十万元大洋，妻，财，子，禄都有了”①。胡去恶就是一个受到诱惑盲目去“撞”的典型，但毕竟“撞”的成功可能性是很小的，上海最终毁灭了小人物胡去恶。在小说中，对这种生活哲学深有体会的是黄美州，他告诉胡去恶，“在上海这个地方，你得记住第一要狠。狠就是一切的一切”，因为“这个世界是吃人的世界，别人吃我，我也应该吃人，大家都不需要良心”。他自己谎称自己是英国博士，说话夹杂英文，以摩登自居，最终还与女秘书结了婚。

出于对都市文化批判的需要，师陀的上海叙述依据整体化原则统一起来，上海的差异性、复杂性被掩盖了，作者仿佛是有意忽略了上海所代表的都市文明的现代性意义。这或许是因为战争的侵袭，上海确已破败不堪；或许是因为师陀是一个坚定的爱国反帝的知识者；但更深层的原因在于师陀执着于“乡下人”的立场，对上海的都市文明持批判态度。师陀于1931年离开家乡赴北平，在北平生活了近五年后，于1936年到达上海。抗日战争爆发后，师陀一直蛰居于“饿夫墓”里，靠担任苏联上海广播电台文学编辑和微薄的稿费生活，贫穷落寞，冷眼观察着上海的人情世态。师陀在内心深处对都市文化难以认同，他的作品强烈地批判着都市的黑暗与不公，以及都市文明对人性的扭曲与扼杀。在《结婚》《上海手札》中，他揭示的是上海的贫富悬殊及金钱至上的生活观对各类人物人格的扭曲。但不可否认，上海对于师陀来说又是有一定吸引力

① 鲁迅. 鲁迅全集(第5卷)[M]. 北京：人民文学出版社，2005：278-279.

的，否则他也不会直到中华人民共和国成立后还留在上海。可以说，上海的移民文化所具有的多元性、开放性、兼容性、现代性又在某种程度上吸引着他和众多的知识分子。

在师陀对上海的否定性表现背后，潜在着一种乡土情结。尽管师陀对在封建宗法制度控制下的乡村的落后、愚昧、迷信持否定态度，但是在潜意识中，他仍然倾心于一种恬淡自然的生活。他在上海写下的《果园城记》中，表现出了温柔细腻的恋乡情愫以及对乡土生活的眷恋。他笔下的果园城是那么恬静、美丽："累累的果实映了肥厚的绿油油的叶子，耀眼的像无数小小的粉脸，向阳的一部分看起来比搽了胭脂还要娇艳。"①如若不是对故乡有着深厚的情愫，很难写就这样富于诗情的句子。在《结婚》中，师陀借主人公胡去恶之口，为我们勾勒出一幅美丽的乡村生活的画面："傍晚，你弟弟这一天应做的功课完了，你父亲也把小铺关起来，他们带着水桶锄铲，和你母亲到园子里掘土下种。礼拜天你们整天团聚，大部分时间都花在园子里。园子里只听见你们一家快活的喊声嚷声笑声，原来你和弟弟到后面小河里抬水，因为不小心，水溅了你一脚，再不然就是他拿知了或小虫把你吓一大跳。接着你们累了，该休息了，你坐在树底下看莎士比亚，鸽子便安闲地落在你前面不远的地上。"这静谧诗意的乡村生活和喧嚣混乱、奢靡浮华的上海形成了鲜明的对比。去恶的恋人"佩芳"，在小说中代表着安静的乡土生活。耐人寻味的是，"佩芳"曾是师陀的笔名。由此，似乎也可以见出师陀对乡土的依恋。但美好的乡土生活并没有成为胡去恶抵抗上海的顽强堡垒，他最终放弃了佩芳而恋上了田国秀。在上海强大的都市漩涡中，"佩芳"显得那样脆弱，不堪一击。其中包含着师陀对乡土的认知：现代大都市的发展已经使乡村成为社会的边缘，乡村的落后与静滞也决定了其无法与强大的都市文化相对抗。

师陀的上海叙事既有经验的成分，也有想象的成分，是符合他对都

① 师陀. 师陀全集 1(第一卷)[M]. 郑州：河南大学出版社，2004：458.

市文化的整体认识的。他批判乡土文化的武器是西方的现代文明，但他身处象征着西方现代都市文明的上海，又看到了这种现代都市文明对人性的扭曲与异化。这种矛盾使师陀陷入了双重的危机，既不能认同现代都市，也无法认同自己原本所属的乡土。因此，心灵的漂泊和无所依托成为必然。这也代表了那一代知识分子的精神宿命。

从文体上而言，《结婚》也有其独特价值。小说文笔明快生动，叙事节奏跌宕起伏、疏密有度。小说上卷的六封信，是胡去恶写给女友林佩芳的，她与父亲正居于小城。其时，胡去恶的自我意识尽管微弱，但还并未完全被大都市所裹挟。下卷则采用第三人称叙事，展现了他在进入上流社会后在上海的浮浮沉沉，直至毙命于街头。叙事视角的变化暗含着胡去恶已经失去了自我意识，女友佩芳被他抛掷一旁。很多讽刺小说的角色都会有模式化的弊病：人物一出场，性格就全部展现出来，缺乏发展变化。《结婚》却写得很有悬念，每一章都会有情节和人物的意外发展，人物每次出现，都会比上次多显露出一些性格上的特征，从而引人入胜。小说以胡去恶筹备与林佩芳的婚事开始，以黄美州和老处女的婚事结束，极具讽刺性。就在胡去恶被击毙于街头的当晚，黄美州的婚礼如期举行，而楼下的报贩正在叫卖着“杀人的新闻”，新闻的主角就是黄美州邀请参加婚礼但久未到场的胡去恶：

> 那报贩当然想不到楼上有人结婚，并且讲到他，刚才还等他新闻上的人物去吃喜酒。大概怕剩下的报销不完，他自顾把吃奶的力气使出来，大炸雷似的喊，一面向前跑着去追主顾。但是大家天天听见杀人，听也听腻了，马路上熙来攘往，谁也不去注意。这条新闻即使侥幸送到几个人眼里，过两天也会忘得干干净净。不管被杀也罢，杀人也罢，只要死的不是自己，人们得照样去谋生，跟谁都没有关系。譬如向大海投个石子，石子完了，大海毫无影响。

《结婚》获得了夏志清较高的评价：“若纯就它的叙述技巧与紧张刺

激而论，《结婚》的成就在现代中国小说中实在是罕有其匹的。"①解志熙亦指出："《结婚》可说是现代中国文学史上最反浪漫情绪或者说反传奇趣味的现代小说之一，与钱锺书的《围城》堪称双璧，有力地反拨了二三十年代以来都市叙事的浪漫传奇趣味"，它们都以"摩登上海作为背景，进而走向对半殖民地都市'摩登'的深入反思和严肃批判，从而呈现出强烈的反摩登倾向"②。

书写都市对小人物的挤压与吞噬，是师陀小说的一个重要主题。在很多作家将视野投向乡村时，师陀则用两副笔墨，一副写乡土，另一副写都市。《结婚》的背景是上海，而《马兰》和《金子》的背景是北京。师陀曾在北京寓居，20 世纪 30 年代的北京是"住满学生和靠进当铺为生的前代勋旧，半农村性质，令人难忘的老城"③。因此，当时的北京多种文化共处，一方面是帝都传统的文化与生活形态；另一方面是年轻学子聚集产生和孕育了新文化和新的生活方式。小说《金子》的写作源于师陀在北京时曾租住在下等小公寓里，每天到小胡同口的小饭馆里吃五分钱四个的包子。小饭馆里有一个十多岁的小学徒，用哭丧般的嗓门不停地吆喝："热啦热的呵！——刚打扇的包子！"这个小学徒就成了小说中的金子。他每天给掌柜朱二爷刷碗、倒水、切面、抓痒，还要挨掌柜飞起的"火腿"和大师傅打在脸上的"熊掌锅贴"。但即使在这样单调、辛酸的日子里，作为一个单纯的孩童，他还寻找着生活的乐趣，记得天桥说书人口中的动人故事，将小饭馆比作十字坡上卖人肉的黑店，掌柜朱二爷是张青，掌柜娘是母夜叉。小饭馆是北平的一个缩影，在这里生存不得不磨平棱角，失去个性，最终成为一个"小市民"：

这里是"毁人炉"，要向大家陪笑脸，话必须说是，再配上能忍

① 夏志清. 中国现代小说史[M]. 上海：复旦大学出版社，2005：293.

② 解志熙. 现代中国"生活样式"的浮世绘：师陀小说叙论[J]. 清华大学学报，2007(3).

③ 师陀. 师陀全集 3(第二卷)[M]. 郑州：河南大学出版社，2004：279.

受掌柜的责斥，跑上跑下的本领，就是好伙计。直至弄得遍身油垢，性子磨得十分油滑，这时没有能引起兴趣的新鲜事情，也不再注意及职务以外，饭碗算是稳定了……如此堂倌变成典型的小市民，没有幻想，缺乏意志，奉公守法，度着无差别的日子。他们所以能活下来，且茫然活下去，并非由甚么值得活的东西吸引他们，倒正是本身的缺点使得不能不活下去。

然而，在这样恶劣的生存环境中，金子喜欢脸上常带笑容的大师兄黄天良，平时还向平民学校的周老师借书看。但到秋天，他高烧昏迷，恍恍惚惚中梦见了天桥，梦见了酸梅汤，梦见了母亲，梦见了周老师，甚至梦到自己的身体越来越强壮，生出一双可以远走高飞的翅膀。儿童的纯真与现实的悲凉互相映照，让人读来愈发沉重。这篇小说让人想到莫言的《透明的红萝卜》，世事的无常与残酷都在儿童的视角下徐徐展开。在师陀这里，他既不能像京派作家那样沉醉于安静祥和的乡村世界，也不能像海派那样醉心于都市的声色光影之中，而是深入都市的肌理去发掘各式各样的人们的生活样态与心理世界。

长篇小说《马兰》以北京为背景，意在剖析当时激进青年的“革命行为方式”。这部长篇脱胎于1936年的同名短篇小说。相较而言，短篇小说更侧重于探讨都市如何诱发人性之恶，最终使一个原本单纯明快的乡下女孩日渐沉沦。师陀曾说：“马兰是我们乡下的一种野草，夏天开青莲色花，一般没有人种，只做地界用才种，因为它的生命力很顽强，如果不有意挖出来，它是很难死的。”①小说中，十七岁的乡下女子马兰逃婚跟随教师伊下来到北京。起初，对都市心怀好奇、憧憬的她常常在大街小巷里行走，沉醉于每天新奇的各色都市街景之中，“仿佛要将这大城的脏腑翻出来，耐住心一件一件检查着，连极乏味的事全不轻易放松”。但渐渐地，在伊下的冷漠中，在城与乡的隔膜中，她感到了孤独

① 师陀. 谈《马兰》的写作经过[J]. 百花洲，1982(3).

与隔绝。尽管叙述人“我”一直强调伊下是“好人”，“很老实，对于工作很认真”，“早晨一起身便规矩的坐到窗下，慢慢动起手来，不住的写着翻着，沉醉在工作里，直到深夜”，但马兰有了身孕后，他却主张不要孩子，这使马兰感到非常伤心。在马兰的坚持下，孩子出生了。孩子的出生点亮了马兰单调、乏味的生活，她是一个极富耐心的母亲，对孩子温柔、细心呵护。然而，谋生的艰难、都市的浮躁使她终于不能忍耐生活的沉闷，成为一个混迹于不同男性之间的生活放荡的女子。最终她放弃了母亲的职责、抛弃了孩子，也抛弃了伊下，成为一个将军的外室。小说颇似同时代的《骆驼祥子》，生活的坎坷与磨难终于磨去了祥子的“精气神”，使他成为一个混迹于都市中的游民，“生活的无穷无尽的磨难是要索尽灵魂为代价的。他不再想从拉车中获得任何光荣，逐渐沾上烟、酒、赌。他也看破了体面，下贱地接受主人的姨太太的引诱，横蛮地在大街上寻衅打架”①。但长篇小说《马兰》的结尾要光明一些，马兰最终走向了革命，革命拯救了她。小说最后，李伯唐满怀愧疚去乡下寻找马兰，而马兰已经是带领三万神兵的传奇女性，她开枪制止李伯唐的尾随，在骡背上挥动草帽向他告别。

三、作为地方文化记忆的师陀及其小说

师陀的好友卞之琳说：“芦焚是天生的小说家”，他“属于在任何场合保持镇定的入微观察而不易受一时潮流的摆布”，同时，“师陀写叙事散文也往往写得有小说醇味，而在散文化小说里往往有诗情诗意，令我由衷佩服”②。他的著作的确颇为丰富，两部系列小说集《里门拾记》《果园城记》，三部短篇小说集《落日光》《夜鸟集》《无名氏》，四部长篇小说《马兰》《无望村馆主》《结婚》及《历史无情》(长篇小说《雪原》《荒野》只

① 杨义. 中国现代小说史(2)[M]. 北京：人民文学出版社，1986：195.
② 卞之琳. 卞之琳文集(中卷)[M]. 合肥：安徽教育出版社，2002：265.

发表了部分章节而未能完稿），四部散文集《黄花苔》《江湖集》《看人集》《上海手札》，还曾创作剧本，将安特烈夫和高尔基的作品改编为话剧《大马戏团》和《夜店》（与柯灵合作）。然而，师陀生前与身后一直是寂寞的，从未在文坛大红大紫。中华人民共和国成立后，他努力调整自己以适应新的环境，但在创作上并无大的收获，后来转入历史小说和历史剧创作——一如当时的很多作家郭沫若、田汉等，但因为受到批判，被迫停止了创作。“文革”结束后，师陀也并没有像其他作家那样恢复工作和待遇，文坛与学界渐渐遗忘了他，他度过了寂然的晚年。1988 年 10 月 7 日，师陀在上海去世。卞之琳撰文悼念，并“希望在今日出书难，一些出版社不惜给名家出大部头选集、文集、全集的好意当中，约哪位熟悉师陀其人其文的还有足够时间与精力的友好或亲属为他编一套文集……该是经得住一读再读的”①。然而直到 16 年后，《师陀全集》才由其故乡河南开封的河南大学出版。可以说，师陀的一生正如他喜欢的故乡的黄花苔，“暗暗的开，暗暗的败，然后又暗暗的腐烂，不为世人闻问的花”。

师陀作为中原大地上曾经有丰硕创作实绩的新文学作家，他的小说也成为地方文化记忆的一个组成部分，不可避免地对当代河南籍作家产生了影响。他笔下的果园城的封闭和静滞如同周大新的南阳盆地，刘震云的马村，墨白的颍河镇。在刘震云 20 世纪 90 年代创作的《故乡天下黄花》中，我们依稀能够看到师陀的影子。长篇小说《故乡天下黄花》的真正主角是那个叫作马村的小村落。刘震云通过马村半个多世纪的风云变幻，发掘隐藏在社会历史深处恒定不变的民族传统文化心理，集体无意识的权力欲。马村半个多世纪的历史，看上去斗转星移、天翻地覆、轰轰烈烈，但只不过是在权力驱使下的无休止争斗。马村如同师陀笔下的果园城，果园城是保守的、静滞的，而马村尽管表面上发生着天翻地覆的变化，但其根深蒂固的宗法文化却并未改变。封闭落后的文化是如

① 卞之琳. 卞之琳文集（中卷）[M]. 合肥：安徽教育出版社，2002：274-275.

此强大，以致“革命”在这里演变成为几个家族为了权力的争斗与厮杀。沉默的村民只不过是权力斗争的陪衬和牺牲品。小说中的厨子老冯和老得，被孙殿元以一袋面的好处陪着许布袋去杀人，他们根本不知道自己在做什么，但事后被追究责任，并被如此告知：“你们一个喂马的，一个做饭的，不好好喂马做饭，掺和到人家事里干什么？仇气是人家李家孙家的仇气。人家为啥有仇气？争村长哩！你们在里边忙乎什么？你们把李老喜杀了，村长就轮到你们了？你们还不是做饭喂马？你们跟着人家跑什么？”不可否认，《故乡天下黄花》有一定的历史虚无主义倾向。刘震云在创作上走得极为彻底，在他的“故乡系列”中，人物都像是一些权力关系网络中的简单符号，从而遮蔽了更为复杂的人性内涵。但无疑，这也是20世纪90年代当代作家一反之前的宏大视角，从民间的角度对革命历史的重新叙述，同时继承了“五四”新文学的精神，对国民性进行了深刻的批判。但也不能忽视中原这一地域的文化记忆对刘震云的潜在影响。与很多河南作家一样，刘震云也是从农村走出来的，由于他在农村以及由乡村到城市的奋斗过程中亲身体验过各种权力的盘剥与倾轧，所以面对旧日的创伤性记忆，他通过对权力的反复书写达到与自己的和解。

刘震云新写实的代表作《一地鸡毛》仿佛亦能从《果园城记》中的《贺文龙的文稿》中寻找到一些影子。扼杀掉小学老师贺文龙文学梦的，是果园城那单调、封闭、安乐的文化，还有他作为小人物日复一日的灰色日常。从中所折射出的，是其时小学老师在社会结构中的位置，经济的窘迫、生活的拮据，“人们生来只去留意大人物，有钱的人物，地位优越的人物，因为这种人能够影响他们以致他们的子孙，一个小学教员，他累了、病了、或是死了，跟别人有什么关系？”相对师陀而言，刘震云的思考指向他所处的时代，有一种哲理意味。《一地鸡毛》中的小林不再像贺文龙一样动荡、漂泊，而是顺利进入体制之内，得到了一份极为稳定的工作。刚毕业时，他意气风发，喜欢自由，不愿入党，后来却被社会主流文化规范改造成了一个规规矩矩的小公务员。他与周围环境妥协，改变从前大学生的自由脾性，向过去深恶痛绝的世俗关系下的人与事低头。最后的结果是，在单位里的“小林像换了一个人”，变成了一个规规矩矩的、毫无自我特点的小公务员。“单位”对小林施加着无形的精神影响，也塑造着小林的精神人格。20 世纪 80 年代，中国还是计划经济体制，“单位”都是在体制内，行政色彩非常浓厚，有极强的稳定性，人员几乎没有流动性。刘震云对于“单位”这一特殊的当代社会机制，以及这一机制对人所产生的规约，做了具有发现性质的描述。无法把握的欲望、人性的弱点，以及严密的社会权力机制，在刘震云所创造的普通人的生活世界中，形成了难以挣脱的网。

刘震云揭示了小人物的生存本相：生活是种种无聊小事的集合，它以无休无止的纠缠使每个现实中的人都无法挣脱，并以巨大的销蚀性磨损掉他们个性中的一切棱角，使他们在昏昏欲睡的状态中丧失了精神上的独立与自觉。在这一点上，刘震云和前辈作家师陀是相似的。刘震云在一篇创作谈里说：“生活是严峻的，那严峻不是要你去上刀山下火海，上刀山下火海并不严峻。严峻的是那个日复一日、年复一年的日常生活琐事。”《贺文龙的文稿》中的贺文龙在生活的压力、日常生活琐事的挤压下，终于成为一个灰色的，不再有憧憬、不再有期待的中年人，“将来有一天他也许会跟许多悔恨他们少年行径的老年人一样，他会从新想起他的文稿，很可能以为只是当初一种妄想，一时的血气冲动。不过还有一个更大的可能，他也许——自今而后也许永不会想到它了”。最后一句引人深思，更多的人被灰色的日常生活所销蚀，甚至不会想起曾经意气风发的那个自我，似乎那个“我”并不曾存在过。

在李佩甫的小说中，我们也能感受到“果园城”的存在。在《羊的门》中，李佩甫写道“绵羊地”，就是对平原乡土世界地理特征的领悟与概括：“一块无骨的平原……可这里有气”，“它会使人不知不觉地陷进去，化入一种灰青色的氛围里。”①这种具有巨大同化力量的“气”，其实就是

① 李佩甫. 羊的门[M]. 北京：华夏出版社，1999：20，2.

中原乡土文化的象征。对中原乡土文化及其所培育出的中原人格的探讨，反复出现在小说中。例如，呼国庆的情人谢丽娟与他分手时对中原文化的感受："我要离开这里……这是一个麻醉人的地方。它不一下子把人杀死，它是用钝刀割你，一点一点地割，一点一点地旋，它让你像傻子一样活着……它滋养的正是那种玩弄权术的小男人。""你们这里不是有个地儿叫'无梁'么？过去，我一直不明白'无梁'是什么意思……现在我明白了，那就是没有脊梁的意思。你们这里的人个个都没有脊梁！"呼国庆则说："他们只知道一个字：活……他们是在'将就'中活的……那是一种长久的人生。是磨出来的人生……不错，在这里，生命的辐射力是靠权力来界定的……这里生长着一种念想，或者说是精神。这是一棵精神之树。气顶出去就是这样一种东西。渴望权力是一种反奴役的状态。在平原，有句话叫做'好死不如赖活着'，这里边体现的自然是一种奴性，是近乎无赖般的韧性和耐力。同时还有句话叫做'杀人不过头点地'，这就是一种切齿的反奴役的心态。你说，这里的人怎么能不渴望权力哪……"呼天成有着果园城城主"魁爷"的影子，他的威严，他的权威，人们对他的畏惧与敬重并存。在《羊的门》中，呼天成在村子中仿佛是一个威严的家长，村民们对他顶礼膜拜。在他病重期间，大家忧心忡忡："如果呼天成有个三长两短，他们怎么活呢？"听说呼天成想听狗叫，村民们便跪下来一起学狗叫，呼天成成为"精神之父"，周围的人则成为臣子和奴仆。为了衬托呼天成，小说中的秀丫更是一个没有灵魂的女性，晚年她甚至将自己的女儿当做礼物送给呼天成。

两位不同时代的作家的不同之处在于，李佩甫沉醉于对呼天成的"神性"的描写，而介于左翼和京派之间的师陀则对"五四"新文化的传统并不陌生，对"魁爷"多有讽刺和批判性审视。小说的叙事人常常跳出叙述的进程申发议论，在"我"这个漂泊者的眼中，魁爷的威权只不过是一座"假山"，"这是怎样神奇又是怎样的一种权柄呀！虽然它是可怕、痛苦、悲惨，它却仍旧不失为一座人工积垒起来的假山”。他的繁盛随着时光的流逝，终于有败落的一天，“唉，这些光荣的人们！无疑的他们的廪帖同他们的过于跋扈的家丁们曾使果园城的居民战栗过。现在——时光是不会饶恕人的吗，这些显耀的祖先的后裔们现在是一个一个的衰落了”。曾经风光无限、专制的魁爷因为姨太太跟车夫的私情而不能释怀，逐渐老去，甚至被果园城的人们遗忘。但果园城仍以它的节奏存在着，“果园城恢复了它的平静：猪照样安闲的横过街道，狗照样在街岸上晒暖，妇女们照样在门口闲谈，每天下午它的主要的大街仍旧静静的躺在阳光下面；到了秋天，果园里的花红仍旧红得像搽过胭脂，恢复不了的只有魁爷的尊荣”。因此，李佩甫与前辈作家的区别在于，“与鲁迅的批判国民性不同，鲁迅的揭露是不达痛处誓不罢手的。人性的黑暗作为批判最终的归宿，没有指明出路便是出路所在。而神性的批判是有所保留的，它在批判的同时亦在寻找精神的寄托。……就呼天成来看，虽然他身上存在专制、变态等诸多缺陷，但不可否认地，他以他的行为成就了一个英雄的神话和寓言”①。

师陀自比为“黄花苔”，暗示了面对都市时所持有的乡土立场。从师陀对北平、上海的书写中，可以见出他对都市并无好感。但不可否认，他在批判果园城的封闭、停滞时，自己却是一个曾漂泊于北平、上海的游子，所持有的恰是多元、现代、开放的都市文化立场。他对都市的恶感，源于当时都市的性质。当时的北平，如他所说，“住满学生和靠进当铺为生的前代勋旧，半农村性质”，而上海的繁华又是畸形的，带有强烈的殖民色彩，“你不能不承认上海是一个大城市；假如我们说北平是一个候补道，我是说北京人的北平，它一面搭着大爷架子，一面以卖祖宗的遗物为生，上海要比较有希望得多了。它的居民们有一种大欲望，有一种惊人的活动力”，“这个纯粹的商业城市是靠着掠取与攘夺维

① 李丹梦. 文学“乡土”的地方精神[M]. 北京：北京大学出版社，2014：265.

持生命”，“洋鬼子，工业家，金融家，投机家，商人，流氓，强盗，娼妓，各种帮口……这里的居民都有一种实事求是的精神”①。有意思的是，尽管中国都市性质较之师陀的时代发生了很大的变化，李佩甫等当代河南作家普遍对都市在情感上极为排斥。他们甚至无意于像前辈师陀那样，去认真地探究都市的结构，而是从情感上完全排斥。他们大多从农村经过个人奋斗(如当兵、求学)进入城市。1949 年后，农村人口流动等政策造成了城乡二元分割的社会结构和经济结构。李佩甫、刘震云、周大新、刘庆邦、墨白等较有影响力的河南作家大多生于 20 世纪 50 年代，他们对城乡的二元对立有着深刻的体会。正如李丹梦所言："从农家走出的作家，自打有意识起，世界在他心里便是一分为二的。长时期的城乡分治以及重工轻农、以农补工的倾斜政策，造成了农民实际上地位和文化地位的低下。加上历史遗留的不合理的等级制度，常常使农民在人格上也处于一种屈辱的地位。”②甚至可以说，当他们经由艰苦曲折的个人奋斗进入城市时，由于自身农村身份带来的自卑是他们挥之不去的创伤性记忆，过于沉痛的创伤性记忆成为他们在心理上拒绝都市的一个诱因。李佩甫在《城市白皮书》《无边无际的早晨》中对城市的排斥和否定贯穿始终。张宇从洛宁县招工到洛阳，又通过写作成为专业作家，还曾进入体制内担任县委书记，又在市场经济的大潮中作为弄潮儿成为建业俱乐部的董事长。即使在都市中如此成功，张宇在《城市垃圾》中还是将都市写得如此陌生而又冷漠，甚至充满敌意。当然，这不只是河南作家才有的现象，在陕西作家路遥、贾平凹身上也有所体现。他们对都市情感上的拒绝和排斥，使他们的都市书写很难像前辈师陀那样达到都市文明批判的深度。

① 师陀. 师陀全集 5(第三卷)[M]. 郑州：河南大学出版社，2007：250-251.

② 李丹梦. 文学“乡土”的地方精神[M]. 北京：北京大学出版社，2014：250.

第二章

当代河南作家对中原文化的开掘与书写

第一节　李佩甫：中原人生存哲学的开掘者

在河南当代文坛，李佩甫是一个不能绕开的作家。他擅长写中原乡土，然而与贾平凹、莫言等“50后”作家不同的是，李佩甫本人其实并没有长时间在农村生活的经验。1953年，他出生于许昌一个底层工人家庭，父亲在鞋厂工作，一家人住在许昌市古槐街一个“穷人聚居的大杂院”。在那个时代，即使是城市，生活也依然艰难。他是这个家庭的第五个孩子，在他之前的三个男孩都因惊风而夭折。李佩甫害惊风时，父母向邻居借了30元钱去医院打了一针青霉素才保住了性命。他1960年在当地读小学，1966年考入许昌一中，1971年下乡，1974年被推荐读许昌技校，毕业后被分配到许昌第二机床厂当工人，除了短暂的下乡经历，他并没有长期生活在乡村。然而，或许是当时城乡共有的艰难、贫穷的生命体验唤起了李佩甫对乡土的关注，或许与其童年记忆有关，他自述：“我八九岁时，总是很饿，那时候为了混三顿饱饭，每个星期六我都要独自一人步行二三十里到姥姥的村庄里去，为的是填饱肚子。那时候，一个小孩子在姥姥的村庄里走来走去，不自觉的会有一种外来人的视觉”①，这些

① 孔会侠. 李佩甫评传[M]. 郑州：河南文艺出版社，2018.

经历被他写到了中篇小说《黑蜻蜓》中。在这个意义上，童年深受乡村滋养的他无法斩断与乡村的精神联系。由此，他开始了对中原乡土的长期关注，长篇小说《李氏家族》《羊的门》《城的灯》《生命册》，中篇小说《黑蜻蜓》《无边无际的早晨》《红蚂蚱·绿蚂蚱》《败节草》等作品在文坛都引起了强烈的反响，曾获茅盾文学奖、“庄重文学奖”、“飞天奖”等多种奖项，部分作品被翻译介绍到海外。可以说，李佩甫一直致力于中原大地的文化地理及精神生态的发掘与书写，从对这片土地上的植物的关注扩展到对人的精神生态的开掘，因此在当代文坛独具一格。

一、中原的文化地理学

在李佩甫的小说中，对中原大地生长着的野草给予了浓墨重彩的描绘，它们成为他透视这片土地的一个切口。在《羊的门》中，开篇提到的“生生不灭”的二十四种野草就给人留下了深刻的印象：狗狗秧、甜芽芽棵、小虫窝蛋、灯笼棵、灰灰菜、马屎菜、猪耳朵菜、蜜蜜罐、水萝卜棵……这些野草仿佛就是生存在这片土地上的人们的象征，被作家人格化了。它们卑微，“那种叶儿稍微宽一些，叶边呈锯齿状的草，一株也只有七八个叶片，看上去矮矮的，孤孤的，散散的，叶边有一些小刺刺儿，仿佛也有一点保护能力似的，可你一脚就把它踩倒了，这种草就叫乞乞芽”，但它们的生命很顽强，“那种一片一片的、紧紧地贴伏在地上、从来也没有抬过头的草，它的根须和它的枝蔓是连在一起的，几乎使你分辨不出哪儿是根哪是梢，它的主干很细很细，曲曲硬硬的，看上去没有一点点水分，可它竟爬出了一片一片的小叶儿，这种草叫‘格巴皮’”。这些野草甚至还有自己的锋芒，如白蒿，“它总是孤孤单单地生在草丛中，不怎么起眼儿的，可它能释放出一种熏人的气息来，那气息也是很复杂、很不正道的，开初并不觉得，慢慢你就有点晕了，就觉得那味似香非香、似臭非臭的，却暗暗地逼人，叫你头懵”，又如“野蒺藜”，“随地蔓生，开着一丛丛碎星样的小黄花，花也是尽量往小处去，往淡处去，一星星一点点的，看上去哀哀顺顺，却生出一种六棱形的带刺的蒺藜果，那果上的刺极为尖锐，稍不留意就会狠狠地扎你一下”。正如作家所言，这些卑微的野草如同中原大地上的人们，就是在“败”处求生、在小中求活的。

绵羊地是李佩甫对这片土地地理特征的概括，更是对其精神特征的概括。

从地形来说上，这里是平原，“眼前是展展的一马平川，一览无余，没有一点让人感到新奇和突兀的地方，平得很无趣。接着，你就会对这块土地产生一种灰褐色的感觉。灰是很木的那种灰，褐也是很乏的那种褐。褐和灰都显得很温和，很亲切，一点也不刺眼，但却又是很染人的，它会使人不知不觉地陷进去，化入一种灰青色的氛围里。那灰青是淡调的，渐远渐深的，朦朦胧胧的，带有一种迷幻般的气息”，一马平川，单调的灰色和褐色让人感到乏味，缺乏激情和震撼力，却能将一切的外来者同化到这一片灰褐色中去。如《羊的门》中呼国庆的情人谢丽娟的描述：“这是一个麻醉人的地方。它不一下子把人杀死，它是用钝刀割你，一点一点地割，一点一点地旋，它让你像傻子一样活……”这些描写已经颇有前辈作家师陀的神采了。由于历史上这片土地灾难频仍、战乱肆虐，由此造就了人们如野草般败处求生的人生哲学，一切棱角都被磨平，只求生存，“有气无骨”。在《羊的门》中，作家借呼国庆之口道出这里的精神生态：“这是一块无骨的平原，是块绵羊地，……从根本上说，人是立不住的，因为没山没水，就没有了依托。可这里有气。”所谓“气”，就是强烈求生、谋求更好生活的本能。中原乡土“吃了吗”的问候既打上了这片土地饥馑的历史烙印，又是人们精神世界的体现，“它的声调是温顺的，乖巧的，善意的，在心性上却是防范的，远距离的，言不由衷的。它的热情和假意互为表里、共荣共存”。而“上屋吧”的邀请，既包含着乡土熟人社会乡民们的热情，也体现了“屋”在这片土地上的重要性。因为是平原，无处躲藏，“人首先要给自己找一个避难之所，一个可以藏身的地方，于是‘屋’的概念就产生了”。

一代代农民为了建造屋子，付出的是生命的代价，“‘屋’的意识是建立在死亡之上的，‘屋’字是首先把‘尸体’架在上头，尔后才有了稳固的一层一层的生存底座，那是一种先有死后有生的意识”。房屋既是他们的避难所，也是他们的精神外壳，甚至是他们面对世界的另一个身份。因此，他们忽视家中陈设，而精心装饰自己房屋的外观，“在平原的乡村，盖房是一定要起‘脊’的，哪怕是一间小小的茅屋，也要起一个‘人’字形的房脊。条件好一些的，盖得起瓦屋的，那讲究就更多一些，有起‘龙脊’的，有起‘泥鳅脊’的，有起‘莲花脊’的，有‘斗拱脊’的，还有‘五脊六兽’的……房脊上安放的、塑造的、雕刻的全是与水有关的形象，比如龙；比如鱼、海马；比如莲花；正房正脊上还要插上两面猎猎的红色小旗……”仿佛只有在华丽的房屋外观中，他们才能获得内心的安宁。

从地域文化的角度来说，李佩甫的小说是中原民俗的集大成者。他有意识地在小说中大量展现中原地域的民俗民情。例如，在《生命册》中，那些饥馑岁月里乡间的吃食“柿糠沙”（“炒星星”），“晒了一冬的柿子皮加豌豆面、薯干面再加上辣椒面等用水和成面团，经发酵后拍成一个个圆面饼在阳光下暴晒，再经手工小拐石磨磨成粉状，最后在烧红的热锅里至少浇半碗猪油爆炒，这就炒成了晶亮亮的、看上去一粒一粒的细沙。吃的时候先甜你一下、再辣你一下，你得一点一点吃，辣得你伸长脖子，满口生火，一腔红甜”。还有“井拔凉水蒜泥薄荷叶拌饸络面”和“泥蛋子红薯麻雀”，“把生红薯掏一孔，麻雀在盐水里泡一泡，尔后塞进红薯里用泥糊了，放在烟炕房里的火道去烤，等泥蛋烤裂的时候就可以吃了，先苦后甜再咸”。《平原客》中的省长李德林虽然曾留学美国，位高权重，但他最喜欢的食物还是小米粥、烙油馍、一碟咸菜、一碗手擀的酸汤面叶。正是对这些家乡食物的眷恋，使他萌生了对乡下姑娘徐二彩的好感，但不曾想步入的是人生歧途，一场不对等的悲剧婚姻。《生命册》中“吃酒”“领席”的风俗体现了乡土世界的温情：“如果家里来了尊贵的客人，炒上两个菜，那就吃酒了。……让客人喝醉，这是无梁待客的最高境界。如果哪家来的客人喝醉了，醉成了一摊泥，那是待客的一种荣耀。”“领席”，“无梁人最重要、最私密的活动都是在‘席’上进行的。特别是到了夏天，主家领着一张席，客人或朋友跟着，有瓜的时候，就去瓜地；或者是树下、河边、场院，带着盛了烟丝的笸箩、几根脆瓜，席地而坐，对月而谈……”而“过箩”这种带有特殊年代特征的民俗就有点残酷的意味了。《生命册》中的梁五方因为特立独行不被村人接纳，“运动”来时最先被揪出来“过箩”：“那就像筛粮食一样，把梁五方当做一个混在麦粒肿的‘石子’，人群中你推过来，我搡过去……在‘过箩’时，被箩者就像是在簸箕上蹦跶的跳蚤，又像是立在浮萍上滚来滚去的一粒水珠，一时倒向东，一时倒向西，人完全失去了自控能力，只有不停地起了伏，伏了起……紧接着，像雨点一样的唾沫吐在他的脸上，像飓风一样的巴掌扇在他的脸上，可他什么也看不清……”有意思的是，墨白的小说《风车》中提及了类似的“箩面战”：“他一伸手就给了他一个耳光，又用力一推，右派分子就踉踉跄跄地后退，还没站稳，又被身后的人推过来。在很短的时间里，他的周围就站满了人，那个圈子密不透风。……右派分子在这个圈子里被人们用拳头推来推去，他感到浑身到处遭受着拳头的袭击，他感到天旋地转，太阳在他的头顶上一会儿荡到南边一会儿荡到北边，他多么想倒到土地上去呀，可是有一种仇恨他的力量把他推过来推过去，不让他停下来，也不让他倒下去。他想，这就是那使人一提起来就吓得面色灰黄的箩面战吧？”①

此外，李佩甫小说中对婚丧嫁娶等风俗的描写也非常生动，既有力地衬托了人物的命运，又给作品笼罩上浓厚的中原文化色彩。《生命册》中老姑夫的女儿当了老总后，给他迁坟，仪式特别隆重，棺材是由八块“四独”的板材做成的，所谓四独，“是指棺木的大盖、两帮、下底，是由四块完整的木料做成的。这必须是百年以上的大树，树身小了，是做不成的”，“漆匠在棺头画了一描金‘寿’字，下绘‘五只蝙蝠’，取五福

① 墨白. 风车[J]. 花城，2002(1).

捧寿之意；底头绘的是‘麒麟送子’，棺帮左为‘金童执幡’，右为‘玉女提炉’，两边棺身绘了‘二十四孝’图……”隆重的仪式是对善良又一生坎坷的老姑夫的尊重与安慰。《黑蜻蜓》中二姐的婚礼颇有一丝苦涩的味道：“七八条小伙整整齐齐地站在院子里，一身的新。进来一个是蓝帽子，蓝布衫，蓝裤子；又进来一个还是蓝帽子，蓝布衫，蓝裤子；个个都是蓝帽子，蓝布衫，蓝裤子。……说亲的女人排在前面，手里赫然提着十二匣点心！”这看似气派的场面其实是虚假的，是“乡人们集中了全村人的智慧和富有，从乡里借到城里”。由此可见，当时乡村的贫穷，也反衬出二姐未来的悲苦命运。在《画匠王》中，“五尺身量，一身铁肉”的德运舅为只生活了一天的媳妇送葬，这场面的描写仿佛是他悲剧人生的写照：“日西，响器呜呜啦啦地吹起来。一个掌大笛的外乡鼓手光着脊梁，头上顶着一碗水，竭尽全力地演奏那哀的热烈，赢了一村人围他看。于是，德运舅像披麻戴孝的木桩一般被人搡了出来，在停棺处站下，头被娘家女人按住，前一跪，后一跪，左一跪，右一跪；上三步，下三步，头磕得咚咚响，分东西南北，给这睡了一夜的媳妇行了拜祖宗的‘二十四叩大礼’……”这场婚姻，对那个不知名的女性固然是悲剧，对老实木讷的德运舅何尝不是？同时，大量方言的使用给李佩甫的小说增添了别样的神韵。“鳖儿”、出溜、囫囵、“二不豆子”、匀口气、“强梁”、“丁丁”（蜻蜓）等土语的使用让人物立时生动起来。

二、贫穷、饥饿的地方记忆

由于中原地区在历史上战乱频仍、灾难深重，因此贫穷是靠土地为生的农民的生活常态。出生于20世纪50年代的李佩甫，书写的很多内容源自他的童年记忆（人民公社时期）。那时，饥饿、穷困是生活中无法抹除的记忆，甚至城市也是如此。莫言、贾平凹等20世纪50年代生作家所记取并一再书写的，也是这种创伤性的童年记忆。李佩甫的中篇小说《黑蜻蜓》就是这种创伤性童年记忆的生动书写。相对莫言《铁孩》中孩子被大人遗忘、只能偷偷吃铁充饥的魔幻化书写，李佩甫的书写更写实，更贴近历史的真实。城市里的“小脏孩”(很大程度是李佩甫自己)每个周末到农村的姥姥家，只是“为了糊一糊总也填不饱的肚子”。留给他的最美好的记忆是乡下的二姐，虽然她是个聋子，在田野里挖一个土窖，给他烤玉米、红薯，“冒着黑烟的土窖里飘出一朵朵蓝色的小火苗儿，火苗儿窜动着，送出一缕缕暖意也送出一丝丝诱人的熟香”。关于二姐的记忆，都是和吃、食物有关，这是独属于儿童的记忆：“那时候，二姐的手就是我的食品袋。跟着她我尝遍了乡间的野果。即使在光秃秃的冬夜里，二姐也能在野外地老鼠营造的‘搬仓洞’里刨出一捧花生来！”但在乡下，“我”被当做客人招待，“黑馍馍是姥姥跟二姐吃的，掺了些白面的馍是我跟姥爷吃的”。由于常年劳作，二姐的手“很粗很涩，摸上去像锯齿一样”。出嫁时，由于婆家很穷，相亲的自行车、衣服、钱都是借的。李佩甫以极富抒情的笔墨书写了20世纪60—70年代一个乡村女性的悲剧命运。事实上，这不仅是二姐，也是那个时代许多普通乡村女性的命运——乡村女性在乡村结构中处于最底层。《无边无际的早晨》中“国”的母亲因为生育而死，让人想起萧红小说中那些命运悲惨的乡村女性，但两者的创作时间其实相距近30年。

在《败节草》中，爷爷、父亲甚至都没有正经的名字，一如生长在土地上的那些杂草，“爷叫捆儿，爹叫绳儿，他叫辫儿”。爷爷是一个阿Q式的人物，尽管受人轻贱，却能从贫寒的生活中寻找一点乐趣，在代销点赊账喝的酒也是“五分钱一两”的红薯干酒。而辫儿，即李金魁，上学后只能在废品收购站里寻找废纸当作业纸。《城的灯》中冯家昌上中学了，还没有鞋穿。小说中在各家流转的“点心匣子”，既是乡村贫困的象征，也是乡村人面子的象征。那匣子最后又流转到冯家昌家，里面装的“驴粪蛋”包含了贫穷的乡土社会满满的辛酸，是对贫穷和“面子”莫大的讽刺。在李佩甫这些大多写于20世纪90年代以来的小说中，贫穷已经祛除了那个年代它所象征的“革命意识形态”，成为滋生自私、狭隘、冷酷、奴性的温床。在这片土地上生活的人们，既畏惧权力又热爱权力，既畏官又爱官。在《羊的门》中，李佩甫借呼国庆的情人谢丽娟之口，道出了这片土地沉醉于个人权力的人们的麻木与冷酷："什么气？这算是什么气？这股气养的是什么？你以为我不知道么，它滋养的正是那种玩弄权术的小男人。它是专门养小的，它把人养得越来越小。它吞噬的是人格，滋养的是蝇营狗苟。在这块土地上，到处都生长着这样的男人。为了权力你们什么都可以牺牲。"正是因为如此，《羊的门》中的呼天成才成了一个"神"，村民们需要一个能让他们膜拜的神。秀丫不仅自己对呼天成顶礼膜拜，还将女儿当做礼物奉送。最后，呼天成死的时候，因为想听狗叫，村民们一起学狗叫。面对"神"，村民自觉将自己降到奴隶的位置。呼国庆既带有几分亲切，也带有几分轻贱地将当地人称作"二不豆子"，正如他所说："在这块土地上，男人背负的是一条生命的长链，每一个扣都是一个大的'活'字。这个'活'是由无数个你所说的'小'聚集起来的。……渴望权力是一种反奴役的状态。在平原，有句话叫做'好死不如赖活着'，这里边体现的自然是一种奴性，是近乎无赖般的韧性和耐力。同时还有句话'杀人不过头点地'，这就是一种切齿的反奴役的心态。"

三、被权力播弄而又崇尚权力的乡村叛逃者

从这个角度来看，李佩甫对当代文学的最大贡献，就是塑造了一系列无情的乡村叛逃者的形象，如《无边无际的早晨》中的李治国、《城的灯》中的冯家昌、《败节草》中的李金魁、《生命册》中的吴志鹏等。早在1983年，李佩甫就发表了《小城书柬》，这篇小说和路遥发表于1982年的《人生》有几分相似之处，但又有明显的不同。有意思的是，回乡知青①路遥尽管像高加林一样特别渴望进入城市拥有一份体制内的工作，

① 据刘小萌《中国知青史》(大潮)(当代中国出版社，2009年)，在20世纪70年代，下乡知青和回乡知青的处理有根本政策上的不同。"下乡知青无论能力多弱，表现多差，最终也能招工、招干；回乡青年表现再好，能力再强，却只能在家务农。1979年，贵州安龙县发生过这样一件事，县里从下乡知青中招收了28名国家干部，大部分是多次升学、招工被淘汰，文化基础差，表现又不太好的青年；而多年担任半脱产干部的回乡青年中，却没有一人被正式转为国家干部"(第491页)。

但小说中设置的情节是，主任马长胜为了巴结高加林的叔叔而将其调到县里任通讯员，是被动的。而李佩甫小说中的乡村背叛者大多有着改变自身处境的强烈愿望，为此不惜采用任何手段——哪怕是不正当的。从这一细节可以看出，较之路遥，李佩甫的小说从一开始就较少带有道德说教色彩，而是着重对这一类人物复杂精神世界的探索。路遥的《人生》中，情节设计恰恰是撇清了高加林的道德责任——那个工作机会并不是他不择手段争取来的，而是别人送给他的。《小城书柬》采用了书信体的形式，写信者是一个刚参加工作的女医生鸥。鸥在写给母亲的信中倾诉了工作中的苦恼：病人看病托关系，医生假公济私倒卖药品。尤其令她难过的是，她的大学男同学高良的变化。高良为人热情、聪明能干，他不惜一切地营构着自己的人际关系网络，凭借对人脉关系的经营，最终从医院调到地区卫生局。在鸥的眼里，高良的所作所为无疑是堕落的，但高良之所以如此，就在于他生于农村，家境极为贫苦，他和家人从小一直被村人歧视。他曾说："我的爹干了一辈子，死干。可他蹲在饭场里吃饭的时候，过路人会向所有稍稍有头有脸的搭话，单单不理他。"面对鸥的质问，高良感到羞惭，但也无奈地为自己辩驳。这些细节都让这一形象变得立体、复杂。可以说，早在 1983 年，李佩甫就塑造了这样一个具有复杂人格的乡村叛逃者形象，而且并不带有任何道德审判色彩。

这篇写于 20 世纪 80 年代初期的小说只是一个开始。李佩甫塑造得最成功的两个乡村叛逃者形象是李治国(《无边无际的早晨》)和冯家昌(《城的灯》)。

《无边无际的早晨》发表于 1990 年，讲述了一个吃百家饭的乡村青年的奋斗史。李治国的母亲在他出生时因难产而死。于是，在那个艰难的岁月中，他成了一个吃百家饭的孩子。在生产队长老黑的庇佑下，全村人都对他照顾有加。他考上中学后，全村人凑钱凑物供他读书。"文革"开始后，当了造反派的国被老黑强行拉回村里。为了安慰国，老黑给公社书记求情，让他当上了通讯员，给公社书记做秘书。自此，国开始飞黄腾达，靠着自己的机敏能干，由副乡长、乡长、县委组织部副部长至县长，但他的每一步升迁，都是以抛弃、背弃故乡为代价的。为此，他背上了沉重的心理包袱，在精神上成了一个“断了根的游魂”。他当副乡长时，被派回自己的村庄执行计划生育政策。他意识到与故乡的情感联系会妨碍他的政绩，于是冷酷地斩断了与村庄的所有情感联系，只是高效地履行他作为副乡长的工作职责以求职位上的更大晋升。面对同事因执行政策不得力被撤职的情况，他要求自己“必须狠”，“他不敢再往下看，闭上眼，吸一口气，炸声喊道：老少爷们，计划生育是国策，别以为我回来就能躲过去。天王老子亲爹亲娘也不中！这回可是动真的哩！该上环上环，该结扎结扎！违反政策的，该罚多少拿多少。有钱出钱，没钱抬东西扒房子！话说了，明天中午十点钟以前必须见人！要是不来人，别怪乡里干部不客气……”村子里的七婶，李治国小时候吃过她的奶，但为了执行政策，他率领干部将她家里的树全部砍倒。最终，他因为态度强硬、工作成绩显著而被提升成乡长，但他“无法面对乡人，更无法面对自己。每当夜深人静，拷问就开始了……”他当县委组织部部长时，被派回村子里处理拆迁问题。因为修公路要拆村里的坟地，村民们组织起来抵制施工，李治国率先让人拆掉了自己母亲的坟地以作示范，最终顺利完成了工作而被进一步提升。但一次次对故乡对乡亲的背叛，让他成了一个无情的“面具人”，内心一片荒漠。甚至，他的婚姻仿佛也是一场交易，妻子滋滋是一位副市级干部的女儿，但他从婚姻中得不到情感的慰藉。在这篇小说中，李佩甫以辛辣的笔触揭示了一个无情的乡村叛逃者的悲凉人生，他得到了所有的利益、权力，但内心没有任何情感依托，一切都被他工具化了。从某种程度上来说，这何尝不是一种悲剧？可以设想，他面对故乡、乡亲时，内心还有微弱的良心挣扎，如果换作陌生的地域、陌生的群体，他的表现无疑只会更变本加厉，以谋求更大的权力。“在一个官僚体系中，公务员的道德关怀从集中于行动对象的命运之上被拉了回来。它们被强制地转向另外一个方向——即将开展的工作和出色地完成这些工作。”①

在《城的灯》中，冯家昌比李治国更进一步，如果说李治国面对乡亲还有微弱的忏悔，冯家昌的人生则是一场为了谋求更大权力而处处在演戏的戏剧。12岁就丧母的冯家昌，父亲懦弱无能，他过早地背负起生活的重担，人性也逐渐被异化、扭曲。他上中学时还光着脚，支书女儿刘汉香送给他一双解放鞋，他心里的感受很复杂，既有感激、甜蜜，还有因这种居高临下的施舍之爱生出的“耻辱感”。这种描写同样出现在《败节草》中，李金魁面对家境比他优越的女生李红叶，产生的也是这种复杂的感受。即使如败节草一样败处求生，但他拒绝居高临下的非平等施舍，不愿意亏欠别人，甚至由此生出几分恨意：“你要再送，我就吃了，我吃也白吃，吃了也不感谢你！”从这一角度来说，李佩甫其实写出了被贫穷、艰难的生活所扭曲和异化的人们的心灵世界，他们自卑、敏感、自私，对他人时刻提防、戒备，似乎更渴望被尊重、被认同。或者说，正是这种屈辱感成了冯家昌们奋斗的最大动机。

进入军营后，冯家昌的吃苦耐劳毋宁说是一种手段，带有刻意表演的性质。李佩甫对军营的描写，颇有几分刘震云《新兵连》的色彩，但缺了刘震云的冷峻。每天早晨四点半起来围着操场跑十圈，然后有意在连长和指导员能看见的地方一笔一划地写黑板报，长途拉练时有意背九支枪。这些刻意的表演为他带来了荣誉，自然他也就在这条路上一直前行，并且愈走愈远。他给营长定期写思想汇报，一次次地表现自己的忠诚，但他没有意识到，这些刻意的表演除了给他带来荣誉、晋升，还有真性情的丧失，“‘交心’的过程，其实是一个让人细致、让人周密的过程，也是一种在漂洗中钝化、在漂洗中成熟的过程。一个不断在‘心’上上光、打蜡的人，怎么能不坚硬呢？”当廖副参谋长落难时，他的“忠诚”表演究竟有几分是对其人格上的钦佩，还是仅仅如古代臣子对主子的人

① ［英］齐格蒙·鲍曼．现代性与大屠杀［M］．杨渝东，史建华，译．南京：译林出版社，2011：209.

格依附下的无奈选择？从刻意表演中获益的冯家昌，将爱情婚姻如法炮制，他五年中写给刘汉香的“等着我”究竟是出于爱情，还是尚未提干的他能得到支书女儿的爱已经是高攀？正因为如此，当他可以得到更优秀的李冬冬的爱时，他就可以毫无顾忌地抛弃刘汉香。他不知道自己爱不爱李冬冬——或许李冬冬家境的优越，以及她的母亲对他是不是有脚气的善意嘲讽，都唤起了他的羞耻感。在这种羞耻感的作用下，他将李冬冬当做城市的象征来征服，但她在两性关系中的主导性又伤害了他的自尊，“冯家昌却感到了他从未有过的失败，连他自己都说不清楚，到底是他占领了‘城市’，还是‘城市’强奸了他，当他的肉体在欲望和汗水中挣扎的时候，他的感觉突然就不对了，他竟然觉得这里不是他的‘停泊地’，因为这里没有草的腥香……”他与李冬冬恋爱后，对她有意冷落以唤起她的好奇心与好感。李冬冬上大学后，处于劣势的他为了得到她的好感，亲自导演了一场彻底打动女性的好戏——在寒风中提着一双棉鞋接站。结婚以后，他以李冬冬父亲的隐私相要挟，以寻求个人升迁，这些所作所为简直是对爱情这两个字的无限侮辱。正因为如此，李冬冬的父亲才说：“冬冬这孩子，怎么会看上你呢？你跟她不是一路人嘛。”他狭小、自私，所有的努力都是为了自己和他的五个弟弟，他那个小家。除此，没有任何人能进入他的视野，如果有谁妨碍他这个目标譬如刘汉香，他就无情地抛弃。他虽然获得了世俗意义上的成功，但人生境界还不如带领村人致富的刘汉香。如果说《羊的门》中的呼天成是李佩甫对国民性的批判，冯家昌则代表了另一个向度的国民性批判：贫困和愚昧对人性的扭曲，致使一个人成了内心一片荒漠的“面具人”。他们由对依靠个体弱小力量改变命运的无望转向对个体能力的否定，由对个体能力的否定又转向对强权的认同；对强权的认同则意味着要一厢情愿地为之编织出一些救世主的神话，至少也主动为之制造出一种合法性的奴性话语。看似取得了个人成功，但其实只不过是奴性文化的制造者、权力的归顺者，他们从不抵抗，因为在他们看来，进行抵抗时需要付出的辛劳，要比甘愿服从和忍受的奴役更加痛苦。对一般人来说，费力最小远比忍辱负重更加痛苦，他们宁愿忍受一切，也不愿行动一次。冯家昌和李治国相较普通村民拥有一定的社会地位，然而他们的灵魂自私、狭小，缺乏公共关怀，因此，他们对社会的危害要远远大于那些普通村民。从这个意义上来说，李佩甫通过这一类人物的塑造，对中国社会的启蒙批判不可谓不深刻。

四、《生命册》：沉重的底色与狂欢的突围

《生命册》是李佩甫获得茅盾文学奖的长篇小说，它以“无梁村”为缩影，切入了中国社会的现代化进程，并对时代变迁中人性的变异表达了深切的关注。这部小说充斥着一种沉重的、压抑的、憋闷的痛苦，这种痛苦在人心中澎湃、翻涌，它把作家对时代、对人性的隐忧，借由这种痛楚表现出来。李佩甫小说中的这种沉重与痛苦不是个案，也不是偶然。在河南作家群体中，张一弓、李洱、刘庆邦、乔叶、傅爱毛等都在作品中体现了这种相似的风格。共同的地域文化氛围形塑了河南作家，也成就了他们创作风格上的一些共性。苦难与沉重是河南作家最善于表达的主题，这构成了河南文学特殊的底色。极致的重压之下必有疯狂的反抗，当沉重的底色几近吞没人心的时候，疯狂就成为一种旁逸的出口。但疯狂仅仅是种表现形式，其内核则指向狂欢。在河南作家的笔下，沉重与狂欢常常是并置的维度，二者的平衡与牵制构成了他们作品中一种特殊的美学风格。

（一）面向沉重的压抑

河南一直是一个“最中国”的省份。一方面，自古以来的中州意识和历史上长时期的皇城心态，让河南作家自然而然地有一种国族视野和胸怀。他们常常以一个小村庄、以河南大地来隐喻整个中国的政治变革与时代变迁。另一方面，河南历来号称“中原粮仓”“农业大省”，在中国迈向现代化的转型阶段，这一美誉不禁略显尴尬。在乡土中国向现代化转

型的进程中，乡土气息、农业传统尤为浓重的河南，成为“一个吃力、蹒跚的老农民”。在这里，现代化的进程尤为缓慢，从庞大的乡土母体中脱胎而出的现代化正面临着难产与阵痛。这种痛楚膨胀之后，人们就疯狂地想要摆脱乡土的束缚与滞重，渴望追随城市的快速发展。因为农业大省转型的艰难，河南作家能够贴近地面，更容易看到底层的艰难与骚动。历史变迁的车轮总是压向社会最低的一层，而作为基层的乡村、作为底层的农民，便成为社会变革的最大承受者。中国之变也在底层被清晰地放大，河南作家也总善于从底层、从乡村切入时代的脉搏。“由于多种因素的作用，中原文化总体上看是一种生存文化，而生存文化是一种具有强烈现实关怀的文化，这使生活其上的当代河南作家具有强烈的现实主义精神。”①也许还夹杂着一种历史感与责任感，河南作家大多偏爱沉重的题材，很少有轻灵飘逸、天马行空的作品。就连女作家，也都以沉重的题材见长，如邵丽的底层书写，乔叶对“人性之恶”的执着挖掘，傅爱毛成名作中所关注的“嫁死”等。

乡村的沉重在《生命册》中主人公吴志鹏的身上得到了最大程度的诠释。他是一个孤儿，背负的却是整个无梁村的期待与需求，也背负着整片土地的重量。从乡土逃离的知识分子吴志鹏，本可以在城市获得新生，但一张张“见字如面”的纸条，却让他在自由的道路上频频停顿，压得他喘不过气来。故乡本是吴志鹏们坚强而温暖的后盾，但当“母亲”停止了奉献而开始索取时，后盾就变成了沉重的负担。正是这种沉重，让吴志鹏一次次想要逃离，逃离乡村，逃离“良知”。但这种逃离所带来的“无良”，却又并非农裔知识分子吴志鹏们应当完全承担的。乡村的沉重，源于它背负了太多的文化、伦理、情感、道德，因而，这沉重对农裔知识分子来说并非全然是一种禁锢，它在造成困扰的同时，也铸就了意义和温暖。小说中的“背后有人”在一次次拉扯吴志鹏时，不仅

① 刘保亮. 土地文化的桎梏——当代河南文学的文化批判[J]. 学术论坛，2011(10).

构成了一种牵绊，更构成了一种拯救。乡村的沉重阻止了吴志鹏向着人性反面的精神裂变，一旦这沉重被虚置，他也将成为真正意义上的“孤儿”，既没有故乡，也没有“新家”。

沉重是把双刃剑，一方面，它把作品压向底层，压向乡土，获得了最原初的动力与感动，也获得了平实和厚重。有评论者认为：“外地作家比作品时，常常是比手法，比‘衣服’，豫籍作家比作品一直是‘脱光了衣服比肉’。这个‘肉’的重要内容就是乡土”①。另一方面，它又使人在逼仄的空间里压得透不过气来，想要去飞翔，但又展不开翅膀。于是，就出现了沉重之后的突变——狂欢。

（二）通向轻快的狂欢

当沉重与压抑到达极致时，疯狂就成为跳脱的一个出口，成为爆发的一种委婉表达。但疯狂又不同于反抗，反抗是对外界的，疯狂却是向内的。这是属于“草民”的姿态，是在撼动不了强大的外力时，本我对自我的反抗。在“五四”时期，鲁迅就表现过这一主题，当他力图唤醒沉睡的民众时，却发现大多数民众只不过是麻木、愚昧、缺乏主体精神的阿Q，发出“哀其不幸，怒其不争”的感慨。在觉醒者的孤独中，鲁迅提出了“铁屋子”的比喻，在困兽犹斗中，用文学作品发出了无声的“呐喊”。如鲁迅一样的觉醒者，所感觉到的是理想与现实的错位，这种错位使人陷入疯狂，就如同《狂人日记》里的“狂人”一样。

在沉重底色上生发的疯狂，注定有一种悲剧色彩。而这种疯狂，某种程度上也是狂欢，它成为作家设置在悲剧内核上的一层喜剧外壳，在悲喜二重世界的紧密相融中，拉开宏阔的张力。书写疯狂并不是河南作家的专利，贾平凹、林白等作家都对疯狂有过描写，但疯狂是河南作家的偏爱。在李洱的《石榴树上结樱桃》中，作为知识分子的殿军面对乡村的乱象，既无意去拯救，又无力去挣脱，最终为自己也为孔繁花而疯；

① 孙荪. 文学豫军论(续)[J]. 河南大学学报(社会科学版), 2002(9).

在傅爱毛的《疯子的墓园》中，主人公自愿模仿女疯子，为逃离城市的压抑以疯的姿态回到原初……疯狂之外，河南作家又善于利用疯癫、戏谑、诙谐来解构压力，表达荒诞感受，从沉重的极端跳到轻快的极端，这方面最典型的便是李洱。在李佩甫的《生命册》里，虽然整篇作品弥漫着压抑的气氛，但作家时不时地以冷幽默的方式打趣人物，在轻重之间调换步调，用或轻或重的狂欢打开了新的局面。

疯狂已成为人类面对精神压抑的一个爆发口，成为作家贴近现实与本质的一种戏剧化表达。但在李佩甫笔下，这狂欢又指向城市与时代的焦虑。在《生命册》中，作家让骆驼做了一个疯狂的发财大梦，在金钱数额不断膨胀的同时，人的欲望、阴暗也一次次膨胀。而膨胀的极端就是破裂，骆驼之名本身就暗示了他被金钱所异化、压垮的命运，直到他从18层楼跳下，这疯狂才达到了顶点，然后渐趋平静。对于骆驼的命运，李佩甫通过树做出了隐喻："平原上的树有一个最可怕的、也是最不易被人察觉的共性，那就是离开土壤之后变形。"而吴志鹏的疯狂则体现在逃离，他疯狂地想要逃离乡村。"逃离"这一乡村知识分子最真切的愿望，被作家毫不避讳地写了出来。吴志鹏虽然坚守住了底线，但失去一只眼睛的结局表明，他也被异化了一半，成为"半城半乡"也是"不城不乡"的人，一个处于灰色地带的流浪人。这种疯狂在吴志鹏住的医院里得到了众生狂欢式的表现，他在医院所见到的一个个眼病患者，实则是一个个"心病"患者。眼睛是心灵的窗户，人物狂欢的代价就由眼睛来承受和表现。李佩甫在此更像是为这一时代被欲望所异化的人们做了一份"病相报告"，并对当下时代和社会发展中的问题表达了隐忧。

《生命册》借由一个疯狂的梦，意在提醒人们疯狂带来的代价。它从个体生命经验出发，探讨了整个民族在社会转型、时代变迁之际所面临的共同问题，尤其是人的异化。结尾寓言式的故事"让筷子竖起来"，其实表达了一种回到起点、重新出发的愿望，在"当年小麦磨成的白面"上行走，暗示了一切重归起点。所以，"让筷子竖起来"的难点，不是让筷子立起来行走，而是让筷子像人一样回到"当年"开始行走，那些"奇奇怪怪的符号”也只不过是人生命的印记，故为“生命册”。这一路走来，人们迷失了太多，丢掉了太多，抛弃了乡土中国的道德与传统，抛弃了人应有的美德，渐渐成为一个不完整的、片面的人。《生命册》提醒我们的，是人的缺失，这缺失不仅是身体上的，更是精神上的，不仅是个人的，更是民族、社会、时代的缺失。

在狂欢的虚幻破碎之后，也许只有沉重能把人拉向实地，去拷问并探求生存的价值与意义。在这个层面上，沉重与疯狂又构成了两面互相映衬的镜子。沉重，显然更符合我们民族对自我的感知，对社会的体认，对文化的依从。而疯狂，则体现着人们用尽全力对现有一切进行的反抗，以及寻求新自我的努力。沉重与疯狂，互为彼岸。前者压抑得人想要去突围，而后者的“不可承受之轻”又促使人回到沉重的现实。小说结尾，吴志鹏长叹一句：“也许，我真的回不来了。”当作家把意义再次归于沉重之后，却发现温暖的沉重早已成了不可企及的彼岸。对于多数农裔知识分子来说，“夹生”的姿态也许是最终的归宿。这种“孤儿”的状态是属于几代人的，并不只是李佩甫以及其同代作家们。在梁鸿等作家的笔下，我们同样能看到人物在结尾处离去的身影，以及离去与回望之间的挣扎。

（三）沉重与狂欢二者的辩证

沉重与狂欢，看似是两个遥远得不可企及的维度，其实仅仅一墙之隔。在河南作家的笔下，它们是相融的，是被打通的。在李佩甫、李洱、邵丽等作家的笔下，在《生命册》《羊的门》《受活》《石榴树上结樱桃》《第四十圈》等作品中，沉重的底色与狂欢的突围都是并存的，缺一不可。就连一贯以“乌托邦”和理想化著称的刘庆邦，其“酷烈”小说也大多深沉而有力，交织着沉重和狂欢的痕迹。在《走窑汉》中，马海州为报辱妻之仇，一次次用看似平静的行为将对手逼至精神绝境；而在《平地风雷》中，乡村的残杀事件被描述成一场杀人的狂欢，小说中的货郎被捣碎成“一摊红粪”。

如果不理解河南文学为何如此沉重，为何对苦难、压抑、权力如此痴迷，也就很难理解它在面对现实时为何会表现得有些歇斯底里。这是中原文化与几千年战乱历史的结晶：平静、安稳的表象下，隐藏着动荡、不安、躁动。而在文学中，权力、苦难的阴影，与疯狂、膨胀的自我被压缩为一体。某种程度上，沉重与狂欢构成了现实的两面镜子，前者将现实凸显，而后者像哈哈镜般将现实夸张化，二者互相映衬、互相补充。沉重，显然更符合河南人对土地的崇拜、对社会的体认以及对文化的依从。而狂欢，则体现着人们用尽全力对现有一切进行的反抗，以及寻求新的自我的努力。前者压抑得人想要去突围，而后者的"不可承受之轻"又促使人回到沉重的现实。

从另一个层面看，沉重与狂欢又是互相压迫、互相转化的。狂欢是对沉重现实的反抗，而沉重又是对疯狂的压制。前者促生了后者，又把后者压回原点。在此种循环往复的状态下，作为反抗的狂欢似乎也面临着一种必然的命运：任何狂欢都是一种梦，都面临着梦醒后被当下文化形态"治疗"的前景。"'疯癫'就是在与现存文化秩序，社会规范的对话、争斗、断裂、制服的过程中而被'命名'的。"①因此，呼天成(《羊的门》)、骆驼(《生命册》)、柳鹰雀(《受活》)这几位政治狂人或经济狂人，都在最后结束了自己的生命，也结束了不切实际的疯狂。"一方水土养一方人"，他们本身就是河南乡土所养育出来的能人与"人精"，然而在面对乡土这厚重的传统时，他们仍然不能超越。

在沉重与狂欢的文化生态中，也有一些被命名为"疯子"的逃离者，存在于文化的裂隙之中。他们从沉重的精神桎梏下逃离，自愿成为常人眼中的疯子，只为求得一种解脱与返璞归真的状态，如傅爱毛《疯子的墓园》中的章楠。正如《喧哗与骚动》中所表现的那样，现代意义上的"疯子"是存在于两种异质文化的裂隙中，他能够跳脱出来，对

① 梁迎春. 疯癫与隐喻——论鲁迅小说中的疯癫意象[J]. 中国文学研究，2007(1).

两种文化做出“陌生化”的审视。20世纪初，鲁迅以“狂人”形象试图告别封建时代；21世纪之初，贾平凹在《秦腔》中也用疯子引生的视角宣告了传统乡土的终结。“疯子”或者“疯狂”的表达，也就在不经意间成为中国社会现代化转型的典型话语，这在转型尤为艰难和漫长的河南，表现得更加明显。

五、苦难的女性救赎

苦难是李佩甫等豫籍作家写作的重要母题。这既源于作家们童年、青年时代苦难、坎坷的生活经历，也源于河南这一地域苦难深重的历史。当豫籍作家们试图寻找救赎之路时，都不约而同地将目光投向女性。有学者指出：“在周大新的大部分作品中，男人们不是一种在场的空缺，就是一件活道具，抑或是一副没有灵魂与生命的躯壳，一种自私卑劣不忠不义的小人。而女性世界则绿意盎然充满生机与希望。周大新不受一切陈旧观念的拘囿，钟情于女人，理解女人，偏爱女人，毫不留情地剖视了男性世界的虚弱苍白，揭示了女人在家庭里与社会上孤立无援的地位和处境。”①这些承担救赎功能的女性，是母性与妻性、女儿性的混合。从刘庆邦《梅妞放羊》中的梅妞、《湖光山色》中的楚暖暖，到《日光流年》中的蓝十四，我们都能感受到这些女性的印记。

李佩甫的女性书写带有强烈的男性叙事色彩，他喜欢从生命、母性、繁殖的角度刻画女性形象，“在我的记忆里，无梁女人个个高大无比，屁股肥厚圆润，活色生香。……站在石碳上碾篾子的女人，屁股都是紧绷着的，就像是一匹匹行进中的战马，一张张弹棉花的张弓，捏一下软中带硬、极富弹性，回弹时竟有丝竹之声”。李佩甫《城的灯》中的刘汉香也是这样一个女性，而且更为典型。刘汉香是村支书的女儿，却

① 梅蕙兰. 寻找女人——周大新小说创作的潜在精神向度[J]. 中州学刊，1995(6).

不顾身份阻隔，恋上穷小子冯家昌。冯家昌进城之后抛弃了刘汉香，但汉香却毫无怨言。她在村里不仅帮冯家昌照看父亲和弟弟，还带领乡亲把村庄建设成了花镇。然而，小说的结尾却是刘汉香这样一个近乎神性的女性被六个男孩轮奸。而刘汉香自始至终都在低语："救救他们，谁来救救他们……"这样的情节设置未免有些突兀。由于刘汉香被塑造成一个近乎神的女子，她最后的结局也难以达到悲剧对人的心灵净化的效果。她的受难使读者意识到，即使刘汉香像一个受难的耶稣，然而她毕竟不是耶稣，只是一个人世间的女性。与西方背负十字架的耶稣相比，刘汉香的受难带给读者的心灵净化空间极为有限。

对于豫籍作家为何钟爱将女性作为救赎之路？李丹梦的分析较为精辟，中原文化总体上是建立在农业基础上的以父权为核心的政治文化，培养鼓励的是执着务实的在世思维。因此，"豫籍作家对苦难救赎的设计中存着'父权经济学'的意味，即用最小的代价来理顺、调息父权大厦内部的压抑、怨诉及对善的向往"，"作为苦难底层的人物，女人承受着权力与性别的双重盘剥，她的忍耐承让、对男性的生养哺育，不仅保证了男权的运作，亦让苦难中浸透的欲望、压迫与心灵'救赎'之间的力比多转化，成为可能"。① 在李佩甫心中，刘汉香是他所依恋的美好乡土的象征，是他试图调和城市与乡村矛盾所构想出的一个解决方案。但是，事实上，"所谓的城市与乡村，不过是人类对大地的人为切割，在精神和地域方面；而在大地看来，它们本来就是一体的。从这个意义上讲，刘汉香是一个伪神话，她的悲剧意义也颇值得怀疑。如何让神性写作走出恋土的阴影，真正不离不弃地与大地结合在一起，是李佩甫必须认真思考的问题"②。

---

① 李丹梦. 文学"乡土"的地方精神[M]. 北京：北京大学出版社，2014：171-172.

② 李丹梦. 文学"乡土"的地方精神[M]. 北京：北京大学出版社，2014：280.

六、大地情怀的局限性

耿占春曾对李佩甫小说中的“大地”做如此解读：“佩甫的小说更使我相信，大地，这是一种思想、一种精神状态、一种灵魂的可见的撼人的形式。唯有基于大地，我们才能建立起自身的存在，建立起人类历史的和道德的存在，唯有大地，无限回春的大地是圣洁的无罪的。”①的确，在李佩甫的小说中，一以贯之的是对大地的诗性解读。“土地”对他来说，毋宁说是一个精神化的存在，能对抗当下现代化、城市化过程中人性的扭曲和异化。在《生命册》中，那个乡村叛逃者吴志鹏，正因为“身上背负着五千七百九十亩土地，近六千只眼睛，还有三千个把不住门的嘴巴”，或者说与大地的精神联系，使得他不同于在资本道路上一路狂奔的骆驼，他能停下来思考，及时刹车，并最终接管厚朴堂。《平原客》中的李德林面对审讯，脱光衣服时，终于醒悟自己只不过是“黄土小儿”，从而看出了自己的“小”来。背离了土地的李德林陷入绝望中，因为他知道“是小麦给了他梦想，他是先有小麦，后有人生的。在他临终的前夕，他梦回故土，看到了田野、大碗、筷子、石磙、炊烟、野兔、瓜地、麦垛”。借李德林在官场上顺风顺水的刘金鼎，因罪行败露，在逃亡路上回到家乡，这时他才回归到生命之本：

> 黎明时分，田野里的风像潮水一样，一浪一浪地呼喊着。……房外不远处是熟了的玉米田，刀叶沙沙地响着，带有涩香的玉米气味随风飘进来，让他回想起童年里的许多时光。一只蚰蜒在墙上艰难地爬行，就像他的人……后来下起雨来，雨哗哗下着，天地间只剩下了雨打刀叶的声响，啪啪嗒嗒的，送进来一片湿气……

---

① 耿占春．无罪的大地[M]//李佩甫．金屋．武汉：长江文艺出版社，2000：12.

在漫天星斗的乡间小路上迷路后，他在黑夜中跪倒大喊：“我有罪，我是个罪人”，仿佛只有土地和黑夜能够包容他迷狂的心灵，“对着无边的黑夜，对着那些坟头，他嘴里喃喃地说着一些话，就像是自审自答”。在城市长大的李佩甫，并不像贾平凹、莫言等出身乡土的作家天然地厌恶城市，但他目睹了现代化之路带来的负面问题(生态破坏、人性异化、贫富分化等)，而将“大地”作为救治的手段。因此，尽管李佩甫在情感上也许并不厌恶都市，但在他的叙述中，都市往往是负面的，被视为欲望的象征。骆驼对金钱的执着、对女性的欲望，梅村追求精神契合的恋爱但又陷入情感的迷失与混乱，小乔的精明强悍，主持人夏小羽与省长的情感纠葛，都给人留下深刻的印象，但人物展开得不是很充分，毋宁说成为都市罪恶的符号。在这方面，李佩甫无意中又承续了中国现代文学中将都市罪恶化的传统：“传统农耕文明、乡土社会的文化惯性和影响力在中国现代文学阶段并没有消逝，反而影响深远，这种影响甚至超出了现代的城市文明。在中国现代文学史上，大批作家虽然长时间生活在城市，作为现代报刊、新式学院、都市沙龙等城市文学生产空间里的一员，自身也有许多关于城市的创作，但是如果与农村、乡土文学相比较的话，中国现代城市的描写，依然处于相对较少甚至缺失的状态。尽管鲁迅、沈从文这些作家在他们创作的黄金时期都生活在中国如北京、上海这样的城市，但是他们更愿意也更擅长描写的还是中国的乡村，在那里来塑造他们的人物、来构建他们小说世界。”①

在《生命册》中，虫嫂、春才、梁五方、老姑夫因与大地的联系，生命尽管卑微，但也不失庄严。虫嫂的故事是从“小虫窝蛋草”开始的，“这种花虽说是丛生，却也蔓长，草丛里朝外伸出一细细的长茎，茎上擎着一个盘样的花苞，花苞里托着几个蛋样儿小果，春来果是绿的，熟

① 刘勇. 城市：中国现代作家的一个独特心结[J]. 中国现代文学研究丛刊，2018(7).

了的时候紫黑。这种草花看上去小身小样的，却有一种惊天动地的弹射功能，每当冬天到来的时候，寒风一洌，那花苞陡然间就炸开了……”身高一米四三的她是村子里有名的小偷，和村子里的男人保持着不清不楚的关系，在那个物质匮乏的岁月里，她作为母亲忍受着村人的歧视和讥笑，只是为了养活自己的三个孩子。孩子长大后却以这样的母亲为耻，甚至不愿意跟她见面，而她还用卖破烂的钱为大儿子买了一辆自行车。最后，不被孩子接纳的她在村子里黯然老去。李佩甫的叙述颇有鲁迅《颓败线的颤动》的意味，但鲁迅的书写无疑更有坚硬的质地：“她赤身露体地，石像似的站在荒野的中央，于一刹间照见过往的一切：饥饿，苦痛，惊异，羞辱，欢欣，于是发抖；害苦，委屈，带累，于是痉挛；杀，于是平静。……又于一刹那间将一切并合：眷念与决绝，爱抚与复仇，养育与歼除，祝福与咒诅……。她于是举两手尽量向天，口唇间漏出人与兽的，非人间所有，所以无词的言语。”①春才，村子里的一个腼腆少年，因为性格腼腆错失爱情，为了逃避性带来的羞耻而自宫，变成豆腐坊主人后，婚姻上又遭遇骗局，尝尽人生的艰辛。梁五方从村子里的一流匠人沦为“上访无赖”户，最终又成为一个神秘的占卜者。老姑夫在退去了军人的光环后，被妻子嫌弃，婚姻不幸的他却走向生命的阔大，乐公好义。当然，在《生命册》中最感人的，当属作家对乡土生活的诗性怀想，也是一个步入耄耋之年的老人对童年生活的感怀，那些牛毛细雨、瓦楞上的滴水、夜半的狗咬声、蛐蛐的叫声、倒沫的老牛、门搭的声音、谷草垛、钉在黄泥墙上的木橛……最打动笔者的，是对瓦楞上的滴水的回忆：

“在雨后初停，瓦檐儿上的水一串一串地滴下来，先还是密的、连珠儿，而后就缓了，晶莹着、亮着，一嘟一嘟的。先先，就像是白色的葡萄汁，小浓。当它滴下来的时候，一短儿一短儿，在房前

① 鲁迅．鲁迅全集(2)[M]．北京：人民文学出版社，2005：211.

的黄土地上滴出一个个的小圆坑。把地上的黄土砸成一个个正圆的沙窝状，那小圆坑儿一个一个地在房檐下排列着，先是‘奔儿、奔儿’的，而后是‘啪’声，再后是‘啾’声，那声音是有琴意的。”①

当下，瓦楞作为一种传统建筑材料，在很大程度上已经退出乡土生活，因此，李佩甫的怀想其实是对一个时代的追忆，凝结着他的乡愁。在这方面，《生命册》类似萧红的《呼兰河传》，将中国村镇生活的温馨写到了极致，但也将生活的残酷和文化的封闭写到了极致。从那个被村人排斥的梁五方身上，我们似乎也看到了那个因爱说爱笑而背离乡土文化传统的11岁女孩小团圆媳妇？但作家何尝不知，精神构建的“大地”，在真实的乡土生活中其实已经不复存在？写于1990年的《红蜻蜓》中的二姐仿佛是“大地”的象征，尽管贫苦，但她自尊、矜持、勤劳，给了“我”最美好的童年记忆。但写于2014年的《麻雀开会》——写的其实是同一个人，却是对《黑蜻蜓》的解构。与《黑蜻蜓》不同的是，表姐不仅收下了定亲的300元——在道德上并非完美无瑕，还在看守工地时，与丈夫一起偷工地上的材料。晚年，她在与两个儿媳的斡旋中讨生活，靠开机动三轮为生。这样逼近原生态的书写，是否由于新世纪文学对颓败乡土的书写激活了李佩甫对于乡村原始的记忆？事实上，正如美国学者所指出的：“城市环境的最终产物表现为它所培养出的各种新型的人格。”②都市文化的最大特征就在于其包容性和异质性，“异质性或多样性，以多种形式刻写在城市的景观中，包括住宅、饭店、公园、标志系统和其他设备、以及各种各样基础设施的外观与分布状况。此外，人口的多样性也是城市之所以为城市的人口统计学标志——人们有着不同的样貌，与生产资料有着不同的关系，各自的种族背景、性别和生活方式

---

① 李佩甫. 生命册[M]. 北京：作家出版社，2016：396.

② [美]R. E. 帕克，E. N. 伯吉斯，R. D. 麦肯齐. 城市社会学——芝加哥学派城市研究文集(中译本序言)[M]. 宋俊岭，吴建化，王登斌，译. 北京：华夏出版社，1987：5.

(包括性行为)也互不相同"①。因此，从某种程度上来说，尽管城市带给人以压迫感和孤独感，但是城市生活相较乡土生活有很大的自由，人们可以选择甚至创建自己的社交群落，比在其他任何地方更为自主地生活，没有什么是一成不变的，个人发生改变与更新的可能性无穷无尽。因此，《麻雀开会》中表姐的经历尽管没有理想化色彩，倒更贴近乡土与城市生活的真实。

李佩甫和许多当代作家一样，几乎对都市文明的现代意义视而不见。在当代文坛，深受文化传统影响的作家还是惯于书写城市的丑恶。贾平凹、陈应松、孙惠芬、尤凤伟等出身于乡土的作家，对于城市本身就有一种排斥心理。以贾平凹为例，他曾经说："我吃惊地发现，我虽然在城市里生活了几十年，平日还自诩有现代的意识，却仍有严重的农民意识，即内心深处厌恶城市，仇恨城市，我在作品中替我写的这些破烂人在厌恶城市，仇恨城市。"②陈应松也宣称："我讨厌城市、富人、有着华丽居所的电影与小说，我认为他们的所有表演都是矫情的。他们的痛苦极不真实，他们神经质、变态、令人恶心。只有农民和小人物的感情才是真实的，他们的痛苦优美无比，幸福催人泪下。"③在这样的心态之下，作家很难发现，更是难以写出都市的美感与现代意义，这在很大程度上限制了作品可能达到的深度。正如梁鸿指出的："相当一部分当代作家似乎面临着一种困顿的境遇：在面对这样一种乡村伦理和城市伦理的冲突时，他们犹豫，徘徊，摸不准城市的脉搏，害怕做出判断，却又总是不由自主地在文中形成判断。或者说，在描写乡村精神时，作家运用的是直觉，是未经理智篡改的'直觉印象'……一当面对城市时，这种'直觉'的力量消失了，直接的判断、明白的是非感被容许凌驾于印象和体验之上，从而使作品失去'沉甸甸'、'湿漉漉的感觉'。二十世纪

① ［澳］德波拉·史蒂文森. 城市与城市文化［M］. 李东航，译. 北京：北京大学出版社，2015：40.

② 贾平凹. 高兴［M］. 北京：作家出版社，2007.

③ 陈应松. 松鸦为什么鸣叫［M］. 武汉：长江文艺出版社，2005.

中期出生的中国作家在这一点上无法摆脱‘乡村生活’、‘原野大地’给予他们的直觉体验，因为无法将自己真正融入城市伦理之中，这是无法超越时代的生命体验的局限。他们对‘城市’这一不断扩张着的势力处于一种失语状态。”①

第二节 周大新：“走出盆地”，书写现实

出生于1952年的周大新是一位军旅作家，他的故乡是邓州市构林镇冯营村前周庄，隶属于南阳市。南阳盆地是以河南省西南部南阳市为中心，包括湖北省西北部(襄阳市北部等)的盆地。南阳盆地群山拱卫，北为伏牛山，东为桐柏山，西依秦岭，南部为大巴山余脉，东南部为大别山，东南方通过随州走廊与江汉盆地相连。境内有唐河、白河、湍河、丹江以及长江最大支流汉江等主要河流。

与莫言相似，周大新也是一位通过参军改变自身命运的作家。在那个年代，由于高考被取消，参军成为农村年轻人改变命运的一个重要途径，但事实上又受到出身、人脉资源等条件的制约。莫言曾自述，正好招兵时大队的村民们出去劳动，自己与棉花站的一个同事(其叔叔是县武装部部长)关系良好，最终实现愿望。周大新则是在上大学的路被堵上之后，以偶然的方式当了兵，“1970年冬天，这时，一个重要的机会向我姗姗走来了——山东部队来我们镇上招兵……那一年县上规定不准应届生当兵，可我决心走，幸好，来招兵的李连长喜欢打篮球的学生，他见我身高一米七八，又胖又有力气，而且球技不错，就坚决要我”②。

一、饥饿的童年创伤记忆

出生于20世纪50年代的周大新，饥饿、贫穷、疾病是他那一代人

① 梁鸿. 周大新小说论[J]. 小说评论，2003(5).

② 周大新. 长在中原十八年[M]. 北京：中国文史出版社，2012：76.

共同的生命体验。周大新曾在散文中写道，六岁时正值"大跃进"时期，"疟疾多发，学校里的学生差不多是轮着得这种病"，"轮到我时，娘并不惊慌，只在院中的太阳下铺床被子，让我躺下，再在我身上盖两床被子，让我度过冷得发抖的那段时间"①。而饥饿更是成为一种日常状态，"八岁时，饥馑突然到来了。我从来没想到饥馑的面目是那样狰狞可怕。先是家里的红薯吃完了，后是红薯干和萝卜吃完了，再后是萝卜缨和野菜吃完了，跟着是难吃的糠和包谷棒芯吃完了，接下来是更难吃的红薯秧吃完了，最后是把榆树皮剥下来捣碎熬成稀汤喝，把棉籽炒熟后吃籽仁"②。这是一种创伤性的童年经验，被饥饿所围困，"我那时什么别的事情也不再想，读书、写字、做游戏，早忘到爪哇国了，唯一想的事情就是把肚子填饱"③。

周大新的童年时代，正是人民公社化运动的高潮时段，而河南又走在全国的最前列。据罗平汉的《人民公社化运动始末》，"在人民公社化运动中，得信息之先的河南走在全国的前面。毛泽东还刚刚离开河南不到十天，河南省委就向中共中央汇报说：'我省在麦收以后，在全省范围内出现了一个建立人民公社的高潮，其运动的规模和速度大大超过了合作化高潮，'建立人民公社''走人民公社的道路'，已成为全省人民舆论的中心。'最近毛主席来河南视察工作，对群众鼓舞很大，办人民公社迅速在全省城、乡形成了全面高潮'。至 8 月 22 日，河南全省原有的 4200 多个农业社，已并成 1172 个公社，正在建立的有 300 个，平均每个公社 7000 户"④。但这些明显极"左"的措施，也造成了河南乡村普遍的贫困与村民的疾病、死亡，"自 1958 年 8 月以来，河南全省有 79 个县、市先后报告发现浮肿病人 175157 人，死亡 6457 人，其中尤以密县、

① 周大新. 长在中原十八年[M]. 北京：中国文史出版社，2012：4.

② 周大新. 长在中原十八年[M]. 北京：中国文史出版社，2012：5.

③ 周大新. 长在中原十八年[M]. 北京：中国文史出版社，2012：5.

④ 罗平汉. 人民公社化运动始末[M]. 北京：中共中央党校出版社，2006：78.

尉氏、长葛、禹县较为严重。密县共发现浮肿病人 12052 人，死亡 1315 人；尉氏 31439 人，死亡 275 人；长葛共有 13323 人，死亡 755 人；禹县 9661 人，死亡 156 人”①。

尽管在如此饥馑的状态下，周大新的笔下，乡村的食物在儿童的视角下也是多姿多彩，蒸槐花，“将摘下的花去掉花梗，在清水里漂洗之后，拌上白面，撒上盐和各种佐料，尔后放到锅上蒸。在蒸的过程中，厨房甚至整个院子，都飘逸着一股浓浓的槐花香味”；炸南瓜花，“先用清水冲净，尔后放在油锅里嫩嫩地一炸，出来撒些盐末在上边，吃起来那香味是双重的，一种是食油的香味，一种是花的香味”；蒸马氏菜，“先用水清洗，然后拌上面捏成条蒸，蒸出来用刀切成方块形，再拌上蒜汁，就可以吃了。这种蒸马氏菜入口也是一种青鲜之气，可以当饭吃，吃上一碗两碗都行”②。这些食物既有饥馑年代乡村生活的温馨，又反衬出了当时农民生活的艰苦，有一种苦涩的味道。

周大新自述，读中学时，因为家贫交不起钱，不能在学校吃食堂，“由父亲送来红薯、包谷糁、柴，还有一点娘擀好的杂面条，在学校附近的尹营村找个人家，在人家的灶屋里用几块砖头支起一个小铁锅，自己烧火自己煮红薯稀饭和杂面条吃”③。后来，“学校附近一个孤独的老汉愿意为我们这些吃不起学生食堂的远乡孩子做饭，不收任何钱，条件是管他吃饭，每个学生家里每个月多送四斤面来。于是我们一共 12 个远乡同学凑在一起吃饭。这段搭伙吃饭的日子留给我最深的记忆是唯恐自己吃不饱。……饭盛到碗里之后，大家谁也不说话，只一个劲呼呼地喝，12 个人吞起面条来真像刮风一样，为了抢在别人前头多吃一碗，有时嘴里都烫出了泡”④。从周大新的叙述中可以看到，饥饿、生活的艰

① 罗平汉. 人民公社化运动始末[M]. 北京：中共中央党校出版社，2006：210.

② 周大新. 长在中原十八年[M]. 北京：中国文史出版社，2012：70.

③ 周大新. 长在中原十八年[M]. 北京：中国文史出版社，2012：76.

④ 周大新. 长在中原十八年[M]. 北京：中国文史出版社，2012：60.

难成了他最原始的记忆。应当说，这些最初的记忆成为作家内心潜在的创作动力，影响甚至制约着他的文学创作。

二、盆地意象的象征意义

在周大新早期的盆地小说中，这块盆地风景秀丽，巍峨的桐柏山耸立于东，连绵的伏牛山卧于西北，苍翠的武当山、大漠山横亘于南。盆地人的祖先很早就在这块土地上刀耕火种、繁衍生息，但由于处于大山的环绕中，这里闭塞、贫穷、落后。然而，盆地人身上带着一股狠劲儿，他们乐观向上、积极进取，通过一切能够利用的方式改变自身的处境，改善自己的生活条件。这一特质成为周大新小说创作的故事原型，带有某种神话特征，如批评家所言："周大新无疑更善于用神话的眼光观察世界，在原型批评理论看来，它意味着作者创造性幻想得到的自由表现，在幻想中捕捉到某种来自心灵深处的陌生的东西，一种人所不能理解的原始经验。"①

在小说《伏牛》中，有大量关于盆地人原始的牛图腾崇拜和有关牛的传说，牛与人类和平相处，"我们牛湾村里，到处都有牛刻，各家的堂屋前墙，都挂有一个木刻的牛神，村中的老树躯干上、村南的石桥墩上、村后山坡的大石上。都刻有大小不等的牛像"②。周族族长的长子失踪后，被发现正与小牛犊一起吃奶，由此族人开始停止杀牛。牛既是族人的劳动工具，也是日常生活中的朋友，甚至具有能看透人的内心世界的神性。小说中的周照进，家境贫困，父亲生病，家里没有一头牛，生活难以为继。为了能够买到生产队的牛，他违心地与恋人西兰分手，娶了队长的哑巴女儿荞荞，通过买进奶牛，给县里供应牛奶，他开始走上致富之路。但他对荞荞没有任何爱情，只是将其作为谋求更好生活的

---

① 胡平. 神话的复归——周大新盆地小说原型分析[J]. 文学评论，1994(5).

② 周大新. 香魂女[M]. 北京：人民文学出版社，2016：328.

跳板。最后，具有神性的牛“云黄”因为照进骂了荞荞去抵他，荞荞为照进挡住了那一抵而失去了生命。

相较努力改善自身处境的男性，周大新最擅长的还是对盆地女性的塑造，她们果敢泼辣，敢爱敢恨。在周大新关于盆地起源的传说中，勇往直前走出盆地的都是女性：

“天宫里三仙女偷看了凡间男女亲密相处的情景，春心萌动，与南阳天将偷情，受到阎王爷的惩罚。玉皇爷认为他们是看到外界东西后学坏的，罚他们永世独居凹处。遂用五指在人间按出一块盆地，将二人押送其间。三仙女与南阳天将在那里生下子女，一家人唯靠吃毛豆为生。为了到外面学种庄稼，三仙女决心翻山越岭走出盆地，但受到玉皇爷法术的控制，永远走不到山前，终于累到，身体变为白河水喷出盆地。

土地爷的小儿媳唐妮丧夫后难熬寂寞，与农人南阳相好。土地爷派地兵砌起伏牛、桐柏、武当诸山，禁锢二人于山围之中。后唐妮为到外界学会织布做衣，坚持不懈向山外走去，最后力竭而死，身子变为唐河水冲开山脚。

阎王掠民女湍花为妃，湍花后与阴府迷仆南阳相恋。阎王施魔术于阳间变出凹地一处，将他们囚禁那里与世隔绝。湍花与南阳生养了子女，但深受不能建造房屋之苦。湍花决意到外界学习技术，日夜不停地走，终因无法接近群山扑倒在地，身体化为湍河水冲出凹地。

周大新以这些虚构的传说建构了南阳地区的历史。白河、唐河、湍河，一方面是女性坚韧生命力的象征；另一方面是南阳人“走出盆地”的拼搏精神的象征。这三则神话传说中，无论是神仙三仙女，还是地位较低的神仙土地爷的儿媳，抑或是民女，她们无一例外都忍辱负重，勇往直前地冲出盆地、改善自己及家庭的生活现状，而“南阳”只是一个被动、消极的承受者。以这些神话为原型，周大新在盆地系列小说中生动地塑造了一系列富有光彩的女性形象。

《香魂女》中的郜二嫂，丈夫好逸恶劳，游手好闲，儿子有智力障碍，她一个人承担起家庭的重担。她与日本人合作，开发建设油坊，生产、销售香油，成为当地一个成功的商人。为了能让儿子娶到村上漂亮的女孩环环，她果敢强硬，用金钱开路，一方面以高工资作诱饵，迫使环环的恋人与她分手；另一方面以自己的经济地位，胁迫银行的工作人员向环环的父母催要贷款，最终将环环娶进家门。她虽是一个女人，但果敢泼辣，凭借自己的能力开创出一片天地。但笔者以为，小说的精彩之笔在于结尾。当环环偶然发现郜二嫂的秘密——与送货员任实忠的婚外情，并且选择了为她守住秘密时，环环的善良最终让郜二嫂良心发现，她劝说环环与智障儿子离婚，去寻找自己的幸福。恰恰是郜二嫂最后的良心发现，让这一形象更加富于光彩，母性的力量既使她不择手段为儿子娶妻，又使她体谅到环环的痛苦，最终超越了自私与狭隘，走向对他人的理解与包容。这就是周大新笔下女性的魅力所在，李佩甫笔下的"冯家昌们"，为了自己的利益不择手段，缺乏内省，最后成为平庸之恶的生产者。而这些女性在走着与"冯家昌们"相似的奋斗之途时，还能够意识到自己手段的卑劣，并最终选择理解和包容。正如雷达的评价："我欣赏汉家女，如一小小宇宙，既善又恶，既浑身是刺又柔情似水，既泼辣无比又温存无限，既恪守传统又在非常关头打翻传统令人瞠目，她的一身集合着载不动的生力和情感。"①

《走出盆地》中的邹艾也是一个如此典型的女性。父亲将她们母女两人抛弃，邹艾自小与母亲相依为命，坎坷、苦难的经历造就了她过度要强、自尊的性格。上中学时，因为家境贫穷被同学嘲笑，她愤而退学，后来，又被大队主任欺骗感情，这让她倔强地发誓学中医，以精湛的医术立足。在一场诊疗比赛中获奖后，她放弃了在公社医院当医生的机

① 雷达. 周大新小说中的善与恶[J]. 解放军文艺，1988(6).

会，选择走出那块“盆地”，入伍后在军区医院当了一名护士：“我当时心里明白：我如今在这点上能把你们比下去！我有个一个好身体，我在家学过医，我自己能把你们比输！每天上班，当你们还在宿舍梳妆打扮时，我已经提前走进科里，拿起笤帚、拖把和抹布，打扫厕所、走廊、病房。”①这些话与其说是邹艾的内心独白，倒不如说是那个童年时代忍饥挨饿的农家孩子周大新的自我告白。当邹艾意识到当护士并不是凭专业技术，而是更多仰仗人脉关系后，她用自己微薄的工资给护士长送了礼品，之后她成了一个复仇者。在这个意义上，《走出盆地》有着强烈的社会批判色彩。在神话故事中，小人物的命运总是掌握在恶势力手中，玉皇爷、土地爷、阎王爷拥有至高无上的权力，阻止人们翻越山界，企图将人们控制在他们的统治下。而在周大新的小说中，他将恶势力附身于人间手握权柄的人们，他们掌握着小人物的命运，生杀予夺。此后，邹艾便不想再靠自我奋斗，转而依附权力谋求晋升，她放弃了一直在等她的恋人开怀，不择手段地插足女伴金慧珍和军区副司令儿子的恋情，并最终步步为营嫁入高干家庭。为了赢得婆婆的好感，她不惜设计阴谋使其摔倒，从而获得照顾婆婆的机会，让婆婆对她产生依赖与信任。由于保姆慢待了邹艾的母亲，她背着保姆偷偷往菜中加盐，使公公对保姆产生恶感，最终保姆被解雇。她从一个受害者变成了一个作恶者。借助公公副司令的地位，她一句话将仇人秦主任停职。然而，依附权力者也必然被权力所拨弄，邹艾的公公突然离世让她措手不及。她重重地摔了下来，政治部主任的位置也不再属于她，医院的人再也不对她另眼看待，她最终转业回到家乡。

但在周大新的叙事中，邹艾如同神话中的唐妮、湍花一样，之前的仇人秦一可升至副镇长，她处境险恶，但她没有服输，又开始了新一轮的拼搏奋斗。她自己开办诊所，采用不正当的竞争手段，吞并其他诊所，创办了医院。在资本和欲望的道路上狂奔的邹艾，因为制售的药品

① 周大新. 走出盆地[M]. 北京：人民文学出版社，2016：75.

出现问题而被追究刑事责任，初恋情人开怀替她坐牢，最终让她良心发现。与部二嫂相似，邹艾既是可悲又可悯的受害者，又是一个平庸之恶的制造者，她们认识到自己势单力薄，命运掌握在别人手中，便一心要做掌握别人命运的人。但在周大新的小说中，他往往让这些人在制造"平庸之恶"时良心发现，向那些受害者忏悔。《走出盆地》第二部的叙事风格就是忏悔，邹艾向女伴金慧珍坦陈了自己如何巧设计谋使副司令儿子爱上她，嫁入高干家庭、走上人生巅峰，后因公公去世被迫复员返乡的人生历程，以求得女伴的谅解。在周大新的笔下，女性在制造"平庸之恶"时良心发现，悔过，走向善。女性是生命之源，成为人类善良本性的象征，是周大新善的理念的载体。周大新自述："写作对于我来说还有一个目的，那就是呼唤爱和善，我希望每个人的一生都能在爱的浸润中度过，我希望我们这个世界上能被善意充满，我期望自己的作品能对那些我看不惯的丑的恶的东西起些作用。"①善最终战胜恶，恶得到一定的报应，并且最终恶的主人公都有悔改，这成为他的作品中常见的叙述模式，如《家族》《紫雾》《伏牛》等。

三、乡土变革的寓言化表达——《湖光山色》

周大新的长篇小说《湖光山色》凭借对当下农民与土地、乡村与城市之间复杂关系的独到思考而斩获第七届茅盾文学奖，成为 21 世纪乡土叙事的力作。在笔者看来，《湖光山色》的特别之处，还在于它对当代乡土所发生的巨大变革的寓言式呈现。在新时期的河南文坛上，刘震云、乔典运等人的小说已被公认具有典型的寓言风格，一贯擅长写实的周大新似乎也受到这种创作气场的影响，《湖光山色》明显带有了某种寓言色彩。

① 周大新：《答二君问》，转引自梁鸿：《论周大新小说"根"的谱系》，中国作家网。

在《湖光山色》中，谙熟南阳地理文化的周大新给我们展现了一幅带有浓厚南阳特色的图景：风景秀丽的“丹湖”是丹江口水库风景区，南水北调的渠首源头；丹湖岸边的“楚王庄”曾是楚国首都丹阳的所在地；作为小说情节推进重要元素的“楚长城”基本上在南阳境内，绵亘在包括周大新老家邓州在内的八个县，长度一千余华里；“楚王庄”百姓求拜佛祖的凌岩寺位于南阳淅川县境内。这些物质景观既是小说中人物的活动场域，也是周大新所讲寓言故事的表层。正是借助于这种浓厚的南阳地域文化场景，一个关于欲望的寓言才得以有效演绎。

寓言一般用假托的故事来说明一个道理，常带有讽刺或劝诫的性质。小说通过楚暖暖和旷开田从贫穷到富裕的经历，讲述了一个关于人类欲望的寓言。在北京打工返乡的楚暖暖一无所有，她拒绝了村主任弟弟的求婚，大胆与村上的穷小子旷开田结了婚。一开始，两人为了还卖假除草剂的债务而焦虑不堪、艰辛劳作。考古专家谭老伯对楚长城的关注使暖暖意识到了财运的到来。两人在没有还清债务的情况下就开始建房屋，并在金钱的蛊惑下一而再、再而三地扩大楚地居的规模，还建立了南水美景旅游公司。为了能够让游客在楚王庄多待几天，从游客身上捞取更多的钱财，在北京见过世面的暖暖无师自通地将凌岩寺与湖心迷魂区“吹”得天花乱坠，并且专门雇人挡住通往楚长城的小路收取门票，在东岸负责招揽游客。及至在薛传薪的鼓动下共同投资赏心苑，开田击败詹石磴当选村主任，暖暖和开田对物质和权力的欲望也达到了顶峰。然而，欲望发展到不可收拾的地步并给他们带来了不幸：过度痴迷于金钱、权力的开田与暖暖离婚，聪明能干的暖暖也无法控制楚王庄富裕以后产生的道德败坏的局面，最后私欲膨胀的开田由于默许赏心苑的非法经营而被警方带走。

小说中有两处提到了“欲望”。一处是谭老伯向暖暖讲述的楚王赀的故事。楚王赀生活奢靡，占有了一个武将的女人，武将不满发动了一场政变，楚王赀杀掉了数百人，保住了王权，但后来他一直生活在惊恐之中，总觉得有人要谋杀他。另一处是凌岩寺的天心师父对暖暖说：“欲无底，望无边；最初唤醒人们欲望的，其实是你。……这唤醒之举，倒也不是不对，只是唤醒了人的欲望之后，该做必要的节制，可你却没有去做。"这两处与暖暖的故事形成了对照，明示了小说关于欲望寓言的主旨。可以说，暖暖受到欲望的诱惑后对楚王庄的一系列旅游开发，如灵岩寺、迷魂区、观光秋收、楚国情景剧《离别》，逼真、生动地反映了当前不少地方旅游开发的模式——夸大其词地进行宣传、制造人为景观招揽游客，在反映现实的同时，也使人感受到对现实的尖锐讽刺，达到了寓言讽喻的效果。尤其是周大新对楚王"离别"仪式表演惟妙惟肖的描写，颇有几分荒诞色彩：

> "就在这呜呜和嘘嘘声中，'楚国船队'靠了岸，先是有三十个持青铜古剑的武士嗖嗖地跳上岸，成两队飞快地朝'离别棚'这边跑来，眨眼之间，武士们便分两排等距离地持剑站在了道路两旁。这时，呜呜声和嘘嘘声骤然停止，代之而起的是由架在树上的几只喇叭发出的优美楚乐。在这同时，站在船上的'楚王赀'和他的王后及随从开始离船登岸，缓步向'离别棚'走来。各种服饰的官员、随从令游人们啧啧称奇，威武的依仗也让游人们瞪大了眼睛。在'离别棚'前，只见'楚王赀'在王后和一些官员的簇拥下，绕棚一周。此时喇叭里的音乐一变而为沉郁悠长。紧跟着，就见'楚王赀'和他的官员及随从刷地面北跪了下去。吾祖吾母：儿今迁都，实不得以，人虽离去，心系此地，他日返回，再来拜祭……"

考古专家谭老伯的一个猜想变成了商人薛传薪的生意经，薛传薪专门从省城找来导演排演这出戏来吸引游客的眼球，周大新颇具喜剧色彩的描写也刻画出了城市观光客的无聊与空虚。此外，周大新还以细腻的笔墨细细描绘了游客七次参观楚长城的过程，这七次参观逐步升级，一次次地唤醒着暖暖的物质欲望。读者在阅读时，也体察到主人公在欲望中愈陷愈深的过程。小说的结构也酷似一个寓言，分为乾卷、坤卷，以水开始，终归于水，寓意着万事万物此消彼长、互为因果的哲理。乾卷中，暖暖与开田还在为更好地生存而努力，在詹石磴的阴威之下讨生活，欲望还只是刚刚显露。及至坤卷，开田当上村主任后，在薛传薪的鼓动下，通过楚长城发财的暖暖和开田，欲望已经逐步升级，最后发展到不可收拾的地步。为了追求利润最大化，他们拉拢当地政府官员到楚王庄度假，大兴土木，强占农民耕地，一再扩建赏心苑，破坏了楚王庄的生态平衡。

周大新通过暖暖和楚王庄的故事，揭示了人类欲望膨胀后带来的恶果——道德的败坏、生态的破坏。这是普遍意义上的寓言，具有醒世意义。与此同时，这一寓言又有更加具体的内涵，它隐喻了乡土社会在现代化过程中，生态文明及精神生态发生的巨变，以及根深蒂固的专制权力的恒久。

小说中的暖暖原本在北京打工，暖暖进城打工在楚王庄并不是个例，很多与她一样的年轻一代农民都在城里打工。这说明，农民一直留恋的土地的价值已经难以让他们安身立命，依附土地而生的传统农耕文明对年轻一代也失去了吸引力。可以说，周大新以自己对乡村的感同身受，敏感地捕捉到农民与土地感情关系的新变。暖暖由于母亲患病住院，不得已重新回到楚王庄，在接受了现代城市文明的熏陶之后，她开始以一种积极的态度努力改变乡村社会的生活现状。受到启蒙者谭老伯的启发，暖暖开始从事旅游业。由零散的家庭个体导游发展到开办旅游公司，由单一的食宿导游走向联合经营“度假屋”。暖暖在自己致富的同时，也带动了村民生活方式的改变，楚王庄也逐渐凭借其优美的生态环境，成为都市人观赏、游乐、休闲和体验的好去处。

不过，在小说中，农村观赏价值的发现和建设是以城市文明为评价标准的，这一新的价值的发现、开发、服务对象，以及评价机制，都是以城市文明为蓝本。乡村的价值形式是使用价值、实用的，城市的价值形式是交换价值、展示的。① 在这一过程中，农民的生活虽然有了提高

---

① 张柠．中国当代文学与文化研究［M］．北京：北京师范大学出版社，2008：93.

与改善，但真正获利的除了一部分能控制资源的权贵(如旷开田)之外，主要是一批从事农业资源批发的中介人，如小说中的薛传薪。他们将农业文明的资源转换成现代都市商品市场的交换品，从中牟取暴利。楚长城在村里人眼里就是一段没有用处的石墙，是谭老伯发现了它的文物价值和观赏价值，使之成为城里人趋之若鹜的旅游景点，从而使楚王庄走上了发展旅游业的新路，给楚王庄人带来了经济利益。楚王庄人对自己生活环境的田园风光和良好的生态环境视而不见，而薛传薪发现了楚王庄"被看"的旅游价值，从而带来了大量的资金和先进的经营理念，使楚王庄的旅游业在短期内成规模地发展起来。

城市文明的介入赋予了楚王庄新的价值。农村的山清水秀、原生态的生活方式满足了城里人休闲娱乐的需求，而农村也从中获得了巨大的收益。但农村在这种关系中处于一种"被看"的地位，缺少主体性，这注定了乡村与城市之间存在的不对等关系。小说中的薛传薪自居楚王庄的拯救者，就是建立在城乡不平等的基础上。这种不对等的关系，注定了其滋生的负面问题难以解决。发展旅游业在给乡村带来巨大财富的同时，也扰乱了乡村生活的平静，传统的伦理道德遭受到严重的冲击。由于开发度假屋，不少农民的房屋被强行拆除，耕地被占用而得不到应有的补偿。不少姑娘抵挡不了物质的诱惑去做按摩小姐，由于缺少自我保护意识而遭到顾客的侮辱。农民麻老四去赏心苑找城里来的按摩小姐，被传染上了性病，给原本平静的乡村带来了骚动不安。就连凌岩寺的僧人也开始不甘心过那种朴素平淡的生活，抱怨斋饭寡淡、僧袍破旧。城市文明虽然给乡村带来了财富，却不能解决农村出现的价值失衡问题。周大新对此表现出深切的忧虑——在城市文明冲击下，某些乡村中坏的东西沉渣泛起，好的东西却消失无踪。在小说中，作者想用佛家智慧来化解现代化带来的负面问题，但显得有些弱势和单薄。

当下中国的现代化进程虽然给农民带来了物质利益与精神生活的巨大变化，但周大新以知识者的忧患意识与启蒙思想，发掘出乡土社会中根深蒂固、难以撼动的专制权力结构与权力意识。从某种程度上来说，这种超稳定的专制权力结构正是阻碍农民、农村迈向现代化的绊脚石。乡土权力一直以来都是河南作家用力堪勤的描写视域，刘震云、李佩甫等人都曾以现代人文价值理念为指导，对生活在中原腹地的农民的奴性与官本位思想进行过有力的批判。周大新也延续了河南作家的这一传统，对乡土权力做出了自己的观察与思考。小说中的村主任詹石磴作为乡村的基层领导，掌握并控制着整个村庄的各种资源。在楚王庄，他的话就是法律，不容他人反对和质疑。他迷恋自己的权力，也善于运用手中的权力。在暖暖拒绝他弟弟的求婚而嫁给旷开田后，他嘴上表示支持婚姻自由，却对暖暖心生恨意。在假除草剂事件中，他运用自己的权力狠狠地报复了暖暖，他一面假意答应她去乡里求情，另一面却又跑到乡上反映将之作为刑事案件处理，故意干扰司法人员办案。为了救出开田，暖暖不得不委身于他。他公开叫嚣："我会让楚王庄的人都知道，谁敢与我作对，谁就甭想活得安生！"他手中的权力已经成为一件私人商品，谁想从他那里获取资源，即便是合法的，也要付出代价。暖暖扩建楚地居需要找他批准用地，他心中嫉妒却寻找冠冕堂皇的理由加以拒绝，不但接受了开田送来的礼品，还在暖暖毫无防备的情况下再次占有了她，事后还无耻地说："在楚王庄，凡我想睡的女人，还没有我睡不成的！"可以说，詹石磴对权力的运用到了无以复加的地步。由于他的权力没有相应的监督与约束，楚王庄的普通村民都生活在他的高压之下。

有意味的是，旷开田在反抗詹石磴强权的背景下当选了村主任，但他与詹石磴如出一辙。开田本来是一个憨厚老实、胸无大志的农民，根本不敢奢望自己能够战胜詹石磴。但竞选成功后，他并没有为村民造福，而是很快穿上了西服、骑上了摩托，愈来愈像詹石磴一样官气十足。修建赏心苑需要占用村里的土地，暖暖准备补办土地手续，开田却专横地说："办啥手续，先盖，盖好了再说，现在楚王庄的事是咱说了算。"有着悠久历史文化的楚王庄，君主心态与权力欲望早已成为一种集体无意识。在演楚国情景剧《离别》时，麻老四就想扮演楚王，体验一下王者的威风。由于开田是村主任，最终由他来扮演楚王，一旦尝到作楚王的滋味后，他便乐此不疲，过年没有游客时，也把全村人叫来重现楚王"离别"的仪式。从詹石磴到旷开田，有的只是人员的更替，乡土权力的实质并没有改变。詹石磴、旷开田这样的在位者善于运用权力为自己谋私利，普通农民则表现出对权力的顺从与迎合。詹石磴在位时，家里的农活从不需要自己动手，麻老四、詹同方、九鼎等人争着给他干。麻老四还恭维道："哎呀主任，这些粗活怎好劳你动手？快给我们吧。"詹同方也笑道："主任没明没夜地为咱楚王庄人操劳，俺们要不再相帮着干点粗活，心上能过得去？"开田当上主任后，与五洲旅游公司投资建造度假屋，权力与金钱资本结合产生了更巨大的能量，村民更加臣服于他，任由他统治楚王庄，没有任何反抗。通过对楚王庄权力更替的描写，周大新呈现了乡村在现代化进程中蜕变的艰难。他提醒我们：如果不对乡村进行新的思想启蒙，培养农民的主体意识与现代思维，那么，乡村的民主化、现代化进程仍然是举步维艰。

在新世纪的乡土叙事中，《秦腔》是贾平凹为即将消逝的传统乡土所唱的一曲挽歌，《额尔古纳河右岸》和《刺猬歌》则从生态主义的视角对城市化向度的现代化进行反思与批判，从而彰显人与自然和谐的价值观。《湖光山色》的意义在于它以寓言的方式呈现了乡村在现代化进程中的尴尬地位，以城市为轴心的城市化发展使乡村成为"被看"的对象，乡村失去了其主体地位，同时专制权力与奴性意识依然存在于乡村世界，因此仍然需要新的启蒙。正因其寓言式的呈现，以略显荒诞的夸张对现实世界进行变形处理，从而达到了对现代化的深度反思与批判。相信风景秀丽、颇具观赏价值的"楚王庄"，作为中国当代乡土社会变革的隐喻，会给新世纪文学留下难以磨灭的印记。

四、《安魂》：一个"中原"父亲的忏悔

疾病增强了人们的情感体验，也使人们的生命意识变得愈发凸显。英国诗人济慈说："直到我们病了，我们才会领悟。"在当代文坛，陆幼

青的《死亡日记》、陆星儿的《用力呼吸》等作品都记录了癌症病人在生命进入倒计时的日子里对生命的感悟和思考。陆幼青这样描写自己走向死亡的感觉："我时常感觉自己就像走在一条很长很长的，幽暗的、有着半圆的顶的走廊里，我每走过一扇门，那扇门就在我背后'砰'的一声关上，永远不再打开。"①疾病改变了他的精神与心灵，"疾病不可能只改变我的肉体而放过我的心灵的，我曾经是个非常平和安详的人，虽然现在还能算是，但那只是一直控制的结果。一天中总有那么几次，为了一些司空见惯的事或根本就微不足道的事心中暗潮汹涌，有时候是愤怒，有时候是嫉妒，有时候复杂得像香烟的成分一样难以分析"②。

2012年，周大新出版了长篇小说《安魂》。这部小说以自身的生命体验为基础，生发出对生命的反思与感悟，并散发出浓厚的宗教色彩。小说主人公的独子周宁突然患病，打破了一个家庭的宁静。小说的上半部分描写了儿子患病后，一家人所经历的情感痛苦以及种种求医的经历。由于这些文字来自真切的生命体验，虽然并不华丽，但却能打动人们的心灵。儿子周宁最后离开尘世的时刻，作家写得极为感人：

"孩子，我扑到你的病床前时，你已经停止了呼吸。你平静地躺在那儿，我俯下身亲吻你，我亲吻你的脸颊、额头和手，你的身子当时还是温热的，你脸上再无了被疾病折磨的痛苦。我不敢流泪，我听人说过，不能把自己的眼泪滴在故去的亲人身上，那会使你的灵魂舍不得离开。我只能把眼泪咽进肚里，我抓紧最后的时间给你按摩身子，我按摩你的肩头，让你的肩膀放平；我按摩你的两只胳膊，让你的两只胳膊放舒服；我按摩你的腿，让你受尽折磨的腿伸得舒坦些；按摩你的双脚，让他们恢复你病前的模样。按着按

① 陆幼青. 生命的留言：《死亡日记》全选本[M]. 北京：华艺出版社，2000：295.

② 陆幼青. 生命的留言：《死亡日记》全选本[M]. 北京：华艺出版社，2000：8.

着，我开始感到你的身子在变凉。我绝望地想用按摩再使你的身子变热，但没有作用。我知道这是你决然地在与尘世告别。我扭头看窗外的天空，想祈求上天再给我点时间，让我再继续按摩的身子并和你在一起，但那一刻的天空浓云翻滚，天国之神似乎就隐身在浓云后面，他仿佛已下定决心将你收走，根本不理睬我的祈求，我觉出你的身子越来越凉，你离我越来越远……"

生命已逝，不可追回，唯留深深的悔意和遗憾。在笔者看来，小说最可贵的文字就是"我"作为父亲的忏悔。这也是一位深受儒家文化传统影响的父亲的忏悔，他很难将孩子当做一个独立的个体去尊重，而是在儿子考学、就业、恋爱等问题上频繁干预，将自己的人生理想加之于孩子身上。他身上有着浓厚的经世致用的中原文化色彩，如"我"的内心剖白："我看上去是想为儿子找一个漂亮的妻子，其实内心是想为周家找一个才貌双全可以向外人夸耀的儿媳妇。"我们应该重温"五四"一代知识分子的观点。胡适在诗中这样写道："树本无心结子，我也无恩于你""将来你长大时，莫忘了我怎样教训儿子：我要你做一个堂堂的人，不要你做我的孝顺儿子"①。这种追求个人独立与自由的宣言，现在仍然有其价值。周大新的忏悔也提醒身为父母的人，子女是自身生命的延续，但事实上是一个个独特的生命个体，不是满足自身愿望的工具。在《安魂》那些忏悔的文字中，是"我"对生命的另一种领悟："人的生命未受侵扰时，很少知道去享受生命中本有的那份快乐和美好，只有当生命险些被收走以后，才会意识到，人活着就是一件该欢喜不尽的事……"尽管不是作者患病，但儿子的疾病使父亲的痛苦不亚于病人，也由此开始思考生命的本质与意义。

《安魂》的特别之处在于，它所呈现的是儿子的疾病带给一个父亲的心灵创伤与痛苦。儿子周宁在人世间的最后一晚，"我"因劳累错过，留

① 胡适．我的儿子[J]．每周评论，1919(33)．

下的是无尽的悔意和遗憾，“那天晚上十点多钟。我们给你喂了药和水，检查了所有的医疗仪器，给值班陪护你的堂弟及护工交代完注意事项，我和你妈回家休息。你妈好像有预感，走到病房门口又停下了脚步说：我想留下值班。我急忙拉住她说：你白天已不停手脚地忙了一天，再熬一夜，你明天如何有精力再来病房照料孩子？……我哪里想得到，这竟是我们和你的永诀?！我要是知道，我不仅不会劝你妈妈离开，我也会和她一起陪你度过这最后一夜。我好后悔，是劳累让我变得迟钝？还是谁夺走了我的预感能力？我竟然不知道这是你在人世上的最后一个夜晚！”

《安魂》的上半部分更像散文，是作者自身生命经验的展示和情感状态的抒发，真实、真诚、朴素，能够打动读者，引发人们对生命的思考和对父子关系的反思。下半部分，作家虚构了一个天国世界，想象儿子在天国的幸福生活，以此来获得精神的安慰。作家安排的亡灵访谈录，其实是他自己在逐步追问“人从哪里来、人为什么活着”等问题，都是生命价值的追问。由于作家并非宗教信徒，也并不坚信天国的存在，且受到多种宗教文化的影响，他塑造的天国更像是一个东方乌托邦：这里公正有序，善恶有报，亡灵们幸福地生活在一起，具有强烈的世俗生活气息。需要指出的是，这个天国在某种程度上既缺乏象征性的审美意蕴，也缺乏西方宗教文化中“天堂”的神圣感，因此在很大程度上削弱了作品可能达到的深度。

五、《天黑得很慢》：聚焦老龄化社会

2018 年，周大新推出长篇小说《天黑得很慢》，共分七章，以“拟纪实”的方式，用万寿公园的黄昏纳凉活动安排结构全书，聚焦于社会养老问题和老人的生活现状。小说揭示了一些不良商家利用老年人想长寿的心理，向他们兜售所谓能够“长命百岁”的药品和保健品。社区讲座和电视购物在商业利益的驱动下，将目光投向老人，关心老人是假，谋求

利益是真。许多老年陪护工作者面对并无亲情的老人，心中盘算的是自己的生计。小说以开阔的人文视角，使得以前未被足够关注的老年护理人群有了表达的机缘，反映了中国老龄社会的种种问题：养老、就医、再婚、子女关系等，既写出了人到老年之后身体逐渐衰老、慢慢接近死亡的过程，也写出了老年人精神上的孤独。小说主人公是退休法官萧成杉，他妻子去世得早，他与女儿、女婿住在一起。他对女婿心存不满，从不加以掩饰，致使女儿夹在中间极其为难。

小说最感人之处在于父女之爱的描写，萧成杉为了能让女儿安心与丈夫赴美读书，一手策划了与姬姨的"婚礼"，其实姬姨不满萧成杉的身体状况，已与他分手。女儿因为与丈夫离婚，加之在异国的文化冲突，患上了严重的抑郁症。回国后，为了怕父亲担心，在外租房居住，直到身体稍稍恢复后才回家探望父亲。担心自己病情严重会让父亲过度忧虑，女儿让医生将病历用英文写出，中文只写"神经衰弱"，女儿对父亲的真情亦感人肺腑。父亲催女儿赴美治病，但女儿因离婚在美国已没有家，只能在外租房居住以告慰父亲。最终，女儿因严重的抑郁症无法医治，跳楼自杀。但为了安慰父亲，她在死前录下自己的话，让保姆定期给父亲播放，制造自己还在世的假象。小说将父女之情写到了极致。《天黑得很慢》通过保姆钟笑漾对萧成杉的长期陪护，写出了每个人进入老年都可能经历的精神历程和生命衰老的过程。从性能力的丧失、运动能力的下降、听力和视力的降低，到思考力和记忆力的枯竭，年轻时刚强勇猛、说一不二的法官眼看着自己身体的机能随着年龄的增加不可逆地衰退，他心中不愿承认，但又无能为力。最初，73 岁的退休法官不肯承认自己老了，因为一个小伙子称他"老人"而和对方打了起来；他不服老，计划用 15 年写出一套三卷本的法学著作；他积极重新组建家庭，通过婚介所与知识女性姬姨密切交往，但一办事就露了馅，羞恼之下，不惜制造嫖娼伪案来说明自己宝刀未老。一次心肌梗死，终于使他意识到来日无多，于是放弃写作，投入健身，寻找各种长寿药方，却又屡次轻信受骗。他的身体状况不可逆转地每况愈下，发生骨折和脑血管破裂，直至半身瘫痪坐上轮椅。最后，他终于承认天命不可违，立下遗嘱；又一个衰老阶段来临，他陷入了老年痴呆症状，逐渐失忆和完全失语，神志退似一岁孩童。

小说通过老萧的境遇，写出了人类生命个体必然面临的宿命，体现出自然的无情及无法抗拒的强力，以及面对衰老和死亡时的真实心境。人类害怕死亡，不惜一切代价，甚至丧失理性以求延长生命。正如批评家所言："周大新道破了人们面对死亡时心底的秘密，人的理性和信念在死亡的威胁面前不堪一击，死亡带来的巨大恐惧会让一个充满自信和力量的生命变得盲目而脆弱。"①老萧在经历再婚失败后，将延长寿命作为自己的精神寄托。为此，他陷入各种"延年益寿"的骗局，诸如龟龄功、拍拍健身操、千岁膏、"消灾延寿的大师"等。一些不法商家将老年人群体作为目标，大肆敛财，周大新从强烈的社会批判立场出发，写出当下社会的现实。机体的衰老已使人感到孤独和悲凉，一些不法商家又以此作为敛财的手段，让人愤怒又悲哀，从而指向相关法制的完善问题和人道关怀问题。

保姆钟笑漾是作家塑造的一个理想女性——当然这也是周大新乃至河南作家的普遍特征。她进入萧家，一开始是为了不菲的工资，但后来逐渐被老萧和女儿之间真挚的父女情所打动，在老萧的女儿离开人世后，她就像一个女儿一样。她找到山西青阳峰，在那里向燕京大学心理学博士出身的邬道长求助。邬道长告诉她，老年痴呆不论痴到何种程度，病人脑部不至全坏，总还留有丝丝缕缕的健全神经，意识深处不会全然黑暗。最终，在她的努力下，萧成衫逐渐恢复了意识。小说在充满希望的重生氛围中结束。小说中，钟笑漾和萧成衫的感情并非两性之爱，而是对它的超越，是温暖的人性的升华。当钟笑漾被男友抛弃后，老萧视她为女儿，帮助想杀人报复的她悬崖勒马，给了她一个安静的港

① 张维阳. 生命尽头的怕与爱——论周大新的《天黑得很慢》[J]. 当代作家评论，2018(6).

湾。老萧不顾世俗的怀疑和唾弃，与她结婚，以便她的儿子能够在京读书。在帮助他人的过程中，老萧看到自己对他人生命的价值，由此确认了生命的意义，对死亡不再恐惧。他在拯救钟笑漾的同时，也拯救了自己。萧成衫与钟笑漾结婚仅是为了帮助她的孩子办理户口，两人的关系，颇有点类似严歌苓《少女小渔》中小渔和那个美国老人的情感。小渔嫁给老人是为了办绿卡，但是目睹老人生活的孤苦后，她决定照顾重病的老人直到老人去世。两人的婚姻只是一种形式，其内核是超越性别和血缘的大爱与人类的悲悯。在老人被保姆欺骗感情、巧夺房产等事件层出不穷的当下，"周大新以他的赤诚和坦率、执著和信念谱写了一曲动人的爱的颂歌。他笔下的爱没有虚伪和做作、阴谋和算计，充满了真诚和纯洁，这让这部作品带给我们久违的感动"①。

六、女 性 救 赎

从暖暖到钟笑漾，周大新努力塑造着美好的女性形象，并试图通过这些勇敢独立的女性来解决社会的矛盾与问题。这些女性善良、炽热、有同情心、富于人情味，也往往比男人更具有家庭和社会的责任感，她们拥有不屈不挠的意志与忍辱负重的自我牺牲精神，成为家庭和社会变革的推动力。与李佩甫在小说中将女性视为没有灵魂的男性附庸或具有神性的圣母的两极化书写不同，周大新对于女性的塑造较少男权色彩，而是浓墨重彩地描摹女性面对生活中的挫折与困苦时的坚韧与担当，相反男性则是软弱、自私、怯懦的，甚至在很大程度上沦为女性的陪衬。

在周大新的早期小说《走出盆地》中，邹艾的丈夫是个性格抑郁内向、依赖父亲生活的弱者。父亲的猝死使他失去了精神上的支柱，忍受不了世态炎凉的他绝望自杀。但邹艾自强自立，从命运的低谷中奋然爬

① 张维阳. 生命尽头的怕与爱——论周大新的《天黑得很慢》[J]. 当代作家评论，2018(6).

起，屈辱地回到故乡，重新追求自己的事业，建起了“康宁诊所”，并发展为具有相当规模的“康宁医院”。在《香魂塘畔的香油坊》中，邵二嫂的丈夫邵二东是个残疾人，只知道听戏打牌，根本撑不起一个家，邵二嫂不仅担起了家庭的全部重任，而且办起了香油坊，吸引了日本人的投资。她一面隐忍着爱情的渴望与生活的屈辱，一面在社会上顶天立地，干着轰轰烈烈的事业。这样的女性成为周大新小说的一个故事原型。暖暖和钟笑漾与邹艾、邵二嫂等周大新早期小说中的女性的不同之处在于，她们更具现代色彩。在邹艾、邵二嫂那里，“小农的生产生活方式限制了她们的眼界，弱化了她们创造新生活的能量。这使她们的人生不得不在一种求生存的层面上展示，她们对命运的抗争也不能不是一种执着而顽强的生存欲望、生存本能的表现。于是她们往往为摆脱生存困境而寻找变化的契机，苦心谋划设计。甚至为达到自己的目的常常不择手段、不讲方式、违悖情理”①。邹艾为了进入高层干部家庭，改变自己的地位身份，不惜拿爱情下赌注，精心设计圈套让巩副司令的儿子巩厚一步步地上钩。邵二嫂为了让环环姑娘嫁给她的傻儿子，先设计拆散环环与她的情人，然后又怂恿信用社到她家催款逼债，自己深受没有爱情的婚姻之苦，还要狠心地让环环重蹈覆辙。但由于作家周大新内心深处对这些女性生命韧性的欣赏与讴歌，也一概原谅并包容了她们的这些缺点。

但《湖光山色》中的暖暖与邹艾、邵二嫂相比，更有现代意识。她在北京打过工，见识了先进、开放的都市文化。她大胆追求自己的爱情，拒绝了村支书詹石磴为她安排的婚事，与一穷二白的旷开田结婚。在詹石磴任村支书时期，暖暖为了生存不得不忍受他的欺压，她一次又一次想通过正当的途径——向上级部门反映詹石磴的不正当行为，均以失败告终，最后只能在他的权力阴影下屈辱地活着。当她通过自己的智慧帮

① 梅蕙兰. 寻找女人——周大新小说创作的潜在精神向度[J]. 中州学刊, 1995(6).

助丈夫旷开田赢得村支书选举之后，面对丈夫日益膨胀、扭曲的权力欲，以及楚王庄的生态环境被过度的旅游开发破坏，她始终坚持自己的初心，合法经营着楚地居。在帮助村民解决了一些就业问题的同时，她还帮助村民向上级部门反映耕地被占的问题。在旷开田狭隘地想通过让詹石磴目睹女儿被侮辱而达到报复的目的时，是暖暖及时阻止了旷开天的荒唐行为。最后，暖暖又通过法律手段将利欲熏心的旷开田送上了法庭。《湖光山色》中的楚暖暖寄托了周大新的所有情感，毋宁说是他力图解决当下城乡现实问题、矛盾时思想和情感的载体。她视野开阔，通过发展旅游引领楚王庄的村民摆脱了贫穷，但面对城市化所带来的负面问题，如生态破坏、传统道德的崩坏，她又坚持自己的原则，既反对过度的旅游开发对耕地的占用，也反对物质消费文化对传统乡村道德的冲击，力图在保持乡村美好生态的同时也守住乡村传统的伦理道德。当然，这是作家的想象，在当下乡村空壳化、大量劳动力流入城市的现实映照下，这种理想未免无力、奢侈。不过，从女性主义的角度来说，周大新对于女性独立开创能力的浓墨重彩的描绘，使人们尤其是女性认识到，具有现代意识的男性并不希望女性成为他的束缚或附庸，而是平等地与他站在一起，共同提升、完善自我，一起开创美好的生活。

在周大新的小说中，女性的母体及母性成为苦难生活的庇护和能量的补给站。这种思路与中原文化有一定关系。在《走出盆地》中，周大新塑造了邹艾这个历经挫折而坚韧不拔的女性形象，借她之口表达出对女人的价值认定："男人要是土，女人就是水，没有水，土就会干裂成粉，就会被风吹走，就会寸草不生，就会毫无用处。"小说从女人是"水"的意象中生发创造出三则神话，让天上、地下、阎王殿里的三位女性倾心于小伙子南阳，担负起到山外寻找吃的、穿的、住的，即开辟新生活的重担。她们不屈不挠，最终都扑倒在地，变成了白河、唐河、湍河水，不可阻拦地奔出了南阳盆地。这则神话或是真实存在，或是周大新的虚构，但从中可见，在周大新这里，女性成为一方水土生命韧性的象征，女性已经成为一个文化载体，象征着历经困难的中原大地生生不息、走向世界的力量。

中原文化作为文化传统，潜在地影响着豫籍作家的写作。在“故乡系列”中一贯讥讽嘲弄、玩世不恭的刘震云一提到自己的“姥娘”，叙述语言立刻变得温暖起来，“故乡只是一个背景，前边是一个活动的巨大的姥娘。和蔼可亲，慈眉善目。你是这个世界的希望……俺姥娘身体健康，故乡就长存不衰”①。

七、多元化的都市书写

豫籍作家都不擅长写都市，更多钟情于乡土，但周大新在2016年出版了《21大厦》这部都市题材的长篇小说。迄今，学界对这部小说的阐释、解读还相当少，似乎并没有引起太大的关注。事实上，与20世纪50年代出生的作家普遍擅长写乡土相比（王安忆等个别作家除外），这部小说尽管没有王安忆的上海书写那样别有韵致，但是写出了北京都市文化的精神特质。

小说在结构上别具匠心，分五个部分：4层、58层、地下2层、32层、43层。4层是大厦的餐厅，是从农村进城的保安小谭在北京最先落脚的地方；58层是高档住宅区，在这里小谭看到了都市社会精英阶层的生活；地下2层是保安、清洁工等社会底层群体的聚居区，这是另一幅社会生活的画卷，生活艰辛但亦不乏温情；32层是多家公司的办公地点；43层是保安小谭在北京最后的落脚点，是他之前相识的女性梅苑的家，对小谭来说，这里像一个家，终究又不是一个家。在小谭的视角下，21大厦不同楼层的风景呈现了大都市多元、多层次的生活景观，也反映出当下现代化所带来的各类“都市病”。

与21世纪其他作家的底层书写相比，尽管周大新对大都市生活的负面问题保持足够的警惕与思考，但他显然并不太愿意将城乡二元对

① 刘震云. 故乡面和花朵(卷1)[M]. 北京：华艺出版社，1988：225-226.

立，从而像其他作家那样视都市为罪恶之地。小谭从乡村来到北京，21大厦让他在体会到大都市的压迫感的同时，也感受到了被信任、被接纳的温暖，看到了都市生活的美好。在58层，女博士宋大姐对他信任有加，把他当弟弟，并在临终前将自己的皮箱交给他，让他转交给自己的父亲；在地下2层，小谭与其他保安、清洁工生活在这里，尽管生活贫苦，但没有歧视，他们之间互帮互助，不乏温情。在32层，小谭结识了海军中尉，并目睹了中尉和女友曲折、坎坷最后终成眷属的爱情故事。公司职员吴发硕拒绝了公司高层外籍成功女性的诱惑，学到技术之后离开公司选择与初恋女友结婚。在58层，那一老一少画家师徒的生活也让小谭开阔了视野，感受到艺术的魅力。在43层，老科学家出于对乡村生活的怀念，用现代化的手段在家里模拟出一幅乡村生活的画面，慰藉了小谭的乡愁。周大新通过这些细节，写出了大都市生活的多层次性，小谭在这里开阔了视野，丰富了自己的人生。小说结尾的设置颇富深意，即使小谭在都市中感受到了友情的温暖，但当进入梅苑的家做保安时，他产生了家的错觉，并想与女主人结婚组成家庭。但最终女主人只将其视为一个被雇来的保镖，这给了他极大的精神伤害。对于身处社会底层的他来说，在都市向上的通道如此狭窄，组成美好家庭的愿望又如此渺茫，其中隐含着强烈的社会批判色彩。这一情节设计，让人想起尤凤伟的《泥鳅》。无论是小谭还是国瑞，他们因经济地位较低，文化上缺乏话语权，最终被都市强大的资本力量所吞噬。

难能可贵的是，小说对都市的现代性危机做出了反思。小说中那无所不在的、关在笼子里的黑色大鸟，成为都市人生存状态的象征，生活在大厦中的人们切断了与自然的联系，仿佛笼中的鸟一样失去了自由。小说中的宋大姐是一位知识女性，在外企从事科研工作，面临着科研创新的巨大压力。在个人感情上，她追求一份纯净的感情，但又得不到，曾经对她海誓山盟的未婚夫魏东汉，偷偷摸摸地与其他女人来往，她开始无力把握这个世界。英俊潇洒的马奔甜言蜜语，又使她鼓起了步入婚姻生活的勇气，但马奔只是想通过结婚的手段，骗取她的财产以偿还债务。她不甘失败，贴出征婚广告寻找真正的男人，应征而至的郭堰古朴典雅，这给了她短暂的希望，却把她推向了绝望的深渊，原来郭堰早已是一个可怜女人的丈夫，一个可怜孩子的父亲。她最终患上严重的抑郁症，自杀身亡。如果说宋大姐是都市生活焦虑与信任危机的象征，那么梅苑则是都市欲望的象征。她仿佛是周大新之前“走出盆地”系列中女性的化身，从一个受害者成为一个复仇者，利用与邱总的暧昧关系进行敲诈，让邱总送给她一个化妆品公司，从底层的打工妹一跃成为公司老总，完成了自己的身份上升之路。但她完全成了一个恶的化身，恶的符号，与郜二嫂、邹艾相比，人物的塑造缺乏丰富性。

不可否认，在小说中，乡村成了传统道德的象征，在某种程度上被赋予了治愈城市病的作用。作者内心倾向于农村人的道德观念，他认为“乡村里人与人之间的信任度也有变化，但变化的幅度没有城市大”。但事实上，乡村伦理在城市化的冲击下已经发生了巨大的变化，这些在21世纪的乡土小说如《秦腔》中，作家们早已触及。即使在周大新自己的小说《湖光山色》中，也写到了在乡村旅游观光业的发展带动了乡村经济的发展，但也给传统的乡村伦理带来了极大冲击，原本温情脉脉的乡土人情逐渐被物质消费、利益争夺所消解。但周大新一写到都市，乡村就成为传统伦理道德的载体。小谭之所以被城市接纳，就在于他身上朴素的乡村道德，质朴善良、乐于助人，因此赢得了梅苑、宋大姐、彭仪、老画家、科学家等城市人的信任。面对都市婚姻和家庭的困境，作者从农民的道德理想中寻找精神支撑，他更多认同小谭和老梁的“发生了性关系，就必须和人家结婚”的朴素观点，他借河南中尉之口说：“如今在城里，找个处女比找个状元还难”，“现在应该到乡村找对象，在相对封闭的农村才能找到真正的姑娘”。这些议论不免让作品失去厚度和深度，暴露出作家思想资源的匮乏。“笼罩着整部长篇小说的悲观色调，只能说明一个问题，那就是：在现代生活的困境面前，作者丧失了应对的能力和策略，既然乡村不可能成为人类精神的栖居之地，他就必须努力寻找新的文化的精神的资源。”①

在地下2层的描写中，周大新将美好的情感寄予那些贫穷善良的小人物身上，善良、勤劳的丰大嫂，为养活孩子而拒绝再婚的老梁，幽默开朗的老余，这些不免将底层理想化了。小谭作为传统乡村道德的承担者，也难逃梅苑的诱惑，成为她的私人保镖，当他期望与其成家时，又被抛弃。这些矛盾也暴露出了作家内心的矛盾，其实他何尝不知，乡村道德在城市化的冲击下不堪一击？有一个女性人物彭仪颇有意味，她从高高在上的部长情人到地下2层的清洁工，经历了苦难之后，良知复苏，内心忏悔，即使被老余侮辱也不愿报警。这一处的描写有着陀思妥耶夫斯基“苦难净化灵魂”的色彩。

第三节　乔叶：从都市女性婚恋心理的探索到征地拆迁的社会反思

“70后”女作家乔叶最初以“青春美文”开始自己的写作之路，当时适逢20世纪90年代的散文热，她得以崭露头角。但那些结构精巧、语言优美的散文，如一具具没有灵魂的美丽躯壳，尽管迎合了当时刚刚兴起的消费文化市场的需要，但其实并无太大的内涵与价值。后来，她自己也调侃那些文章是加了味精勾兑出来的“鸡汤”。调入河南省文联开始专业写作之路后，乔叶在反思、提升中开始致力于小说创作，并由此开掘出一个颇具乔叶特色的小说世界。正如学者李遇春所言：“乔叶的新世纪显然是属于小说的，她的一系列长、中短篇小说佳作一反其‘美文’的亮色，转而着意开掘人性的心理暗角，在依旧唯美的语言外衣下泄露心底的黑色，这种悖反的风格给乔叶的小说带来极大的艺术张力，乔叶

① 武新军. 乡下人眼中的都市生活——读周大新21大厦[J]. 天中学刊，2004(1).

也因此成为了当下中国文坛以心理现实主义为显著特色的女性小说家。”①

在21世纪，乔叶的创作频频触及城乡差距、城市底层女性群体、征地拆迁等社会现实问题，但与李佩甫、周大新等前辈作家不同，她的观察视点始终是女性的。这一点让人想起前辈女性作家萧红，鲁迅对她这样评价：“叙事和写景，胜于人物的描写，然而北方人民的对于生的坚强，对于死的挣扎，却往往已经力透纸背；女性作者的细致的观察和越轨的笔致，又增加了不少明丽和新鲜。”②萧红作为一个女作家，她的作品和同时代注重宏大叙事的男性作家风格有显著不同，“萧红的作品意在号召人们成为‘我们’，然而由于她忠实于‘我’的眼睛，因此免于受到‘抗日文学’言说制度的束缚，其作品至今仍保持着生命力”③。法国女性主义批评家克里斯多娃认为，男性时间是线性的时间、历史的时间，是有目的、有计划的理性时间，它内在于文明逻辑或者本体价值之中，是一种“强迫性时间”。而女性时间与自然节律、生物节律保持一致，是一种非线性时间、非历史的时间，是主观的、心理的非理性时间，表现为循环时间和永恒时间，有某种神秘性。

一、中原饮食文化的文学叙述

生于20世纪70年代的乔叶与前辈女性作家张爱玲、苏青有几分相似，散发出强烈的世俗气质。譬如，同样写富于河南地域特色的美食，较之李佩甫、周大新等50年代出生的作家，她的叙述少了一份苦难色彩，多了一份对世俗生活的享受及女性视角的生活乐趣。她有一篇散文

① 李遇春. 乔叶小说创作论[J]. 华中师范大学学报，2012(3).

② 生死场·序[M]//[日]平石淑子. 萧红传. 崔莉，梁艳萍，译. 北京：中国人民大学出版社，2017：2.

③ 生死场·序[M]//[日]平石淑子. 萧红传. 崔莉，梁艳萍，译. 北京：中国人民大学出版社，2017：237.

《家常饭》，详叙了河南的诸多美食，呈现出鲜活的生活经验及生活情趣。

如“羊杂碎”，“我们常去的那家店叫二宏羊杂碎，见名知义，店主的名字就叫二宏。……店前支着一口大锅，锅里一半地方堆着切好的杂碎，给人以非常丰盛的感觉，另一半是翻滚的雪白高汤。我们报过碗数，他便取过敞口粗碗，放入香菜、红椒末和味精，将汤汤水水的杂碎舀入碗中，顿时，白的汤，粉的杂碎，绿的香菜，红的辣椒……悦目非常”。再如“烩面”，它已成为郑州的“符号”，“走在郑州大街上，看吧，到处都是烩面馆。三步一小馆，五步一大馆。也不知道是因为烩面馆多了，人们不得不习惯吃烩面，还是因为人们喜欢吃烩面，所以才会有这么多烩面馆”。在乔叶的笔下，烩面如此富于美感，“厚厚薄薄宽宽窄窄的一碗面煮好了，配得大得吓人的海碗，再加上细细的豆腐丝、海带丝和粉条，浇上高汤，最后再撒上一小撮碧生生的香菜，就成了”。还有富于北方特色的面食——“馍”，乔叶的书写呈现出富于河南地域特色的饮食文化，“幼时在家，只要看到奶奶在蒸馍，我是肯定不会出去玩的，必定要等馍蒸熟了，拿一个出去才罢。馍熟之后，从热锅里往外拿的过程谓之‘揭馍’。奶奶揭馍时，我就眼巴巴地在旁边看着。看哪儿，锅盖掀开了，热腾腾的哈气中，一个个白胖胖圆乎乎的小脸……但看奶奶拿一碗清水过来，将手在碗里蜻蜓点水般地蘸上一蘸，便飞舞着闪着水光的手开始揭馍，揭一个，蘸一蘸，再揭一个，再蘸一蘸……直到最后揭馍完毕，碗里的水似乎还是那么多，馍也一个个珠圆玉润，完美无缺”，“揭完了馍，奶奶照例要先用盘子装上两个供到祖先的牌位前，让祖先闻闻味儿”。再者如粥，这粥与北方的大米粥截然不同，白面粥，俗称“面疙瘩”，“水必须跟面适量。适量到什么程度？要恰好把面搅稠。稠到什么程度？要恰好用筷子就能把整个团面挑起来。这不太容易。不多不少的水进入旗鼓相当的面后，得把面朝一个方向匀速旋打一会儿，才能打出一个成功的面团。面团好了，水也开了，一手持碗，在开水的哈气中将碗慢慢靠近水面，让面团缓缓地流入锅里，另一只手拿着勺子，在锅里搅拌——一定要贴着锅底搅拌，不然就会糊锅，那可就前功尽弃了。……还是那把勺子，勺子若是快，鸡蛋花就碎，从锅底到锅面，满锅都可见斑斑点点的迎春花瓣”。玉米粥也是如此，“玉米磨下来，细的是玉米面，粗的是玉米糁子。用玉米面熬出来的就是细糊涂，用玉米糁子熬出来的就是粗糊涂。……食物的香气是有脚的。糊涂自然也是一样。从下锅不久，它的香脚就开始从锅里迈出来散步了。它的脚步声我是多么熟悉啊。细糊涂的脚步声要轻些，要淡些，要雅些，像读过书的小家碧玉。而粗糊涂的脚步声呢，要重得多，厚得多，野得多，像泼天辣地的柴火妞儿。……”

最精彩的是，乔叶透辟地揭示出由饮食而折射出的生活哲学，“我碗里的这个糊涂呢，它就是一种本分的厚重，就是平常日子里那种时时可见、处处可得的绵长和踏实。或者说，它就是说不清道不明的日子本身。喝着它，就如同喝着又稠又稀、又密又疏、又紧又松、又宽又窄的日子”。

二、都市女性婚恋心理探微

乔叶从不伪饰，乐于在散文中袒露自己的真性情。如她的坦诚：“阳春三月，我第一次去香港。临行前夕，很是做了一些功课，想着自己好歹也算一文化人，得去那些有历史文化感的地方看看。什么黄大仙庙、金紫荆广场、港督府、和平英雄纪念碑、茶具博物馆、圣约翰大教堂之类的。但是，很惭愧，在香港三天，这些地方我一个都没去。做什么？据说每个俗女人都是一列火车，只能发出两种声音：逛吃，逛吃，逛吃，……香港让我不幸地发现：原来自己就是这样的俗女人。”①正如李敬泽所说，乔叶不是传统意义上的知识分子，她知道事情就是这么解决的，世界就是这样运转的。张爱玲、苏青的成名得益于上海这个都

① 乔叶. 深夜醒来[M]. 北京：当代中国出版社，2015：36.

市，而乔叶也毫不掩饰自己对都市的热爱及对自己能够靠写作谋生的自豪，“我妈说我应该喜欢大自然，说不喜欢大自然的人生就是不完整的人生，可我就是不喜欢大自然，我就是喜欢钢筋水泥的城市，怎么了？我就觉得大自然没什么好看的，就是蓝天呗，白云呗，清风呗，草原呗，就是那样呗，有什么可让我喜欢的？……我就是喜欢大马路，就是喜欢这些大楼，你想马路能修成这么花哨的立交，大楼能盖成尖的圆的方的扁的，这多好玩啊，多了不起啊，我就喜欢这个，怎么了？”①“今天这雨让我格外想和陌生人在一起吃顿热腾腾的饭，于是就来到了一个大盘鸡店，要了一个大盘鸡，三十块钱，再送一份烩面。……地沟油很油，辣椒很辣，鸡很可能也有问题，但是就是吃着香。……很多时候，我是很喜欢这种恶俗的香。……这是我很多日子中最平凡的一个。是最最普普通通最最平凡最最乏善可陈的一天，实在不应该说这么多，说这么多实在是有骗取稿费的嫌疑……”②

20 世纪 90 年代以来，中国城市的城市建设进入快车道。河南地处中原，经济发展较东部、南部还相对落后，但郑州作为一个省会城市已然发生了日新月异的变化，愈来愈成为一个人口众多、流动性强的大都会。乔叶的写作，无疑与这座城市有着密切的关系，而她小说中强烈的都市感也来源于这座城市。她所擅长的是描写都市女性复杂、幽微的婚恋心理，在对都市中人的复杂心理的探索方面，她的写作与本土作家师陀以及前辈作家张爱玲多有相似之处。

在当代众多女作家之中，乔叶的特别之处在于对都市女性的婚恋心理的发掘与探索。但是与 20 世纪 90 年代末风行的“70 后”女作家卫慧、棉棉的欲望化叙事不同，乔叶显然更注重在婚姻中及婚外恋中两性之间种种微妙复杂心理的展现，并通过揭示都市女性的婚姻困境，达到对女性自身存在的审视与反思，学者李遇春因此将之命名为自审型写作。在

① 乔叶. 取暖[M]. 武汉：长江文艺出版社，2015：208.

② 乔叶. 生活家[M]. 南京：江苏凤凰文艺出版社，2016：177.

这些小说中，乔叶仿佛成为一名心理学家，深入人类心灵中“黑暗的陆地”，以文学的方式展现出女性内心无法言说的秘密空间。正如乔叶自己所说：“好小说是打进心脏的利器，能掘出一个个洞来。功力有多深，就能掘多深。……最好能深到看见百米前米地层下的河流、矿藏和岩浆。——如何毫不留情地逼近我们内心的真实，如何把我们最黑暗的那些东西挖出纸面：那些最深沉的悲伤、最隐匿的秘密、最疯狂的梦想、最浑浊的罪恶，如何把这些运出我们的内心，如同煤从地下乘罐而出，然后投入炉中，投入小说的世界，燃烧出蓝紫色的火焰，这便是小说最牵人魂魄的力量和美。”①

乔叶的第一篇小说是发表在《十月》1998 年第 1 期的短篇《一个下午的延伸》，这篇小说讲述了一个年轻女性与她的上司副部长之间若有若无的“恋情”。两人好感的萌生，仅仅是由于一场相对轻松、自然的谈话，在同事眼中“阴险”的他卸下了面具，与“我”如朋友一般谈心。他的话语颇有几分哲思，是对生活、人生历尽沧桑之后的一种体悟，“我们每个人都是天使与魔鬼的混合体，我们随时随地都只是这两种东西斗争的产物”，“如果有这样一个女人，如果她不向我要求婚姻，那她就决不是真爱我；如果她向我要求婚姻，我就决不会答应她”。从中，我们可以透视出一个长期从政的中年男性的内心世界，他理性、从容，但又不免精神上的孤独。“我”得到他的提携帮助来到北京学习，他也找了一个理由来北京开会，但两人仅仅是在公园的长凳上坐了一个下午，试图回到初次相识的情境。两人的好感也仅仅止于此。在同一个单位工作的他们，因为这份不算秘密的秘密，仍然互相戒备，互相提防，“以我们互相信任的程度来说，我们所负担的风险是一样大的”，而适时地止步，也是因为“无论我们怎么延伸，我们都不会再找到那个原址。而这种延伸也只会越来越细小越来越混沌越来越紧凑，越来越像一根藤，或者一张网”。在这篇小说中，乔叶对人性的透视是深刻的。在平淡清新的叙

① 乔叶. 我承认我最怕天黑[M]. 济南：山东文艺出版社，2007：4.

述中，她透视出都市中人精神的孤独，与张爱玲的《封锁》有几分神似。

笔者尤其喜欢乔叶讲述中年危机的小说《妊娠纹》《黄金时间》《失语症》，这些作品揭示出中年女性的深度心理困境，及单调平淡的日常生活对人精神的腐蚀与消耗。乔叶的笔触既有张爱玲的辛辣，又有几分刘震云的新写实色彩。在当代文坛，不少小说热衷于讲述少女的都市传奇故事，以吸引读者的眼球，但乔叶更关注中年女性的心理困境及隐秘的心理突围欲望。这类小说中的女性经济独立，有一份待遇优厚的工作，对孩子来说是良母。只是随着青春的流逝、爱情的褪色，她们内心渴望新的爱情，但终究在一番挣扎矛盾后，退回到原来的家庭。这倒并不是因为她们深受传统道德的束缚，而是对女性生存的精神支点的拷问，既然在短暂的婚外恋情中找不到价值和意义，就不如及时放手，保持自己女性的尊严和人格的高贵。正是在这个意义上，李遇春将乔叶的小说视为女性自审型写作。

在《妊娠纹》中，"她"在财务室工作，生活无忧，但单调乏味的工作常常让她产生无意义之感，"财务室装着厚重的防盗网。每当她走进去的时候，常常不可抑制地觉得这个办公室就是一所监狱，自己就是一个不折不扣的囚徒。等到打开电脑，填着永远也填不完的酷似一间间监舍的小小表格，这种感觉就更加强烈"。在家庭中，她早已厌倦了丈夫的"死气沉沉"，"他不是因为什么爱情，而是因为怕惹出事——他胆小如鼠，驾照已经拿了五年都还不敢上路，仅限于纸上谈车"，"如果没有意外，以爱情的名义和亲情的内核，他会以驾车的谨慎作风和穿内衣的懒惰精神，以那种一成不变的疲沓步伐，将和她相伴坚持到底，成就一段白头到老的佳话"。工作的乏味，青春的流逝，正在老去的她想做点什么，"不为任何人，只为自己"。乔叶以细腻的笔触发掘出女性内心的隐秘破坏欲望："单位例会时，将一口饱满的唾沫吐到一把手领导的脸上。他的脸红润浑圆得过分，简直就是一枚活泼泼的肉质公章"，或者"对口银行信贷科的那个小帅哥来办业务，送他出门时，从后面紧紧地抱住他结实的腰，然后用脸贴着他的后颈，去嗅他浓重的汗味……"乔叶如同一个心理学家，深入女性的心理世界，以蒙太奇的笔法拼贴出中年女性的潜意识地带，颇具现代色彩。这些心理分析让人想起海派作家施蛰存的《春阳》，在内地小镇守寡多年的婵阿姨在上海的街道上萌生了想恋爱的感觉，“婵阿姨冥想有一位新交的男朋友陪着她在马路上走，手挽着手。和暖的太阳照在他们相并的肩上，让她觉得通身的轻快”，但一声“太太”让婵阿姨羞愤不已，意识到自己年华的老去。《妊娠纹》中，她碰到苏，一个只比她大三个月的男子，一个她仔细考察后觉得可以当做恋人的对象，身份、地位、相貌都符合她的要求。身处两地，很长时间里，他们只是语言上的“你来我往”，这种情感游戏还有着成年人的算计与审慎。对他来说，她“偏年轻的容貌，温和的脾性，稳妥的家庭，省城女人的身份”都是他精心考量过的，但他“甚至不会专门为她跑来一趟”——连送她的包也是用公款消费的。这精心算计的“爱情”是脆弱的，是不堪一击的。

在张爱玲的《倾城之恋》中，互相猜忌、互相算计的一对男女因一座城的沦陷才成就了彼此。但乔叶的小说中，身处和平时代的男女就没有这么幸运了，这份爱最终无法成就。乔叶如张爱玲一样，将两性的幽暗心理书写得淋漓尽致。在这场情感游戏中，看似公平，“现在她能给苏的，只是残余的身体和残余的爱。他能给她的，也是一样。她和他之间，残余的身体对等残余的身体，残余的爱对等残余的爱”，但女性因性别原因终是弱者，因为“在身体的层面，男人和女人永远不可能平等。二者根本没有平等的前提。对于女人来说，男人的身体之美，就是健康，只要有了健康，他就能去享受女人，也让女人去因此享受”，但女人的“妊娠纹”是“她孕育之路的猎猎战旗，是她身为母亲的确凿印迹”，但面对苏，“这堆规模浩大的证据，除了让她在苏的面前难看和难堪，还能干什么呢？”从这场互相算计的成人游戏中，她发现不了意义，只是人生的虚空，“她终于明白：到了这个份儿上，她已经不会爱，只会算了。她曾经以为的爱，不是爱。只是那么一点点儿没有被磨完的野性，一点点儿没有被完全湮没的棱角，以爱情的名义在婚姻之外生发了出来”。于是，最终她拒绝了苏的求爱。

小说向女性提出了一个发人深思的问题，如果爱情不是女性生存的全部意义，那么女性生存的精神支点在哪里？只能是自我的完善、自我的强大，从而走向精神的独立。20世纪30年代，女作家萧红试图摆脱萧军、端木蕻良等男性对她的“保护”及由“保护”而来的对她个人的支配，寻求个人独立，并将写作作为维护个性独立的一个重要方式：“女性有着过多的自我牺牲精神。这不是勇敢，倒是怯懦，是在长期的无助的牺牲状态中养成的自甘牺牲的惰性。我知道，可是我还是免不了想：我算什么呢？屈辱算什么呢？灾难算什么呢？甚至死算什么呢？我不明白，我究竟是一个人还是两个，是这样想的是我呢，还是那样想的是。”①她在那个时代的追问是女性意识的体现，某种程度上来说，乔叶延续着前辈作家对女性意识的进一步探索。对于依附性爱情所带来的后果，波伏瓦早就有所阐述，她认为不少女性在爱的奉献与牺牲中否定了自己的主体性，成为被占有者，因此，她们既不可能占有自我，也不可能通过占有“他”而占有世界。

《黄金时间》凸显了平淡单调的日常生活对人精神的腐蚀与消耗。小说中的丈夫与妻子，人到中年，爱情在日子的流逝中已经褪色，甚至几乎荡然无存。生活习惯的差异，人到中年的疲惫，让两个人的距离越来越远，“他坐在那里，像是坐在大洋的另一端，他们之间是无垠的海面”。他窝在沙发上看电视的习惯，她改变不了，也劝阻不了，“他的头靠在沙发背上，打着呼噜，嘴角流着涎水，一副痴傻的样子”。她无法忍受他的平庸，他的平庸仿佛是灰色生活的象征，“他人不坏，说到底，只是平庸，全面的平庸。可是，还不如坏呢，坏还代表着某方面酣畅淋漓的极致和纯粹，能让她觉得痛快。而他，只是让她闷，让她窒息”。因为儿子出国留学，两个人产生分歧：“他们差点儿动手，他抡起手头

① 聂绀弩. 在西安[M]//[日]平石淑子. 萧红传. 崔莉，梁艳萍，译. 北京：中国人民大学出版社，2017：319.

的保温杯想要砸过去，抡了两下，到底没出手。可他眼睛里的恨意她历历在目。他不是心疼她，只是怕把她砸伤了还得去医院花钱，被邻居碰到了也丢人。可她知道他已经砸了，在心里砸的。”看似平静、幸福的家庭深藏着危机，他的盲目自大、在家里的专横跋扈，都让她彻底失去了对他仅存的好感，“他从根子里败坏了她对男人的胃口”，“他是早已经死了，在她心里”，甚至“她在心里同他离了婚”。不得不承认，乔叶对人性的透视是犀利的，失去了爱的支撑的“家”，对他、她而言，都成了一个牢笼。他们因爱情走进婚姻，又在时光的流逝中成为刻骨铭心的仇敌。最终，她有意错过了营救心肌梗死的丈夫的最佳时机。小说中，黄金时间既是指营救丈夫的最佳时间，也是指她生命中的黄金时间，她的美好年华都销蚀在平庸乏味的婚姻中。同时，与《妊娠纹》一样，小说也有对都市文明病的批判，揭示出在都市生活中的人们精神上刻骨的孤独、隔绝。小说中的她喜欢看电视的原因仅仅是，“这世界上很多事情她无法选择——工作、薪水、结婚、离婚……但这遥控器却可以让她充分选择。虽然她只能看一个台，但她可以选择好多个，而且可以随时调换。这虚拟的权力和微小的自由，真好”。

在《失语症》中，尤优是笔者比较喜欢的一个女性，她既有母性的善良，又勇于追求自己的幸福。小说中的她热爱艺术，曾经自己办了一个舞蹈培训班。丈夫升职后，为了丈夫的仕途，她放弃了自己的爱好，调入机关成为一个公务员。但个性独立的她并不喜欢迎来送往的“官太太”身份，热衷于权力的丈夫只是要求她成为一个合格的“官太太”，“要从猫眼里看清来客，不要随便开门。要仔细甄别一下来电显示上的号码，不要随便接电话。接了电话之后要过过脑子，不要随便说。如果送东西，除非他事先有叮嘱，否则不要随便接纳。有人朝她打听他，不要说得太多，最好能含糊过去”。她的丈夫仿佛《安娜·卡列尼娜》中的卡列宁一样，成为一个官僚机器，“他觉得她不该知道的，就会对她严丝合缝闭口不谈，不让任何信息越出嘴唇半步”，即使出了车祸，躺在医院病床上，还没有恢复语言能力时，他想的还是如何保住头上的乌纱帽，在身体还没有达到出院条件时就想早日出院，怕失去自己的官位。

乔叶以辛辣讽刺的笔触刻画出权力对人性的扭曲、异化，那个失去语言能力的李确何尝不是所有在权力中迷失自己的人们的缩影？“尤优冷眼看去：男人们围着陈书记，女人们围着书记太太。书记如同皇上，书记太太如同皇后。相比之下，女人这一桌要好些，不时有人说家长里短，胭脂绸缎，还不至于太过冷清。忽然，书记太太伸手去拿水果的时候把手边的果汁碰洒了。坐在她左侧的财政局太太连忙去扶杯子，坐在她右边的人事局长太太则连忙去擦桌上的果汁。眼看着果汁就要滴到书记太太身上了，坐在尤优身边的城建主任太太噌的一声蹿到了书记太太身边，把自己的袖子按了上去。而书记太太们任由人们忙碌着，淡淡的面色还隐约流露出些微不悦，连个谢字也没有”。即使在医院里，在病床前，围绕着权力的表演仍然没有停止，“这些人到底为什么来？想来想去，最主要的由头或许就是这件事的主角是李确——堂堂的水利局局长，车祸受到重创，这种本埠新闻的后续报道多少都会令人有些好奇。另外一些由头就是借此积累一些交情：万一他将来好了呢？万一他好了之后还是局长呢？万一以后用得着他呢？……”丈夫病中，尤优细心照顾，但丈夫出院以后，恢复了正常的工作时，再也无法忍受这种生活的她提出了跟丈夫离婚。

《取暖》《深呼吸》这两篇小说虽然并未探讨女性婚恋心理，但重在凸显女性的母性意识及由此而来的包容博大的胸怀，给人以恒久的感动与温暖。其中，《取暖》有着陀思妥耶夫斯基小说的苦难与悲悯。小说中，他临近过年时刚刚出狱，因怕连累家人，坐车到了一个小镇。监狱中单调清苦的生活让他特别渴望女性的温暖，小镇上人们对“小春饭店”寡妇的流言蜚语让他想入非非。但沉默的女人只是给他做饭，让他免费住在饭店里，凌晨又让他帮忙放炮。女人的善良洗刷了他那点可耻的欲念。原来，善良的女人早就从他的破秋衣看出他是刚刚从监狱出来的犯人，她自己的丈夫再有两年也能出狱了。小说中他对她的猜疑、欲念与她对他的关怀、包容推进着小说的叙事，形成强烈的反差，具有极大的艺术感染力。这一情节让人想起陀思妥耶夫斯基《死屋手记》中的一个情节，一个母亲是士兵的遗孀，她的丈夫，一名年轻的士兵，在受审期间死于医院的囚犯病房。“母女俩来和他诀别，她俩嚎啕大哭。小女孩看到我，脸上泛起了红晕，对母亲低声说什么；母亲立刻止住脚步，在小包袱里找出一枚四分之一戈比的硬币，把它交给了小女孩。她撒腿就跟在我后面跑了过来……‘给，不幸的人啊’，看在基督分上，收下这枚小硬币吧。她叫到，一面赶到我跟前，把小硬币塞在我手里。我收下了她的小硬币，于是小女孩十分满意地回到了母亲的身边。”①

《深呼吸》以女性视点将触角伸向历史，讲述了女性的母爱跨越了国界，跨越了战争中敌对的两国，走向包容和博爱的故事，其中包含着对战争的反思，对历史吊诡真相的探寻。小说中的她，哥哥和丈夫被日本人杀死，自己也在战争中失去了腹中的孩子，并丧失了生育能力。小说以女性的视点写战争，战争并非如曾经的文学作品所展现的那样豪情万丈、壮志满怀，而是恐惧和虚无，“她终于可以上去了。但上去的时候，她却已经顾不上杀人了。战场已经差不多安静下来，从这一端到那一端。处处有流动着的呻吟和凝固的血。她忽然觉得恶心。她从来没有见过这么多血。他们胜利了，可她还是恶心。到处都是尸首。到处都是。而在几个小时之前，他们都还是活生生的人”。从战场上回来后，她成了一个地下党员，在执行任务后逃离时，无意进入了一个日本军官的家中，原本要复仇的她在面对一个母亲(尽管是日本人)和一个婴孩时，曾经做过母亲的她动摇了。外面追捕她的人马上要来了，日本母亲为了救她，让她穿上自己的和服，最终她成功逃脱。她珍藏着这套和服，铭记着一个日本母亲的情谊。但“文革”中，因为这套和服，她成了“反革命”，“小将们抄家扫荡，从箱子里抄出了和服与木屐。里通外国，铁证如山”。和服被烧的时候，她捡出了一片有樱花的布片作为纪念。无论

① [俄]陀思妥耶夫斯基. 死屋手记[M]. 娄自良，译. 上海译文出版社，2015：27-28.

她怎么解释，也没有人相信，后来她被发配到甘肃劳动改造。

小说的视野是宏阔的，从女性的视角超越了善恶简单的二元对立，对战争、对历史做出了更为丰富的呈现。女性的母性，跨越了国界，跨越了战争中的敌我双方，具有人类永久的人性温暖。这篇小说颇有严歌苓《小姨多鹤》的色彩。小环和多鹤两个女性对张俭的爱，对家庭的付出，对孩子的关爱让人感动，她们的母性成为抗击一切打击和变故的最大力量。

三、底层叙事

“底层文学”自 2004 年前后发轫以来，几年之间获得了广泛影响，许多中青年作家纷纷介入，形成了一股底层文学创作的潮流。乔叶也推出了关注“底层”的作品——长篇小说《我是真的热爱你》(长江文艺出版社，2004 年)和短篇小说《良宵》(《人民文学》2008 年第 2 期)。这两篇作品一长一短，但都聚焦于在都市边缘挣扎的底层女性。乔叶以女作家特有的细腻与敏感，书写了社会转型期都市底层女性的生存苦难与精神救赎历程。从某种程度上来说，这两篇作品折射出乔叶作为一个年轻作家的底层书写逐渐成熟的过程，同时也能够引发我们对底层文学创作的某种思考。

(一)《我是真的热爱你》

长篇小说《我是真的热爱你》触及了底层文学的一个敏感问题——乡下少女在城市的“沦陷”。与许多同题材作品类似，乔叶的这部小说描摹出了城乡差别的语境中，乡下少女进入城市之后在物质和精神方面的生存现状与命运沉浮。孪生姐妹冷红、冷紫出生于一个贫寒的农村家庭，外出打工的父亲在一次运煤的路上意外丧命，使得这样一个原本就贫寒的家庭即刻陷入窘境，姐姐冷红不得不挑起家庭的重担，进入城市打工。然而，城市却以它的冷漠拒斥着这样一个只想凭自己的劳动谋生的农村少女。在火车站，她被一个貌似大学生的黑中介骗到一个职业介绍所，这个职业介绍所在收取了她 70 元的中介费(她身上仅有 100 元钱)后，介绍了两个根本就不打算招人的单位来搪塞她。孤独无助之中，有人让她也去火车站当掮客骗外地来的打工者，善良的她拒绝了。即使身无分文，她也倔强地想凭自己的双手在城市谋得一席之地。一个漂白粉厂招工，她被录取了，可这份工作无比艰辛，甚至超出了她自己的想象：为了防止石灰粉腐蚀皮肤，再热的天也必须穿三层以上的衣服，然后扎上裤脚和衣袖，用毛巾围紧脖子，嘴上再扣一个笨重的防毒面罩。夏天，"汗水像雨一样淋遍全身"，"无孔不入的石灰粉末和汗水融会时所产生的那种火辣辣的疼。……仿佛有无数个蚂蚁在噬咬着，在细细地，津津有味地，流连忘返地品尝着她用身体创造的一道盛宴。偶尔防毒面罩一松动，一团粉尘便会迎面扑来，把冷红呛得满面泪水"。然而，即使是如此不堪的繁重劳动，她却从中得到了快乐与安慰。此时，对于那些"不务正业"的女孩，她十分鄙夷，所以"每次从这些女孩子面前走过的时候她都高高地昂着头"。然而，就是这样一个工作也好景不长，厂子倒闭了，冷红不得不重新开始漂泊，家里等待她的是重病的母亲和正在上学的妹妹。为了凑够母亲治病的 4000 元医药费，走投无路的冷红终于走进了方捷的洗浴中心，最终沦落为一个风尘女子，并将妹妹冷紫也拉了进来。

在书写底层女性命运沉浮的同时，乔叶也写出了她们作为"小姐"这样一个特殊群体成员的悲凉处境：城市意识形态排斥她们，乡土文化基于其伦理道德也不再接纳她们。在洗浴中心，姐妹俩巧设计谋抓住了警方正在通缉的抢劫犯，为警方的迅速破案立了一个大功。但在所有的报道中，都没有提到冷红和冷紫，警方承诺的奖金也没有兑现。即使是被抓进监狱的抢劫犯，内心也不能接受自己被两个妓女举报："如果换上那些规矩过日子的人，这件事我也就认了。可是你们不行，你们太贱了。……至于见义勇为的事儿，你们还没有资格去做。你们太把自己当人了。"因此，逃出监狱以后，他做的第一件事就是报复冷红和冷紫，而已经不再做“小姐”的冷紫最终为了救姐姐而丧命。冷红在做了妓女之后，回到家乡给母亲办葬礼，冷紫和村人都不让冷红给她的母亲穿“净手鞋”，也不让她执孝子棍，这让冷红内心无比痛苦。冷红、冷紫这样原本善良的农村女子，为生活所迫沦入风尘，一方面要遭受城市人的冷眼和歧视；另一方面也不再被养育过自己的乡土所认同。乔叶通过小说表达了她对这些女性的关怀与悲悯之情。

相对于对底层女性命运沉浮与悲凉处境的书写与揭示，乔叶似乎更努力在探索进入城市后迫不得已走向妓女之途的乡村少女的救赎之路。因此，与同类作品相比，亲情与爱情对冷红和冷紫的精神救赎成为这部小说的特色，也是一抹温暖的亮色。学习成绩优异的妹妹冷紫，为了拯救陷入歧途的姐姐，毅然放弃了决定自己重大前程的高考，到洗浴中心时时跟踪监视着冷红，以防她与客人接触。为了满足姐姐挣够100万的愿望，冷紫违心地在妓女的路途上愈陷愈深，内心充满了矛盾和挣扎，她的堕落是一种清醒的堕落，因此相对于冷红，她的精神更加痛苦。最后，已不再做“小姐”的冷紫为了拯救被抢劫犯囚禁的冷红而被枪杀。姐妹俩的亲情感人至深，妹妹冷紫与恋人张朝晖的爱情也颇为理想化。尽管两人的身份悬殊，一个是大学毕业的医生，一个是洗浴中心的“小姐”，但张朝晖对冷紫却一往情深，从未改变，这份深厚的感情也成为冷紫最终摆脱“小姐”生涯的最重要的动力。正因为如此，这部现实题材的小说泛着某种浪漫色彩。对此，作者乔叶说：“我知道这部小说是书生气的，可我想要的，也许正是种书生气。我是一个理想主义者，那种我认为生活中应当有而实际上却没有或者很少有的美好事物，一直是我创作中最重要的激情和动力。”①

然而，我们也不得不承认，小说的亲情与爱情救赎是一把双刃剑。它是一抹亮色，让读者觉得美好与温馨，体现了作者对妓女这一社会弱势群体的同情与怜悯。但对于一部长篇小说来说，仅有同情与悲悯显然是不够的，作者必须具有一种思想穿透力，并进行富有艺术张力的文学

① 乔叶. 我是真的热爱你[M]. 武汉：长江文艺出版社，2004.

表达。缺乏思想穿透力的同情与悲悯妨碍了作家对人物的反思与审视，因此难以刻画出复杂的人性，难以塑造出血肉丰满的人物形象。对于冷红这一人物的变异与异化，作者刻画得很不深入。冷红的沦落，不仅有外在原因，还有其内在的性格弱点。乔叶似乎过多地渲染了外在原因，而对其内在性格弱点的开掘比较欠缺。作者没有深入一个底层妓女的内心世界，来展示她在一步步沦落的过程中复杂的精神挣扎与灵魂痛苦，而仅仅将其心灵的矛盾与挣扎归结为"有用无用"的论辩——"她越来越发现，有用没用已经成为她衡量事物的一个经常性准则了"，在这种"无用"思维的支配下，她放弃了自己的原则，成了一个任由方捷操纵的木偶。这样的处理大大简化了人物内心世界的复杂性，因此难以达到令人震撼的效果。另外，对于冷红做了妓女之后，由最初的愤怒、痛苦到后来的渐渐适应、日渐麻木，并将妹妹拉进来以满足自己挣够 100 万的物质欲望这一人性畸变过程，由于作者对人物有太多的同情，因而并未给予有力的揭示。姐妹两人被打造成了一个"行业品牌"后，需要共同面对一个客人。性格不同的两人的内心处境，妹妹的痛苦、羞辱，姐姐被欲望扭曲后的麻木与迎合，应该是作者描写的重点，但小说中的这一部分处理得较为轻飘。更让人不能接受的是，压垮妹妹冷紫、致使她沦落成为"小姐"的最后一根稻草，居然是一个她不爱的男人辱骂她是一个婊子。冷紫这样一个倔强的女子，为了拯救姐姐可以放弃自己的前程，她是否真的如此脆弱？这样的细节显然经不起推敲，人物的性格也似乎有些前后矛盾。对人物过分的同情与怜悯，不仅妨碍了人物的塑造，也削弱了作品的社会批判力度。

乔叶在写作时是有着某种社会批判诉求的，她说："在物质世界的洪流中，有无数面貌纷纭但实质相近的'小姐意识'隐藏在我们安宁富足的生活背面，在这背面里，良知被麻木失落，真诚被冷漠占有，信任成为最陌生的词语之一，理想成为濒临灭绝的珍稀话题，——甚至成为愚蠢的标志……需要被拯救的，决不仅仅是这些'小姐'。"①但遗憾的是，

① 乔叶. 我是真的热爱你[M]. 武汉：长江文艺出版社，2004.

小说的批判似乎只是限于牢骚、抱怨，并未深入，没有发掘出消费时代给人带来的心理冲击和精神困惑。尤其是在这样一个消费社会中，如冷红、冷紫一样的乡下女子的尴尬处境：她们既非当代都市的主体消费者，也非都市市民，只是飘荡于城市边缘的游民，但却受到消费文化的裹挟，深陷于其中，成为都市消费中的一个泡沫。

对于妓女的生活与心态，作者存在着隔膜，缺乏深厚的生活积累，同时也未将已有的经验进行沉淀、提炼。小说中的那些抒情辩论，似乎是在掩盖作者生活积累的不足，它们与其说是冷红姐妹的，不如说是作者自己的。与同是描写农村少女进城的长篇小说《北妹》、短篇小说《明惠的圣诞》相比，这部小说的艺术感染力显然要薄弱得多。总体来说，这部长篇是失败的。连乔叶自己也说当年的自己“冒失”了，写了以后才知道写长篇的难处，在没有把握之前，不会再轻易去尝试长篇创作。①

(二)《良宵》《紫蔷薇影楼》

相对于长篇小说《我是真的热爱你》，乔叶于2008年推出的短篇小说《良宵》则更加成熟、圆润，可以视作书写底层的佳作。

这篇小说在题材选择上别具一格，讲述的是混迹于城市底层角落的一个群体——洗浴中心女搓澡工的故事。这几乎是一个被人遗忘的群体，在众多的底层文学作品中也鲜有涉及，这体现了乔叶在开掘底层生活题材上的独到之处。从行文来看，作者对女搓澡工这一群体的生活显然非常熟悉，应该是做了一番周详的勘察，从洗浴中心的环境设施到女搓澡工们娴熟地与各色人等周旋推销美容产品，再至她们之间的职业行话、家长里短，这一切都在细密的写实中娴熟、从容不迫地娓娓道来。整篇小说静水流深，如同日常生活本身。

《良宵》最感人至深之处，是它展现的底层女性在苦难中努力保持自

① 乔叶. 写作引我走向明亮，http://www.wangcang.gov.cn/html/article/view/1688.html.

己尊严的生存姿态。在这篇小说中，底层女性的救赎力量不是来自外界——如《我是真的热爱你》中理想化的爱情与亲情，而是来自自身。小说中的“她”，丈夫是一个厂里的推销员，却在外面有了私生女，她一直被蒙在鼓里，丈夫与她离婚抛弃了她们母子之后，她才知道他很快又结婚了。离婚不久，她下了岗，生活陷入困顿。为了生活，她只能“使出浑身解数去挣。儿子一天三顿饭少不了，这三顿饭也把她的时间切成了三截。于是她上午去做钟点工，下午去超市买菜，晚上来这里搓澡”。生活如此辛苦，不争气的儿子又沉迷于上网，她既恨儿子又恨自己，曾用水果刀割腕，被救起之后，周围的人包括母亲都劝她想开些，她伤心地对母亲嚷：“想开些，想开些，谁不知道想开些？你们告诉我怎么想开些！”但她到洗浴中心做了搓澡工之后，由最初的不合群到融入了这里的生活，“起先，她是不爱说话的，后来渐渐地说开了。不说不行，一是整天闷闷的，别人看着别扭，自己也觉得和别人格格不入，合不了群，就孤单生分。而且不说话就只能搓平常的澡，她们行话叫做‘普搓’，一个普搓她们只能抽三块钱”。后来，她日渐老练，学会了观察判断客人的身份，“她只要开口，建议的成功率就很高”，“甚至有那么几次，她还推销出了她们能力之内最贵的美容保健套装，提了三十块钱”。她渐渐从这份在别人看来简单甚至有些低贱(她曾被客人骂做“臭搓澡的”)的工作中找到了乐趣，“她越来越喜欢这里了。听着客人们的闲言碎语，和这些个搓澡工说说笑笑，一晚一晚就打发过去了。等到客人散尽的时候，她们冲个澡，互相搓搓，孩子般地打打闹闹一番，回到家，倒在床上就睡到天亮。如此这般，夜复一夜，虽然累，却因为有趣，因为挣钱，居然也眨眨眼就过去了”，因为愉快，她甚至觉得在洗浴中心的每一晚都是“良宵”。她的心态也渐渐平和起来，也就是“想开了”，“看到了比自己好的，她会想：还有这般好过的，说不定自己也能过成这样吧。日子还有奔头呢。看到了比自己差的，她会想：这外光里涩的日子，还不如自己呢。看来自己的光景还不错。看到那些不好不坏的，她就想：这世上的人和自己都差不多吧，自己能随个大溜，这不也挺好的么”。然而，当那个女人出现时，似乎打破了她心理的平衡，让她意识到所谓的“良宵”不是她的，而是她的丈夫与那个女人的，但她没有厮打、没有辱骂，只是“直直地站在那里，如一棵立正的树”，她仍在努力守护着自己得来不易的尊严。

小说的神来之笔是对女搓澡工娴熟手法的描绘。正因为她喜欢上了这份工作，她在给别人搓澡时甚至达到了物我交融的境界，从中找到了尊严，“一个又一个身体在她手下娴熟地翻动，脖颈，肩胛，乳房，肋骨，后腰，大腿根儿，小腿背儿，脚指头，手指缝儿………手到之处，泥垢滚滚而下，白花花的肉体前，她居高临下，是技法超群的医生，是手艺出众的厨师，是胸有成竹的导演，是指点江山的统帅，是不可一世的君王”。这一处描写让人联想到老舍对祥子拉车的诗意描写：“拉过了半年来的，仿佛处处都有了知觉与感情，祥子的一扭腰，一蹲腿，或一直脊背，它都会马上应和着，给祥子以最顺心的帮助，他与它之间没有一点隔膜别扭的地方。”①正因为祥子对车有着深厚的感情，他才从中体会到了莫大的欢欣与快乐，因此，赵园指出：“这是普通人的诗——无论老舍之前还是之后，不曾有人将拉洋车这种劳作写得如此诗意。”②尽管乔叶的这段描写不如老舍的生动洗练，但从某种程度上来说，她也成功发现并写出了一个普通女搓澡工艰辛的日常生活中的“诗”。

《良宵》这篇小说的构思亦非常巧妙。小说通过一个晚上女搓澡工的遭遇，反映出了她们的日常生活与生存状态。作者描写了女搓澡工一个晚上的工作流程，她依次接触到了四类女性的身体：“皱”——老年女性的身体，“棉”——中年女性的身体，“水”——女孩的身体，“瓶”——少妇的身体。在这四种身体的依次叙述中，故事情节也在逐渐演进，并向高潮发展。“皱”引出主人公的家庭纠葛；“棉”叙述了主人公在洗浴中心搓澡以来，由生涩到熟练的历程；“皱”和“棉”只是铺垫，给“水”搓

① 老舍．骆驼祥子[M]．北京：人民文学出版社，1962：16.

② 赵园．永远的洋车夫——读《骆驼祥子》[M]//钱理群．中国现当代文学名著导读．北京：北京大学出版社，2004：110.

澡则是伏笔，暗含着故事情节向高潮的推进，活泼可爱的“水”其实正是她丈夫后来的女儿。“瓶”是故事的结尾，也是高潮。“水”喊出了爸爸的名字，原来她手下的女人“瓶”就是丈夫后来的妻子。小说的结尾，当她听到“瓶”喊“水”要走了，她才发现自己手里还紧紧地捏着“瓶”的玉镯子。她想，必须得还给“瓶”，她所有的愤怒、嫉妒、委屈、仇恨，也只是化做了一声“哎”。

《紫蔷薇影楼》一反《我是真的热爱你》的叙事视角，将重心转移到了小丫放弃“小姐”职业后的生活中，叙写了小丫在婚后面对内心欲望与理智冲突时的困惑。小丫将过去的生活遮掩得滴水不漏，对每一个细节都煞费苦心。从容淡定的小丫回到县城后，一心一意地经营新生活，她从容笃定，对自己的生活规划很有把握，也颇有心计。一回县城，她就给自己找了一个“没阅历，有心劲儿，穷坯子，憨后生。只要落到自己手里，肯定拿得住，不愁调教不出来”的丈夫。她的爱情观并不浪漫，极为现实理性，但也不乏女性天然的善良之心：“只要他对她死心塌地，她就决不会亏待他。至于她对那个男人，无论是谁，爱情肯定谈不上，当然，她不爱男人并不代表她察觉不出男人对她的爱，也不意味着她表现不出爱情的感觉和模样。——对她来说，这都像奥斯卡影帝演小品，小菜儿一碟。只要有合适她标准的男人对她投之以砖头一样结实的爱情，她保证会让他发现一块神魂颠倒的美玉。”她有钱，如杜十娘一样，只为得到一份平实的感情，钱不能让丈夫张长河知道，只能存在父母名下。为了让母亲安心，交钱给母亲的一幕是辛酸的，小说中没有说钱的数目，但可以想见那是母亲这一辈子从没见过的多。小丫必须再三声明：“妈，你放心，你放心，清白的，是清白的。”母亲只是落泪。这里的描写极具张力，“小姐”也只是一个普普通通的女性。但在被迫与“老客人”的周旋中，她不乏真切的身体记忆再次被激活，她发现自己不过是“荷叶上的一滴露珠”，在踏实而“疲乏”的婚姻生活和内心欲望的胶着间脆弱地“滚过来，滚过去”。生活中的冷静和回首往事的迷茫、刻意收敛的生活与放纵时的记忆在时空中不断交叉、错位，真实而丰满地复现出一个女性形象。为了保护家人，在窦新成的侵扰下，小丫不得不再次用自己的肉体来交换他手中的权力，两人又开始了婚外性关系。窦新成是县里的一名公务员，“嫖娼”无论于他的仕途还是家庭都是可怕的威胁，而刘小丫更不能让在深圳两人曾有交往的事走漏半点风声。小说里有个颇有深意的细节：窦新成的妻子听到了两人偷情的风声，跑到小丫面前斥骂她，说窦新成说她是“狐狸精，婊子”。小丫找来窦新成，问他是否骂过。窦新成否认说：“所有的人骂女人时都喜欢那么骂的。”小丫“蛮横得像个孩子”：“为什么要那么骂？为什么？”“不许他们这样骂！”在“偷情”问题上，社会大众总是谴责女人，无论女人是自愿还是被迫。对此，小丫有着鲜明的女性意识，极为抗拒。当小丫一个人走在回家的路上，她并没有胜利者的心情，反而感到疲倦，她忽然想起了在深圳和姐妹们一起的日子，不乏自由、单纯的快乐。小说揭示出小丫再精明能干，也无法撼动男性社会的权力结构和思维定势。乔叶以不疾不徐的叙事，呈现了当代社会的女性悲剧。

(三)对底层文学创作的思考

乔叶书写底层的小说创作，既反映出当下底层文学创作中的一些普遍问题，也带给了我们有益的启示。

其一，考察当下眼花缭乱的底层文学文本，我们会发现底层文学的佳作多出自中短篇小说，长篇创作却不尽如人意。如乔叶的短篇小说《良宵》圆熟、长篇小说《我是真的热爱你》粗劣。《歇马山庄的两个女人》(孙惠芬)、《外地人》(荆永鸣)、《明惠的圣诞》(邵丽)、《城乡简史》(范小青)、《发廊》(吴玄)、《二的》(项小米)等批评界较为认可的作品均为中短篇。而贾平凹的《高兴》、尤凤伟的《泥鳅》、盛可以的《北妹》等描写底层的长篇小说，尽管也有一定的反响，但总体上还不是公认的精品力作，没有达到现代文学史上经典小说《骆驼祥子》的水准，难以进入经典序列。这固然是由于中短篇小说篇幅较短，能够迅速快捷地反映底层生活，作家有限的底层生活积累也益于展开，因而催生了不少优秀作品。但长篇小说的粗糙欠缺也反映出当下文坛存在浮躁功利的现象，长篇小说需要深沉的构思、丰厚的生活积累和充分的修改时间，但由于各种商业利益的驱动，不少作家忙着写长篇，很多杂志期刊也在谋划着推出长篇，以致作家写长篇的速度越来越快，甚至违背了长篇小说的创作规律。

回想《骆驼祥子》第一章老舍对北京人力车夫这一阶层生活的详细铺陈，我们可以感受到作家在写作之前做了怎样细致的准备工作。更重要的是，老舍由人力车夫生活的表象进入他们卑微苦难的精神世界并探讨其背后的深刻原因，他说："我所要观察的不仅是车夫的一点点浮现在衣冠上的、表现在言语与姿态上的那些小事情了，而是要由车夫的内心状态观察到地狱究竟是什么样子。车夫的外表上的一切，都必有生活与生命的根据。我必须找到这个根源，才能写出个劳苦社会。"①而当下文坛的浮躁，使作家不能够沉潜下来进行创作，不少描写底层的长篇显得较为单薄、粗糙。在有些作品（包括《我是真的热爱你》）中，甚至出现"农民工身上散发的是知识分子的忧郁或小资的感伤，甚至连叙述语调都充满诗人气质"的问题②。

其二，底层文学究竟如何增强文学性？当下底层文学成为热潮，不少作家纷纷跟进，但许多作品只简单地罗列一些问题和现象，表达空洞的道德义愤，却缺乏相应的文学感染力，文学性的不足是当下底层文学创作中存在的一个致命问题。这在很大程度上是由于受大众消费文化的影响，不少底层文学沉迷于讲述好看的故事，而忘记了应有的精神关怀，既没有对作为背景的现代性进行反思，也没有对城乡意识形态进行有力的审视和批判。在讲述好看的故事上，农村少女进城的"沦陷"成为底层文学模式化的一个主题，因为她们是构筑故事的最佳方式。大量此

① 老舍. 我怎样写《骆驼祥子》[J]. 青年知识，1945，1(2).

② 邵燕君. "写什么"和"怎么写"——谈"底层文学"的困境兼及对"纯文学"的反思[J]. 扬子江评论，创刊号.

类作品良莠不齐，泥沙俱下，体现出主题与情节设置上的欲望化、奇观化。就乔叶的《我是真的热爱你》而言，作者也坦陈，“开始只想写一个好看点儿的故事”①。而考索20世纪描述“乡下人进城”的经典作品，会发现它们固然有精心结构的故事，但作品的内涵实则远远超出了故事本身。老舍的《月牙儿》也是写城市底层贫民女子为生活所迫沦为妓女的故事，但其社会批判力度和文学感染力是当下许多同类作品无法企及的。小说以尖锐的社会批判锋芒和真挚的人道主义同情凝结成至情文字，“揭示了一个纯洁的灵魂如何被抛掷到污秽的泥泞之中，又如何以屈辱的代价换取坚韧的求生，而这颗被污秽和屈辱扭曲了、并撕碎了的灵魂，最终又被权势者作为牺牲品送上虚伪的道德祭台”，因此，小说成功地“刻画了现代小说领域罕有比肩的有血有肉有心灵的妓女形象”②。祥子悲剧的精神深度比他“三起三落”的故事重大得多，而“当下叙述者们终于没有能够让国瑞们（尤凤伟《泥鳅》主人公——笔者注）从经历的‘事’中跃出，成功建构进城的乡下人的精神世界，并试图批判改造”③。因此，对于当下书写底层的作家来说，重要的是要超越故事本身，怀着真挚的人文情怀真正进入底层人物的精神世界，以细腻的笔触刻画出他们在社会转型的格局下，在都市文明与乡土文明之间辗转的身份尴尬与精神痛苦，从而体现出文学对当下社会焦点问题的思考与回应，对社会公正以及人道主义的呼唤。

四、一个乡村叛逃者视角下的乡村档案：乔叶《拆楼记》

2010年，《人民文学》启动了一项“行动者”的“非虚构写作计划”，呼吁作家摆脱书斋，离开二手经验，走向生活现场和民间世界，以行动

① 乔叶. 我是真的热爱你[M]. 武汉：长江文艺出版社，2004.

② 杨义. 中国现代小说史(2)[M]. 北京：人民文学出版社，2011：191.

③ 徐德明. “乡下人进城”的文学叙述[J]. 文学评论，2005(1).

介入生活，以写作见证时代。《人民文学》为此专门开设了“非虚构”专栏，《中国在梁庄》《中国少了一味药》等在21世纪文坛有相当影响力的“非虚构”作品就刊发于此。乔叶的《拆楼记》亦在其中，并因其对当下城市化进程中乡村的征地、拆迁、赔偿等尖锐现实问题的直面书写，而在这些“非虚构”作品中别具一格。

所谓“非虚构”写作，是一种不再迷恋于“宏大叙事”，而是回到真实的生活现场、捕捉瞬息万变的底层生活细节的写作。在这个意义上，《拆楼记》中以“我”——一个曾经属于乡村但又离开乡村的知识者的视角，回到乡村的生活现场，呈现出当下现代化、城市化进程中农民在维护土地家园过程中付出的种种努力与面临的人性试炼，给我们这个时代留下了一份生动的乡村档案。

（一）

费孝通在《乡土中国》写道：“土字的基本意义是指泥土。乡下人离不了泥土，因为在乡下住，种地是最普通的谋生办法。……‘土’是他们的命根。”①费孝通所写的是20世纪30年代的乡村，但即使是在当下城市化加剧的情况下，土地在很大程度上仍然是农民的安身立命之本。自20世纪90年代以来，由于城市建设的快速发展及城市新区的不断扩张，农村的土地问题日益凸显，“由于土地是农民的生存保障，而且土地问题往往涉及巨额经济利益，因此，也就决定土地争议更具有对抗性和持久性”②。中国的农地冲突已成为当前及今后相当长一段时间内影响农村社会稳定和发展的首要问题。“许多政府官员也已经公开承认土地问题是诱发农村群体性事件的主要因素，乃至认同50%以上的中国农村地区群体性抗议事件都是由于农地遭到地方政府强行暴力征占造成的。”③

① 费孝通. 乡土中国[M]. 上海：上海世纪出版集团，2007：6.
② 于建嵘. 底层立场[M]. 上海：上海三联书店，2011：48.
③ 于建嵘. 底层立场[M]. 上海：上海三联书店，2011：45.

《拆楼记》围绕土地展开叙述，颇具时代特征。急速发展中的山阳市和面临拆迁的乔庄是整个中国的城市和乡村的缩影。山阳市建设高新区需要大量土地，市区的一些政府机构如市防疫站和个别企业如同仁医院已率先在高新区获得了地块，房地产商也逐利而来，开发了价格不菲的商品房住宅小区。处于这一利益链条最末端的，是以“我姐姐”为代表的几户农民，他们也想在这场利益博弈中谋取自己的最大利益。较之政府机构、医院、房地产商，这利益是微不足道的——只不过是加盖各自的房屋，从而在拆迁时得到最大的赔偿。为此，深谙乡村基层政治的他们将自己的利益与村支书的弟弟的利益捆绑在一起，甚至不惜代价，几户人家凑钱给王强，让他带头先盖房子，王强也坦然接受，乔叶在平静的叙述中，将乡村权力的运作规则与隐形价值揭示得纤毫毕现。同时，围绕土地与拆迁，作品以丰富的细节和在场的经验，生动地呈现了当下城市化建设中滋生的灰色地带：有钱的农户出资给无力盖房的农户盖房，以图在未来的赔偿中共享利益；有的村庄在市里创建国家卫生城市时被划到城区，到了赔款时又将其划到农村，按农村的标准赔偿；为了完成拆迁工作，通过给在职的亲属停职停薪施加压力、发动警方动用武力，甚至让拆迁者以自残的方式逼迫农户拆迁。作品所写的发生在张庄和乔庄的两次农民与拆迁者的群体冲突，既反映了农民守护家园的意志和决心，也折射出发展中的中国所遇到的诸多问题。这些问题的解决亟需相关的制度建设和法制建设。正是在这一意义上，回到生活现场、呈现原生态的生活细节的《拆楼记》，体现了“非虚构”文体的独特价值与意义，正如李敬泽所说：“它使人从令人激愤、某种程度上也令人安心的戏剧场景中回到灰色的、模糊的人生……揭开正在博弈、心照不宣的各种‘真理’，这些‘真理’相互冲突和对抗，但是也正在妥协和商量，秉持着各自‘真理’的人们在紧张关系中达成了某种生态，这是谁也不满意的生态、谁也不认为正确的生态，但它成了‘自然’。”①

---

① 李敬泽. 拆楼记[M]. 郑州：河南文艺出版社，2012.

回到生活现场的乔叶，依照现实逻辑如实记录了农民在维护家园的过程中公民意识的生成，而不是以暴制暴，以恶抗恶。为了维护自身权益，他们在乡村知识分子赵老师的带领下，寻找《城乡规划法》《城市房屋拆迁管理条例》等法律规定及律师观点来为自己的行为寻找法律依据，例如，“拆除违章建筑不予补偿，但是这只能说明违章建筑人不能获得拆迁补偿款，拆迁人仍要依法向违章建筑人支付拆迁补助费”。还凭借《土地所有权使用证》《土地承包合同》《林权证》来维护自己的土地权益，最后发挥关键作用的是《林权证》，房屋可以保持在 5 米以内。最后，几户人家去北京国家信访局、省信访局寻求帮助，亦是在法律规定的范围内，而且从中获得了成长：“这是他第一次去北京吧？口气里并没有多少远途告状的惶恐和委屈，反而充满了旅行般的新鲜喜悦。”“还能想到上访，还是决定去上访，而且还敢去上访，这让我感到了某种欣慰。”在作品中，乔叶放弃了戏剧化的虚构，大胆揭露了信访制度中存在的乱象：“那些乡下人都是上访的，那些马扎人都是地方政府派来劝访的——官方叫劝访的，国家信访局和上访的都叫他们拦访的。于是，在那条街上，便可以看到一组有趣的三角关系：拦访的想方设法阻拦上访的，上访的想方设法逃避拦访的；为了保证上访者能够顺利上访，国家信访局则专门派人每隔半个小时就去驱赶那些拦访的。”“北京还兴起了一些上访中介机构呢。吃完访民吃地方政府，这边给访民递材料，那边给地方政府抽材料。”信访制度的建立本来是为了化解社会矛盾，促进社会和谐，但现实中信访与政绩的挂钩，使得地方政府不是去解决上访群众所面临的种种问题，而是通过拘留、截访、罚款等手段压制上访人员，这样不仅产生了大量的经济成本，也破坏了农民对政府的信任。因此，《拆楼记》对时代弊病的揭露，正是鲁迅所开创的五四新文学“揭示病苦，以引起疗救者的注意”传统的继续，其最终指向也是相关制度的完善——“如果不能用现代法制的思路替代信访人治，要想杜绝高成本而低收益甚至是负收益的截访行为是不可能的。”①

① 于建嵘. 底层立场[M]. 上海：上海三联书店，2011：182.

（二）

新世纪以来，随着中国城市化进程的加速，乡村的生活、生产方式及其文化伦理越来越被抛离于城市化、现代化进程之外，乡村从物质文化到精神文化都呈现出空心化、荒漠化的趋势。新世纪的不少乡土文学作品如《秦腔》《中国在梁庄》，都以生动丰富的书写呈现了当下乡村的现实，而“乡土中国文学的美学基调，已经不复是悲凉感伤、更不是喜剧欢悦可以涵括，而是一曲对传统伦理、文化正加速度消逝并且无可阻挡的悲恸挽歌”①。

《拆楼记》尽管重在讲述一个从盖楼到拆楼的故事，但从整体上来说，它亦属于上述新世纪乡土文学的范畴，体现了新世纪乡土文学的普遍特征。与梁鸿、贾平凹一样，乔叶也给我们展示了一个正在沦陷、变质的故乡——乔庄。故乡的灵泉河将被建成绿化带，“再也没有灵泉河了，甚至连它的遗址也将永久消逝”。“我默默地看着自己生活过二十多年的乔庄，没错，就是这里。村里的街上几乎没有人走动，空空落落，再没有了牛，也没有了马。……而在未来路的南侧，与这些人家隔路相望的地方，原本该是春绿秋黄的庄稼地，现在已经成了正在火热施工的楼盘。两家，一家是‘忆江南’，还有一家是‘曼哈顿国际花园’。”它的“颓败”与“繁荣”拼贴在一起，颇为醒目：“我还看见一些老房子。很少，没有几座。整个村子转下来，也不过四五座。有两座被拆得衣衫褴褛，破烂不堪，一些家具无精打采地堆在里面，带着被抛弃的落魄神情。”乔庄小学原本宽阔的大门成了一条窄窄的胡同，“在大门和教学楼之间有一小块空地，应该是学校残存的唯一一块空地了”。最为荒诞的是，寄托着农民古老生命情感的“土地庙”被挪到了学校的四楼，“土地庙”离开土地，被架空，这仿佛也喻示着当下乡土精神文化的失落。

① 张丽军．新世纪乡土中国现代性蜕变的痛苦灵魂——论梁鸿的《中国在梁庄》和《出梁庄记》[J]．文学评论，2016(3)．

变质的故乡，不仅是自然环境的变化，更是乡土文化精神和生命肌理的破坏。乔庄在城市化的进程中，土地不再是农民的生命之根和情感寄托，而成为谋取更大利益的工具。“在我们广袤的豫北平原上，一块块旱涝保收的肥沃土地就如同一只只饱满的乳房，农民就如同辛勤的挤奶人，随着四季的更迭，他们源源不断地挤出了丰沛甘甜的乳汁，给城市喝也给他们自己喝——现在，即将成为未来路绿化带的这一长绺土地，这一只小小的乳房，如同已经消逝的灵泉河一样，很快就会干瘪，枯竭，不复往日之能。”为了土地带来的巨大利润，人们竞相追逐权力，乡村基层政治的混乱也被乔叶轻描淡写地从容道来：“参选的双方在选举前的几个晚上都派人在村里的每个街口轮流彻夜值班，怕对方去跑票。”村子被划入高新区，私人宅基地的买卖成风，“村里好多人的房破旧了，没有钱翻盖，市里人就来买他们的地皮，或者他们分给市里人一半地皮，盖房的钱让市里人出”。有的村干部将集体土地盖成厂房，对外出租，集体土地成为谋取个人私利的工具。村支书的弟弟也坦然接受着权力带给他的隐形价值，从盖房者和拆迁者那里都获取自己的利益。正是在土地带来的巨大利润面前，村子也开始出现严重的两极分化。“小换”，这个农妇生活艰难，丈夫车祸瘫痪，她担起养家的重任，靠卖鸡蛋供儿子读书，“‘鸡屁股银行’，这个曾经在中国农民的经济生活中占有重要地位的词，我以为早已成了历史，没想到时至2011年，这个词还活着”。《拆楼记》对于土地的叙述反映出乡土文学在21世纪的嬗变与新质，从中可以见出以农耕为主的生产方式和以宗法为主要纽带的乡土文化叙事的逐渐消解。

与梁鸿类似，乔叶也是以故乡的女儿的身份重新进入乔庄，这注定了叙述者“我”与乔庄之间割不断的情感联系，——“我是一个农民的女儿，我是一个农妇的妹妹”。乔庄承载着作家刻骨铭心的生命印记，寄托着她对童年、对青春的美好情愫。因此，在《拆楼记》中，作家不断通过现实和回忆对比的方式来推进叙事，使得作品在叙述拆迁故事的同时，以充满个人情感的笔触给我们呈现出乡村过往的历史。往昔的乔庄风景秀丽，“河里清流汩汩，明澈见底，水草丰茂，鱼蟹繁多，我摘金银花，掐薄荷叶，挖甜甜根，盘小泥鳅……那是我的小小的童年天堂啊。17岁那年，我师范毕业被分配回乡，从教生涯的处子秀是在张庄小学，张庄小学也紧挨着灵泉河。我经常带着孩子们从河里打水清洁教室地面，被河水清洁过的地面自有一种水草的清鲜”。象征着农民古老土地信仰的土地庙“红柱白墙，琉璃碧瓦，古色古香”，庙门边的对联——“土发黄金宝，地生白玉珍”，庙的前面还有一座石碑，上书“土地阔不可尽祭，故封土为社……”正因为乔庄刻下了“我”曾经最美好的生命印记，甚至可以说是“我”的生命之根、情感之魂，所以在年轻的时候，“我”写了《土地的心跳》一文。文章以优美的语言抒发在土地上播种、浇田、施肥、收获的诗情，“我们将玉米秆子一根根地砍倒，将棒子掰下来，放到箩筐里。运到家后，再将它们编织成一串串金色的大辫子，挂在屋檐下，整个农家小院都在这一瞬间熠熠生辉。紧接着，黄豆、棉花，一样一样地都回了家。农人们一身尘土，却从不在此刻换洗衣服，仿佛这尘土是土地赐予它们的最吉祥的徽章和最宝贵的标记”。文章对于土地、对于劳动的赞美，有着典型的20世纪80年代文化的印记，与《平凡的世界》中孙少平对“劳动”的信仰颇为相似。

当然，作家的本意并非回到童年的故乡，而是对美好的乡土生态环境的消逝以及古朴的乡土文化伦理失落的感怀。正如梁鸿在“梁庄”中所言，“村庄的溃败使乡村人成为没有故乡的人，没有根，没有回忆，没有精神的指引和归宿地。它意味着，孩童失去了最初的文化启蒙，失去被言传身教的机会和体会温暖健康人生的机会。它也意味着，那些已经成为民族性格的独特个性与独特品质正在消失，因为它们失去了最基本的存在地”①。如何使乡村既保持优美的生态环境，又能摆脱贫穷，分享当代社会改革发展的成果，是亟待解决的问题。正如社会学学者于建嵘所说：“中国农村的未来发展道路只要根据各地的实际情况和客观条

① 梁鸿．中国在梁庄[M]．南京：江苏人民出版社，2010：221.

件，在各地自有的资源优势上，探索一条既有利于当代人的生活幸福、又不以破坏环境和资源、牺牲后代利益为代价的可持续发展道路。”①

（三）

在《拆楼记》中，乔叶自述自己是乡村的“叛逃者”，“自从当了乡村的叛逃者之后——‘叛逃者’这个词是我最亲爱的闺蜜记者对我们这些乡村底子、城市身份的人的统称——我对乡村想要了解的欲望就越来越淡”。许多受了教育的人，是不会再回到乡村了，由此乡村也面临着文化资源空心化的危机。正如王晓明在《L县见闻》中指出的：“如果一茬一茬的农民都是抱着这样的热忱，不惜勒紧裤带，要将孩子们送进学校；如果他们也和周围的邻居们一样，看见孩子从学校毕业、回来务农了，就觉得脸上无光、家门不幸；如果孩子们从小就被推入这样的背水一战的紧张氛围，在氛围的潜移默化中长大成人，那么，无论最后是否高考中榜，乡村的学生们对自己的家乡，进而对所有的乡村，都不会再有真正的认同，甚至也很难有真正亲近的感觉的。”②

由此，《拆楼记》中交织着两个不同的“我”：一个是作为乡村的女儿，面对乡村窘迫的现实而产生了同情愧疚心理的“我”；另一个是心安理得逃离乡村，享受城市中产阶级生活的“我”。起初，“我”对加盖房子并无兴趣，甚至对姨妈的行为还有些反感，但后来听姐姐的一番讲述后开始动心，将之视为一种投资行为，“倒真是划算的买卖。六七万的成本，二十四五万的纯利润”。之后，“我”充当姐姐、赵老师等一群盖房者的高级智囊，与书记的弟弟王强谈判，让他先盖，以从中谋取最大利益。最后，在别的人家都拆到五米以内时，“我”和姐姐的女儿苗苗联合，诱导前来拆房的郎队长说出过分的话，以此为把柄，动用自己的记者朋友“要挟”当地的主要领导，最终成功地拿到六万元补偿款。这些行

① 于建嵘. 底层立场[M]. 上海：上海三联书店，2011：102.

② 王晓明. L县见闻[J]. 天涯，2004(6).

为都符合“我”作为城市中产阶级的身份，在条件允许的情况下将自己的利益最大化。即使用了“不道德”的手段，也几乎见不到“我”微弱的良心谴责，只是在最后“我”才想起了生活艰难的小换，但也只是一闪念之间。当“我”在省信访局大门外被当做上访者时，“我”内心还生出了“屈辱感”，由此可见在“我”的内心中，也是对他们有着歧视，耻于与他们为伍。小学同学得了癌症去世，“我知道也该让自己的泪落下来。可是，没有。我没有泪”。当然，这不仅仅是“我”的生活观念，而是代表了绝大部分中产阶级的道德冷漠，这种冷漠有着强烈的社会文化的根源，“从什么时候起，我们开始有了作为城市人的精神优越感和对乡村、农民的厌恶与遗弃？事实上，这不仅有来自乡土中国传统文化深处的问题，更有着来自20世纪50年代以来所建构的城乡二元对立极致，以及由此逐渐派生出来的城市人的‘生存优越感’和城市中国的话语霸权”①。

“我”的典型城市中产阶级心态在作品中诸多政府工作人员身上也得到体现。作品中的“他们”一节是别有深意的，“他们”与乡村中的农户是完全不同的群体。“他们”彼此结成牢固的社会关系网，利益共享：“他们几个曾经是市政府办的老同事，先后从政府办出来，分到了各个局委，都担任了重要的副职，又因工作关系经常在一起协调办公，因此十分亲热熟络。”小说通过对“他们”的所思所想的真实展现，揭示了“他们”在工作中的道德冷漠与道德困境。为了完成拆迁任务，“他们”用尽各种办法，首先“以情动人”，“先听他们诉苦，让他们说他们的不容易。既可以拉近感情赢得信任，还能起到为他们心理按摩的作用，让他们把情绪中的毒性发作出来，最重要的一点儿，你可以根据他们的难处和困境对症下药。”“其次，以利诱人，你没地方住？我给你租房。你想做生意？我叫工商税务给你减免照顾。你孩子是老光棍？我叫民政局的婚姻介绍所给你填份资料，马上就能相亲。”最后，“只有以权压人了，要是

① 张丽军. 新世纪乡土中国现代性蜕变的痛苦灵魂——论梁鸿的《中国在梁庄》和《出梁庄记》[J]. 文学评论，2016(3).

一强制拆迁，你可就什么都没有了。去告状，去上访？你要是有精神就去吧。……使这些招时最好还配以适当的示弱，也对他们诉苦，说自己多么不容易，让他们也同情你。中国的老百姓啊，还是单纯者多，良善者多，贪小利者多，这么几招下来，他们怎么会不乖乖拆房呢？”这些不无自嘲的话可以见出“他们”只是将之作为一项工作，其中甚至包含技术性的细节，但在感情上不乏冷漠。“在一个官僚体系中，公务员的道德关怀从集中于行动对象的命运之上被拉了回来。它们被强制地转向另外一个方向——即将开展的工作和出色地完成这些工作。”①而“他们”的工作对象所获得的，也只不过是一点微薄的利益。作品中写了一个寡妇同意拆迁后，只是希望她拆下的窗子能被买走，颇有点黑色幽默的色彩。

当然，“他们”自身也背负着沉重的工作压力和道德负罪感，自嘲“拆迁办的领导流动得快。为啥？一是哄老百姓哄得厉害，不流动就没办法待了；二是压制老百姓太厉害，不走就得被告死。不告死也得被老百姓恨死！”对于“他们”来说，活下来就意味着得对其他人的贫穷和痛苦闭上双眼。英国社会学家鲍曼谈及社会道德时提到，所谓道德，回到最初意义上，就是“与他人相处的”状态。因此，“道德与其说是一种责任，毋宁说是一种限制；与其说是一种激励，毋宁说是一种约束”，因为有了“他我”——一个像我自己一样的主体，“我不能尽成我欲所成；我不能尽做我欲所做。我的自由失去了。在场时——即在这个世界中——我的自为的存在也必不可免是为他的存在。当行动的时候，我不得不顾及他我的在场，因此也不得不顾及它要求的那些定义、观点和视角”②。鲍曼的观点让我们认识到每个人对他人的责任——每个人对于他所属的社会都负有责任，那个社会的弊病他也有一份，这促使我们反思漠视他人痛苦的“我”和“他们”的心态。

① ［英］齐格蒙·鲍曼．现代性与大屠杀［M］．杨渝东，史建华，译．南京：译林出版社，2011：209.

② ［英］齐格蒙·鲍曼．现代性与大屠杀［M］．杨渝东，史建华，译．南京：译林出版社，2011：236.

21世纪非虚构文学的经典之作“梁庄系列”将口述实录和田野调查融合在一起，梁鸿作为学者的开阔的学术视野、理性分析的哲学思辨与那些鲜活的生活真实结合在一起。其中“我”的自剖自白和“自省性文字”的存在使文本变得丰厚起来，具有相当的反思意义。正如有学者所说：“梁鸿总是忠实地记录了‘身在其中’而引发的对‘知识者自我’的否定和反思，不仅反思知识者面对民众困苦时的软弱与退缩、虚荣与麻木，也反思知识者的使命与启蒙理想，以及理想与现实发生巨大冲突时内心的紧张与绝望。”①与“梁庄系列”相比，《拆楼记》中的“我”是一个城市中产阶级的心态标本，尽管乔叶“撕开了我们精神上的羞处”②，但其自省、反思是极微弱的，也因此限制了文本所能达到的深度。

① 房伟. 梁庄与中国：无法终结的记忆——评梁鸿的长篇非虚构文学《出梁庄记》[J]. 文艺评论，2013(7).

② 李敬泽. 拆楼记[M]. 郑州：河南文艺出版社，2012.

第 三 章

当代河南诗歌的“中原”色彩

第一节　当代河南诗歌的发展流变

（一）

早在现代文学史上，文坛上就出现了河南诗人的身影，河南籍诗人徐玉诺、于赓虞在文坛名噪一时，后来却悄然淡出人们的视野。那时的河南诗坛还未形成群体优势。河南诗歌创作队伍的真正形成和规模化，是在当代。中华人民共和国成立后，以河南籍作家为创作主体的河南文学创作队伍日渐形成，并不断发展壮大。其中，诗歌创作日渐丰富成熟，展现出“文学豫军”在小说之外不可小视的创作实力。

20 世纪 50 年代，河南诗歌创作潮流与当时全国的文学思潮密切相关。这一时期的诗歌创作受到 20 世纪 40 年代解放区诗歌的深刻影响：在艺术思想上，诗歌与激荡的社会生活的直接联系成为诗人创作的立足点；在情感和语言上，诗人打破个人情感抒发的狭窄范围，投入集体的合唱。政治抒情诗成为这一时期诗歌的主流。“十七年”时期的河南诗歌，大多是“颂歌”：歌颂新中国，歌颂新生活，呈现出强烈的政治色彩，充盈着革命乐观主义的气息。这一时期河南诗歌的数量较多，老作家和年轻作家都加入“放声歌唱”的行列。

老作家苏金伞早在解放区时期，就写出了他的名作《三黑与土地》：农民一有了土地，/就把整个生命投入了土地。/活像旱天的鹅，/一见了水就连头带尾巴钻进水里。//恨不得把每一块土，/都送到舌头上，/是咸是甜，/自己先来尝一尝。这首描写农民与土地深厚感情的诗歌，曾因入选中学教材而广为传颂。随着中华人民共和国的成立，苏金伞的诗歌转向歌颂新时代、新生活，表达了诗人的喜悦兴奋之情，如《庆祝南京解放》《鲁迅先生还活着——朗诵在鲁迅先生逝世十三周年纪念会上》《灯光》等。但过于炽烈的热情，也阻碍了诗人深层次的理性思考。在"写工农兵"的号召下，苏金伞也写了歌颂工农，表现工厂和农村劳动场景的诗作。但因作家对工业生活的陌生，《矿山偶得》成了配合政治的生硬之作。李季的叙事诗在政治抒情诗占主流的20世纪50年代独树一帜。1949年后，李季创作了《菊花石》《杨高传》等长篇叙事诗。同样受到时代的影响，李季的诗歌中不时出现与政治的生硬拼接，叙事诗质量参差不齐。同是写颂歌，李季显然对工业生活题材更加游刃有余。1952年，李季到甘肃玉门油矿深入生活，写下了很多石油诗歌，如《玉门诗抄》《致以石油工人的敬礼》等。也就是在这期间，他被誉为"石油诗人"。老诗人青勃在这一时期准确地把握住了时代的脉搏，创作了大量歌颂新时代、新生活的诗歌。有研究者认为这是青勃诗歌创作的"颂歌期"。诗人自己也说过："解放前，暴露是我的缪斯"，"解放后，我换了笔墨，换了色彩，换了声音。"1957年出版的《乐园集》就是这些"颂歌"的结集。这些诗歌的题目很多带有"歌"或"颂"字，如《酒歌》(组诗)、《村歌》(二首)、《茶歌》(组诗)、《红燕颂》、《红峰颂》、《北京颂》(组诗)等。此外，这一时期涌现出的年轻诗人也创作出了许多优秀的诗篇，如王绶青的《手摸着中南海的红墙》《野浪沟》，李清联的诗集《新犁催开浪花》，李洪程的《放歌太行山水间》等。

总的来说，"十七年"时期的河南诗歌基本上与全国诗潮形成一种"共名"的局面，在热烈激荡的社会生活裹挟之下，诗人们自觉或不自觉地抛弃了对"自我""个人"的情感表达，转而投向对"大我"的歌颂。诗人对外部世界的关注取代了对自我对内心的深入开掘，革命乐观主义的热情高歌压抑了深入细致的理性思辨。尤其是受到当时“工农兵”文学的影响，“十七年”时期的河南诗歌大多以乡土农村、工厂矿山为题材，这在一定程度上限制了诗人向更广阔的生活领域开掘。虽然个别诗人如青勃创作了一些脍炙人口的爱情诗，但这只是主旋律中的一段小插曲，在当时显得颇为另类。“文革”时期，在极“左”思潮的控制下，文学创作基本停滞，河南的诗歌创作也难以为继。

（二）

“文革”结束后，新时期的曙光唤醒了沉寂的诗坛，河南的当代诗坛迎来了新的发展机遇。新时期的河南诗歌呈现出百花齐放、多元共存的活跃生机。老诗人推出新作，年轻诗人不断涌现。王怀让的政治抒情诗对整个中国诗坛都产生了重大影响，以蓝蓝为代表的女诗人群体成为河南诗坛一道亮丽的风景线，古典诗歌创作的成果也颇为丰硕。诗歌创作打破了“十七年”时期以政治话语为中心的格局，视野更为开阔，题材更加多样。

新时期河南的诗歌创作可以分为两个时期：“文革”结束后至20世纪80年代中后期是第一个时期；90年代以来是第二个时期。前一时期是河南诗歌的复苏期。复苏期的诗歌创作刚刚挣脱了“十七年”激进文学思潮的影响，但仍然延续传统诗歌的文学观念，遵从现实主义或浪漫主义的创作方法，吸收借鉴传统诗歌的艺术经验。这一时期在“文革”中沉寂的老诗人在新时期重新歌唱，苏金伞、青勃、李清联等老诗人在晚年焕发出旺盛的创作生命力。在“文革”中备受磨难的苏金伞在《在大雁翅膀下》中表达了一个知识者在经历了“文革”后依然坚强的生命意志。此后，苏金伞进入新的创作高峰期。青勃、李清联也时有新作。他们的诗风从“十七年”的“放声歌唱”转为对青春、人生、命运和历史的思索与回味、凭吊与追忆，情感也趋于细腻、深沉。

除了以上提到的老诗人，王怀让也是新时期非常值得关注的诗人。

王怀让自觉继承了中国当代诗歌中以郭小川和贺敬之为代表的政治抒情诗传统。他的诗歌有很强烈的史诗意识和民族性，讴歌时代、祖国和人民，因此他被称为“人民的诗人”。评论家雷达曾说：“时代、现实、人民，永远是王怀让的诗歌创作源泉。”新时期，王怀让写出了一些颇具影响力的作品，如《我骄傲：我是中国人》《中国人：不跪的人》和“女排三唱”等。此外，王绶青融合中国传统诗歌资源的“游记诗”，陈有才的“民歌体”诗，也为新时期的河南诗坛增添了绚丽的色彩。

20 世纪 90 年代以来，许多新诗人崭露头角，成为河南诗坛的生力军。他们深受河南厚重的历史文化氛围的熏染，对河南的地域文化有着深刻的认同。不同于老一辈的作家，他们受解放区的文学传统的影响较少，对历史文化、民族精神的关注，对人类命运、生存状态的思索，对现实生活、社会时弊的洞察，为他们的诗歌创作注入了更加丰厚的文化底蕴和人文关怀。在文学边缘化的 20 世纪 90 年代，诗歌更是处在边缘的边缘。在整个诗坛普遍低迷的状况下，河南诗坛却不时有新作、佳作出现，一些有分量的诗作在文坛引起广泛关注。河南诗人的诗作在国内频频获奖，为河南诗歌赢得了荣誉，如马新朝的《幻河》获第三届鲁迅文学奖全国优秀诗歌奖，蓝蓝的诗歌创作获 1996 年刘丽安诗歌奖。

这一时期的代表诗人有陆健、马新朝、蓝蓝等。这批诗人受到现代主义、后现代主义的影响，在艺术技巧上善于创新，不断为河南诗坛增添新的质素。陆健是一位颇有成就的河南诗人。他的外国历史名人系列《日内瓦的太阳》视野开阔，放眼人类历史，对战争、和平、宗教、性爱、艺术等重大问题进行了思考、审视。《穴仓皇的向日葵》审视了工业化都市环境中人类生存的困境，表现出强烈的反思意识。近年来，陆健的“纪实体”诗歌显示出诗人在艺术上的探索精神，有不少诗歌评论者给予关注。高旭旺的《黄河大写意》和《心灵的太阳》也是这一时期的优秀之作。

这里要特别提到的是诗人马新朝。他的诗作融现代主义、后现代主义为一体，透露出既宏大又细微的感受，注重语言和细节的表现。长诗

《幻河》获第三届鲁迅文学奖全国优秀诗歌奖。《幻河》以黄河之源、黄土高原、大洪水、黄河断流及现代人的困惑与出路为线索，以流动的旋律贴近河流的本身状态。全诗采用虚实相结合的手法，使主观性描述和客观性表达达到一种和谐状态。第三届鲁迅文学奖评委会对《幻河》的评语是：“诗人以个性独特的感觉方式和语言，触及政治和文化、哲学和宗教、民俗和爱情，并力争以对文化特征和时代精神作准确把握，谛听历史的回声，探究发展的奥秘。比较完美地完成了一种艺术传承，成功地尝试了一种艺术拓展。”此外，在河南诗歌界取得了一定成就的还有高金光、艺辛、吴元成、易殿选、王中朝、邓万鹏、森子、张鲜明、汗漫等诗人。

女诗人群体的出现，撑起了河南诗坛的半边天。其中，女诗人蓝蓝的成就最为突出，她曾获1996年刘丽安诗歌奖，给她的颁奖词是“蓝蓝的诗歌以近乎自发的民间方式沉吟低唱或欢歌赞叹，其敏感动情于生命、自然、爱和生活淳朴之美的篇章，让人回想起诗歌来到人类中间的最初理由”。20世纪80年代，蓝蓝的诗歌主要书写的是对乡村和大自然的记忆，以素朴纯粹的情感、简洁舒展的句子和宁静单纯的音响，向人们展示着淳朴真挚的内心世界，充满了爱与美的意趣。诗人的故乡是一个叫做大铺庄的小村落，诗人对它充满了爱恋。《在我的村庄里》中，诗人为我们展现了这个村落的美丽田园风光：一群鸟又一群鸟飞来，中午时分，两只鹌鹑追逐着钻入草棵，而麦娘草在田头，守望着五月孕穗的小麦。在《大河村遗址》里，她给村庄作了一幅永恒的肖像：杨树上的乌鸦、炊烟投向沙丘的长长的影子、扛着铁耙走在田埂上的村民和驮着大捆青草的牛……这是永恒的村庄，抵抗着岁月的侵蚀：“没有岁月之隔/只有大河村，这一动不动的/滔滔长河。”20世纪90年代，蓝蓝的创作风格出现了变化，开始直面现实。她一方面从日常生活中发现诗意；另一方面展示诗歌的现实批判精神。正如洪子诚所说，“90年代以来，她(蓝蓝)的写作有了调整。在眼界、体验上，对复杂的尘世生活持一种更积极的‘介入’态度，从而发生了从哀歌式的赞美向讽喻式的批判的转变，并含混着赞美与批判的双重力量”①。除蓝蓝外，河南的女诗人还有康丽、杜涯、吴小妮、乔叶等。

古典诗词创作的繁荣是新时期河南诗坛一道独特的风景。由于河南诗词学会的大力推动，河南古典诗词创作呈现出良好的态势，成为河南诗坛不可小觑的力量。在河南从事古典诗词创作的主要有林从龙、王国钦、龚依群、何均地、杨嘉人、胡吉祥等。林从龙的诗作《悼周恩来总理四绝》《为粉碎“四人帮”欢呼》《过秦佣坑》《回乡偶感》等，紧扣时代生活，贴近现实，有很强的现实感。诗人最广为人知的诗作是《过秦佣坑》：“胆丧荆卿剑，魂惊博浪椎。泥封兵马俑，能否慰孤危？”这首诗短小精悍，用二十个字概括了秦始皇一生的历史。在艺术形式上，诗中“胆丧”“魂惊”“泥封”三句形成排比，末句使用疑问句，避免了过于直白的结论，而是让读者自己作出判断。这是诗人的匠心独运之处。王国钦的大量诗作以时政和社会热点问题为主题，例如，七律《朱总理答中外记者问》歌颂了勤政清廉的朱镕基总理；《七绝三首》纪念抗日战争胜利五十周年；度词《水调秦川》歌咏甘肃引大入秦水利工程。诗人为希望工程创作的“度词”《展鸿图·为中国希望工程而作》，以深情的笔触传达了失学儿童的痛苦心声：“我要读书！听声声乳燕娇莺涕咽呼。魂里梦中，更纷纷稚蕾童心洒泪珠。”诗人还抒发了自己的满腔忧愤：“念故国，堂堂汉月，何堪史鉴；泱泱夏土，又衍贫愚。青天试问，此千万髫龄学子竟何辜？风华初茂日，萧瑟却秋荼。”由此，诗人联想到那些贪官污吏：“独悲者，彼君子素餐兮，一掷千金无。”在词的下阕，诗人热情赞颂了希望工程的巨大意义和美好前景。这首词既直面现实，揭示社会问题，又对现实中美好的一面进行了歌颂，实现了诗歌“美刺”的宗旨。

（三）

经历了半个世纪的发展，河南诗歌从以前的各自为战到现在形成规

① 洪子诚，刘登翰. 中国当代诗歌史（修订版）[M]. 北京：北京大学出版社，2005：254-255.

模效应，从“十七年”时期的颂歌写作到新时期现实主义的复归，进而实现多元共存，已经成为中国诗坛一股生机勃勃的力量。河南当代诗歌的发展呈现出以下特点：

第一，直面现实，发扬现实主义批判精神，对当代社会中的黑暗面进行揭露和批判。河南自古以来就有关注现实的文学传统，杜甫的“三吏”“三别”就是现实主义诗歌的典范。在“十七年”颂歌盛行的时期，诗歌曾一度失去了现实主义品质，批判意识消隐。新时期以来，河南诗人重新拾起了关注现实的精神传统。王怀让继承了杜甫的诗歌主题，他的“新三吏”(《东方吏》《邳州吏》《綦江吏》)对当代官场腐败和官僚主义肆虐的愤怒鞭笞，振聋发聩，表现出深刻的社会批判力量。陈有才的《从记事的那个五月端阳》、蓝蓝的《让我接受平庸的生活》都是直面现实，具有现实批判精神的佳作。

第二，诗歌创作视野得到拓展，表现内容丰富多样。20 世纪 80 年代以前，河南诗歌视野狭窄，“写工农兵”成了唯一的文学标准，表现的多是工厂、农村的生活。20 世纪 80 年代以来，诗人或书写个人化的心灵体验，或描写自然风景、乡土农村、风俗民情。20 世纪 90 年代以后，一批年轻诗人登上文坛，大胆探索、努力创新，诗歌朝着更广阔的艺术领域突进，或探寻民族历史与文化，或探究工业化背景下人的生存状态。多样化的表现内容带来了思想深度的纵深和艺术视野的拓展：王绶青的“游记诗”描摹各地乡风民俗；高旭旺的河南历史名胜题材组诗，探寻民族文化历史，发掘河南地域文化；陆健的《日内瓦的太阳》从人类生存的高度审视现代文明，揭示人类的异化悲剧，具有强烈的反思意识。

第三，诗歌艺术的发展创新。20 世纪 80 年代以前，在“文学大众化”创作原则指导下，诗歌形式主要是自由体，借鉴吸收了民歌的形式，口语化、俗语化成为诗歌语言的普遍特征。新时期以来，河南诗人一方面吸收西方现代文化的资源；另一方面借鉴传统文学的资源，在诗歌艺术上不断探索。在诗体形式上，既有继承五六十年代诗歌传统的“民歌体”，又有大胆尝试的新体裁，如陈有才的“文艺小品体”“中药处方体”

“连句体”，以及古典诗词领域具有独创意义的“度词”等。

但是，河南诗歌创作在取得成就的同时，也有不足之处。在艺术视野上，虽然比五六十年代有了较大的拓展，但依然存在局限。由于历史与现实的种种原因，乡土农村、地域文化一直是河南文学的表现重心，诗人也深情地歌咏着这片土地。这是河南诗人的优势，也成了局限，限制了诗人的视野朝着更广阔的领域迈进。对乡土的迷恋使得诗人无法站在超越的立场表现新的历史条件下的农村，而在表现城市生活的诗歌中，依然秉持乡土价值立场，现代文明与传统价值的对立与冲突，给河南诗人带来不小的困境。例如，女作家蓝蓝《让我接受平庸的生活》一诗中，都市的人情冷漠令她失望，而通过对乡土意象的发现，她找到了排解的出口。

第二节　王怀让：政治抒情诗的继承者

20 世纪 50 年代，中华人民共和国刚刚成立，很多诗人以诗歌来讴歌各个领域中的社会主义建设，抒发对中华人民共和国和共产党的赞颂之情，这类诗歌被称为政治抒情诗。这类诗歌是强烈的情感宣泄和政论式观念叙说的结合，诗人常常以阶级或人民代言人的身份发抒情感。由于题材的需要，政治抒情诗大多是长诗，常采用大量的排比句式对感情进行反复的渲染和铺陈。因此，政治抒情诗大多感情激昂饱满，声韵节奏铿锵有力。当时，很多诗人热衷于此类诗歌的创作，贺敬之和郭小川则是其中的杰出代表。两人在处理重大题材时，在宏伟的抒情姿态和诗体形式上有相似之处，但是差别也非常明显。洪子诚指出：“在处理个人——群体、个体——历史、感性个体——历史本质之间的关系上，贺敬之从不(或极少)表现其中的裂痕、冲突。他不会承认这种裂痕、冲突的思想和审美的价值。在他的诗中，‘抒情主体’已是充分‘本质化’了的，有限生命的个体由于融入了整体，由于对‘历史本质的把握，而转化为有着充分自信的无限存在’。”而在郭小川那里，“个体实现‘本质化’过程的矛盾，得到关注”，“对人的生活和情感的复杂性的尊重，诗中并不完全回避、且理解地表现了矛盾的具体情景，而具有了某种情感的丰富性，使人的心理矛盾、困惑，他经受的磨难、焦虑、欢欣、不安，获得审美上的价值”①。然而，自20世纪80年代以来，文学开始摆脱政治的禁锢走向纯文学，后又与商业结缘。在这样的社会文化语境下，政治抒情诗在当代变得相当陌生，鲜有继承者，但王怀让是一个例外。确切来说，王怀让继承的是贺敬之的政治抒情诗传统。

王怀让，1942年生于济源市，20世纪60年代曾就读于开封师范学院中文系，后一直在《河南日报》做编辑。他曾担任过河南省作协副主席、河南诗歌学会会长。1998年，他获得第27届斯特鲁卡国际诗歌节最高奖“金环奖”最后候选人提名。诗人共出版个人诗文集36部。2003年，作家出版社推出了《王怀让诗文集》(共8卷)。

王怀让自觉继承了以贺敬之为代表的中国当代政治抒情诗传统，将自己与国家、民族、时代完全融合在一起。诗人闻一多说过：“爱祖国、人民、时代是诗人的天职。”和闻一多一样，王怀让也紧紧抓住了这三个方面，他的诗歌有很强烈的史诗意识和民族性，讴歌时代、祖国和人民，时代、祖国和人民是王怀让诗歌中的关键词。评论家雷达曾经如是说，“时代、现实、人民，永远是王怀让的诗歌创作源泉”。大跃进、人民公社、“四清”运动、“文化大革命”、改革开放甚至“非典”等重大历史事件，都进入了诗人的视野。指南针、印刷术等令中华民族骄傲的发明都曾走进他的诗歌，孔子、司马迁、孙中山等象征中华民族脊梁的人物，诗人都曾热情地赞颂。他曾为毛泽东、周恩来、刘少奇这些政治领导人抒写颂歌，也为张海迪、杨皂、吴如等平凡坚韧的普通劳动者写下诗篇。王怀让自己曾经说过：“诗是我的介绍信，把我介绍给人民；我是人民的邮递员，我向党投递民心。”“人民给诗以血肉，人民给诗以灵

① 洪子诚. 中国当代文学史[M]. 北京：北京大学出版社，1999：76.

魂。”①由此，王怀让被称为“人民的诗人”。

由于王怀让是一位新闻工作者，所以他的诗歌总是带着特有的新闻敏感。“女排三唱”和《中国人：不跪的人》等诗作都是这种新闻敏感的体现。在创作手法上，王怀让的诗歌是“革命浪漫主义”和“革命现实主义”的结合。他的诗歌体式主要是放歌、欢歌、颂歌，抒情方式主要是以赋的手法直抒胸臆，排笔铺陈，宣泄激情。诗歌感情激越饱满，境界阔大。当然，他的诗作也存在一些弊端，由于过于乐观、浪漫，对生活中的矛盾开掘得还不是很深。他的诗歌代表作有“三人”——《我骄傲：我是中国人》《我们光荣的名字：河南人》《中国人：不跪的人》，“三作”——《诗为杨皂而作》《诗为杨皂再作》《诗为杨皂三作》。

《我骄傲：我是中国人》写于 1983 年，是为颂扬中国女排取得“三连冠”而创作的诗作。这首诗由著名朗诵艺术家殷之光诵读，在全国产生了极大的反响，曾被朗诵了近 1600 多场，听众反响热烈。这首诗气势恢宏，诗人以火热的激情抒发了中国人的民族自豪感：

在无数的
　　　蓝色的眼睛、
　　　红色的眼睛之中，
我有一双
　　宝石般的
　　　　黑色的眼睛，
我骄傲：
　　我是中国人！

在无数的
　　白色的皮肤、

① 王怀让. 王怀让自选集[M]. 北京：作家出版社，1997：413.

　　　　　　黑色的皮肤之中，
　　我有一身
　　　　大地般的
　　　　　　黄色的皮肤，
　　我骄傲：
　　　　我是中国人！

　　我骄傲，
　　　　我是中国人——
　　黄土高原
　　　　是我挺起的胸脯，
　　黄河流水
　　　　是我沸腾的血液，
　　长城
　　　　是我扬起的手臂，
　　泰山
　　　　是我站立的脚跟。

诗人将祖国美丽的山川风景与光辉灿烂的中华文明展现在诗歌中，充分展现了中华民族自强不息、拼搏奋斗的精神品质，具有强烈的艺术感染力。诗歌采用了马雅可夫斯基“楼梯诗”的形式，音韵和谐，铿锵有力。

《中国人：不跪的人》曾经引发了一次不小的“地震”：全国的报刊、电台、电视台都陆续转载这首诗，许多大学和中学围绕这首诗组织朗诵比赛和征文活动。《中国人：不跪的人》是诗人关注现实、关注人民的一个集中体现，具有深厚的人道主义色彩和民族主义情怀。这首诗取材于1995年的一则新闻：1995年3月7日下午三点，前一天晚上加班到凌晨两点，珠海市南山工业区瑞进电子公司的工人，由于太累在工休时间就都睡着了。这时，外国女老板走到车间，看到工人睡觉后很愤怒，命令中国员工集体下跪。然而，一位名叫孙天帅的青年工人坚定地回应道："我是中国人，我是不会给你跪下的！"这则新闻点亮了诗人的灵感。

这首诗将诗人的新闻使命与艺术使命完美结合，是一首意象奇特、构思巧妙的政治抒情诗。上篇讲述历史，下篇讲述现实。在上篇，我们跟随诗人进入中国历史：古代历史上，陈胜和吴广不会向皇帝下跪，屈原和李白不会向天子下跪，岳飞不会向敌军下跪，文天祥不会向汉奸下跪。进入近代，中国"下跪"了，先后给英国、日本、八国联军等"下跪"，但李大钊、方志敏、叶挺等中国革命者仍然不下跪，坚持斗争。上篇，诗人通过历史得到这样一个结论："下跪，民族将要垂危！/下跪，人民将要艰危！""站立，将占有自己的地位！/站立，将占有人类的尊严！"下篇诗人讲述现实。诗人连用四个"于是"和四个"站起来"——"站起来！站起来才能走路""站起来！站起来才能起飞""站起来！站起来！站起来才能跳高""站起来！站起来！站起来！站起来才能跳远""站起来！站起来！站起来！站起来才能走进联合国""站起来！站起来！站起来！站起来才能走进奥运会"——引领八小节的内容，描述了中华民族站起来之后取得的重大成就：飞出了卫星，飞出了火箭，建造了葛洲坝、三峡、东方明珠。接着，诗人才开始进入当代，抒写引发他创作灵感的新闻事件，赞美那个不跪的中国小伙子，同时也是对中华民族的民族精神的赞颂。诗作在"我们中国人，是顶天立地的人！/我们中国人，是不跪的人！"的激昂感情中结束。

正如评论者所说："诗人从壮丽的自然景观，养育炎黄子孙的血脉、大地、河流，穿越中华民族兴旺盛衰的历史隧道，由古代、近代、现代而当代，融进真与假、美与丑、高尚与卑微相交织的现实生活的热流，层层揭示这一民族性格发生发展的历史规律，脱颖而出了一首礼赞民族尊严、振奋民族精神的抒情诗。"①这首诗的意象奇特之处在于诗人敏感

① 高文升．正气的诗 诗的正气——论王怀让新作《中国人：不跪的人》[N]．河南日报，1996-12-13．

地捕捉到了“站”与“跪”的对立，以此作为贯穿整首诗的意象，构思巧妙之处在于从“站”与“跪”的独特艺术视角出发，评论历史、审视现实，同时紧紧抓住刹那间“不跪的人”身上所表现出来的民族精神，把它放在漫长的中国历史和辽阔的现实社会画面上，揭示这一行为的重大意义。在诗体上，这首诗采用了立体感、节奏感很强的阶梯诗的形式，激情四溢。

《诗为杨皂而作》《诗为杨皂再作》《诗为杨皂三作》三首诗则是歌颂了一个普通的农民。在安阳县的一个小村子里，有一个名叫杨皂的70多岁的老人，他数十年如一日地为村民修桥铺路。诗人三次来到小村子拜访老人，先后为这位普通劳动者写了三首长诗。诗人将普通劳动者杨皂作为吃苦耐劳的民族精神和无私奉献的“革命传统”的象征来歌颂的：

啊，杨皂同志！
我呼唤你的名字——
我是在呼唤，
我们党的传统：
吃苦在前！
啊，杨皂同志！
我书写你的业绩——
我是在书写，
我们民族的美德：
与人为善！

诗人在这首诗中形象地刻画了一个普通劳动者的形象，多处诗句都颇具巧思。由于老人常年艰辛地劳动，双手“粘满胶布”“长着老茧”，诗人写道：“我虽说看不懂/这胶布、这血口、这老茧；/但我却分明摸到了/一支歌，立体的音符/一首诗，突起的标点。”再如老人的腿，“贴满膏药”“扎遍针眼”，诗人的想象力极为丰富，将之升华到一种精神哲理层面："双腿并拢，如'='号一样，/两腿分开，似'>'号一般；/这等号表示：奋斗，等于胜利；/这大于号说明：拼搏，大于苦难！"

王怀让作为一个河南诗人，其可贵之处还在于他不遗余力地为宣传河南、树立河南人的新形象而作出自己的贡献。20 世纪 90 年代，市场经济发展初期，由于法制和监管的不完善，存在较多的社会问题。河南位于中国中部，交通便利，人员混杂，历史上战乱频仍，由此形成了民众生存至上的功利主义生存哲学，因此招致很多批评。20 世纪 90 年代后期开始，丑化"河南人"的段子在网络、电视等媒体上迅速蔓延。歧视河南人①的现象越来越多，南方一些企业在招工时甚至明确注明"不收河南人"。当时一部《河南人惹谁了》的纪录片让不少河南人产生了共鸣。王怀让创作了一些诗歌来歌颂河南境内的自然风光和出自河南的社会知名人士，如《红旗渠评论》《关于焦裕禄墓的考古报告》《邓亚萍》《常香玉》《我们光荣的名字：河南人》等，以求树立河南人的新形象。这些诗作中，尤其是《我们光荣的名字：河南人》一首最为知名。于是，在中原大地也掀起了一场重塑河南形象、再造河南辉煌的风暴。诗人也参与其中，创作了这首《我们光荣的名字：河南人》。在这首诗中，诗人把笔触伸向历史，探索独具魅力的中原文化：从远古的燧人钻木取火、轩辕帝征战，到唐代的诗人杜甫、散文家韩愈、南阳诸葛亮、汤阴的岳飞，宋代的《清明上河图》、华陀的《伤寒杂病论》，现代的军事家杨靖宇、彭雪枫，文学家巍巍、姚雪垠、李准，艺术家常香玉、马金凤、阎立品等，赞美了河南人的坚毅、坚定、坚强、坚韧和自强、自立、自豪、自信等

① 其实，河南何尝不是中国的折射？学者孙宝灵指出："中国在世界上自称'中国'，河南在中国自称'中原'，指同一种地理状态；河南在中国属于农业大省、中西部欠发达地区，中国在世界上也属于最大的发展中国家，属于同一种经济文化状态；中国是文明古国，河南是炎黄故里，都有精神胜利的资本；河南被中国丑化，中国在世界上被妖魔化，处境同样尴尬。如果说北京、上海是中国的面子，那么河南则是中国的里子。在世界上，中国是一个扩大化了的河南。"孙宝灵，孙云华.官文化与精神边缘化——文学豫军笔下的村支书与河南人的官本位文化（三）[J].学理论，2010（24）.

优秀品质。这首诗挖掘了博大精深的中原文化，树立了河南人的新形象。

诗人为祖国、时代、人民谱写颂歌，并不意味着他批判精神的丧失。事实上，诗人也一直以敏锐的眼光关注着当代社会中的黑暗面。“新三吏”(即《东方吏》《邳州吏》《綦江吏》)借鉴了唐代诗人杜甫的诗歌主题，但又加入了自己的创造。这些诗歌对当代官场的腐败和官僚主义肆虐的愤怒鞭笞，振聋发聩，堪与杜甫“三吏”媲美，表现出一定的社会批判力量。

王怀让的政治抒情诗贴近时代，关注国计民生，大气磅礴，在诗坛独树一帜。当今文坛，文学日益沉溺于私人叙事，诗歌过分注重个体情感之抒发，过分注重形式，从而陷入技术主义的泥沼。在这样的语境中，我们或许更加能体会到具有强烈社会责任感的诗人和诗歌的珍贵。王怀让曾经说过：“我一直执拗地认为，仅仅向世界展览自己那拳头大心脏的人，他是不配称作诗人的；只有把比心脏不知道要大多少倍的地球作为自己的心脏的人，他才是个诗人。”①诗人的自白无疑会带给我们更多的启示和思考。由于中原地区曾是中国的政治文化中心，王怀让的诗歌体现出强烈的中原文化特征，中原文化整体上是基于农耕文明的政治文化，具有很强的政治依附性，那种经由中国的政治中心引发文化中心并带来繁荣的逻辑，深深刻在河南人的集体无意识中，王怀让的诗对宏大叙事的执着，无疑是这种文化的显在体现。

第三节 陆健：中原故乡的歌者

生于1956年的陆健其实并非土生土长的河南人，他生于河北沧州一个叫作泊头的小镇，父亲来自秦地，母亲是一位妇产科医生。8岁时，他才跟随父母来到河南洛阳，直至1978年考入北京广播学院。毕业后，

① 王怀让. 王怀让自选集[M]. 北京：作家出版社，1997：3.

他留校任教，从中原小城走进了中国的文化中心。

陆健是一位颇有成就的河南诗人，他风格多变，善于不断创新，为我们创造了一个独特的诗歌世界，为中国诗歌提供了一种新的可能性。可以说，陆健的诗歌反映出他作为一个独立的生命个体对时代的抵抗、坚守和灵魂救赎的所有努力。在当代中国诗坛，陆健以一个诗人充满冷静和理性的意识为指向，将冷静、理智的思考作为创作的底色，用诗歌对心灵的发问去反思现实人生的酸甜苦辣与社会百态。他努力介入现实，力图以一个知识者的身份参与当下急遽变革的中国社会，与之展开对话。从这个角度来说，诗人的这些诗作是对诗歌现实主义精神传统的继承和发展。其实，中国诗歌自古以来就有关注现实的文学传统，《诗经》开创了我国诗歌现实主义的源头，杜甫的“三吏”“三别”等诗史实录更是现实主义诗歌的典范。但在“十七年”颂歌盛行的时期，诗歌一度失去了现实主义的品质，批判意识消隐。新时期以来，诗人们重新拾起了关注现实的精神传统，河南诗人陆健以自己的诸多“叙述体”诗作努力践行着这一传统。在他的“叙述体”长诗中，既有假想式荒诞手法的尝试(《非典时期的了了特特博士》)，又有诗人和读者的共同参与之作(《34份礼物》)，还有报告文学笔法的借用(《田楼，田楼》)，这极大地丰富了当代诗歌的形态，显示出诗人在艺术上的探索精神。

陆健的“叙述体”诗歌引起了广泛关注，如写大学生的《34 份礼物》，写知青的《田楼，田楼》，写留学生的《枫叶上的比尔》，写故乡的《洛水之阳》，写诗人生活的《北京阿坚》。在诗歌史上，叙事诗是指用诗歌的形式刻画人物形象，有完整的故事情节和事件发生的过程、结果，进而表现一定的人物精神和时代主题的诗作。在古代诗歌中，叙事诗曾出现过《孔雀东南飞》《木兰辞》《琵琶行》等优秀诗作，“五四”以来，出现了如《王贵与李香香》《漳河水》《白雪的赞歌》等佳作。20 世纪 90 年代以来，叙事作为一种重要的手段和写作因素被引入诗歌，形成了中国现代诗歌史上最突出的叙事现象。陆健的“叙述体”诗歌的特殊之处在于，“采用诗歌叙述的书写技巧，大胆尝试在诗歌中进行故事叙述、细节刻画和人物对话的描写，而这里面的故事叙述、细节刻画和人物对话并不追求情节的完整性，而是凸显情节的真实性和跳跃感，并且有大量电影蒙太奇艺术因素的存在，在带给阅读者一种听故事的阅读感受的同时，也力图实现剧场艺术与文本艺术之间的契合”。①

《北京阿坚》刊发于《大家》1995 年第 1 期，主人公阿坚是一位诗人。20 世纪 90 年代，市场经济的发展使得文人、文学迅速被边缘化。这首诗给我们展示了诗人阿坚在都市中的边缘化生存状态。阿坚仿佛一个“零余者”，飘荡在都市生活的边缘：“你的书不多/却稍多于商人的情妇和妻子/父母的家不远/却遥若恍若另一个世纪”，“那时阿坚就会骑上他破旧的单车/驶遍全城的街道大叫阿坚阿坚/阿坚你是树木楼梯、橱窗里不知/季节的模特儿一瓶未开启的自足/的饮料凸肚笑永恒和速朽么你敢/中天的日头冲着他的领子狂吠几声”。这首诗把阿坚这个边缘化的诗人和北京这个文化中心并置，让人不禁想起杜甫的名句“冠盖满京华，斯人独憔悴”。长诗给我们展现了诗人阿坚在都市中的边缘化生存状态：阿坚离开了老家——那个给了他精神抚慰的小小村庄，仿佛一个“零余者”，飘荡在都市生活的边缘，他的名字本身又像是一定要坚持下去的自我鼓励。阿坚喜欢旅行，在旅行中逃离钢筋水泥的城市，寻求精神的彻底自由：

阿坚去过青海在牧马人的帐篷
里享受过不损害他人的乐事
内蒙的河边咀嚼甘甜的草根
柔美甚于人间胴体的细沙从他
指缝中投入它们短暂脱离过的
土地，不知多少回了

① 朱林国. 诗歌机趣——论陆健诗歌生态的磁力[J]. 洛阳师范学院学报，2013(9).

诗歌具有强烈的社会批判精神，自命为知识分子的阿坚面对经济飞速增长的消费时代无能为力，无力改变环境，只求自己良心的平静，"谁说阿坚没有过工作阿坚教书/却端地教不会学生怎么做人/和别人不一样却并非与人作对/上下高低好坏全凭心身两安"。

陆健一直把洛阳看作自己的故乡，创作了长诗《洛水之阳》。在诗人笔下，洛阳不是一个纯粹的地理名词，而是"一个人的城市"，充满了温情，见证了诗人成长的青春岁月："我在洛阳的时候是一个纯真的快乐者和天真的忧伤者，一个物质消费者，不创造任何物质与精神财富。"①如诗人所说："我想'洛水之阳'，既是历史，又是现实。既是故乡，又是世界。既是空间，又是时间。我想自己要写的《洛水之阳》，应该从任何一段(首)开始读，都可以进入。任何一个段落的开头，都能看作全书的开头；任何一个段落的结尾，都能看作全书的结尾。或者说任何一段都不是开头，而是进入诗境的入口；任何一段都不是结尾，而是品味无尽诗韵的道路。首尾贯通的人群与建筑群落参差、大场景与小人物的错落应当成为它的结构特色。"②在这部诗集中，诗人把自身的经验和人类的文化传统对接起来，显示出了人类历史的丰厚。

《部首与偏旁》中，诗人的故土之思和赤子之心直露地呈现出来："到了北京的定福庄，陌生/紧张，我使劲表现优良/没什么对不住我，也没特别歧视/克扣我的粮饷。可有时我想//故乡，就像一只大瓦罐/被离别摔碎，装在一个小瓦罐/——我记忆里。洛阳——/这从没有要求过我什么的地方/这么多年了，我对你的谢字/刚说了一个言字旁。"洛河水、周公庙、卢舍那大佛、唐三彩、牡丹、洛阳水席等颇有洛阳地域特征的文化符号频频出现在诗作中，使整部诗作弥漫着浓厚的中原文化气息。洛河水见证了历史的浑厚和沧桑："一次次捧起收获，一次次抚平战争/把士兵、把道德的伤口涤净的河水/被排进多少污垢，就有多少次

① 陆健. 洛水之阳[M]. 郑州：郑州大学出版社，2021：188.
② 陆健. 洛水之阳[M]. 郑州：郑州大学出版社，2021：188.

淘洗/你又不声不响地完好如初”，卢舍那大佛使洛阳蒙上了一层淡淡的悲悯色彩：“生活的关键词，为什么还不能/铲除贫穷、孤独、战争和污染/他早就看穿了人民的居心/我的一生注定要在愁肠中度过”，儒教祖庭周公庙是儒家文化的象征，周公在此制礼作乐：“他博学恰闻，得知大地方方正正/宇宙垂范，人间只能畏缩仿制/洛阳天下之中，伊、涧、瀍、洛/四水流贯，沃土丰腴。殷纣既亡/于是乎王宫重檐百里起巍峨”，唐三彩象征着唐代艺术的高峰：“三彩马只能诞生在一流的时代/三彩马义无反顾地选择了唐朝/于雄风鼓荡的火里取得灵感，三彩马/像一支有组织的军队，由钢铁之师/成就艺术之美，分流成散兵游勇/趁着和平年景来到寻常百姓家。”

除了这些具有浓郁洛阳地域文化特征的篇章，诗人还从自己的成长经验出发，将自己在洛阳度过的少年时代融汇在诗作中，使整部诗作具有浓厚的个人情感色彩。如诗人就读的洛师一附小，它不仅仅是一个小学，而是承载了诗人复杂的情感记忆，也包含着诗人对 20 世纪 60—70 年代历史的沉思：“一、二、三年级和六年级，我读了/四年书，其余两年当红卫兵/同学从厕所捞一泡大粪，架在教室门上/老师推门，臭气砸了一脸一身”，进了大学才醒悟“自己连人之初都没念通顺……当然，这不是洛师一附小的责任”。诗人还写了亲人、同学、朋友，这些诗作既投射着诗人对自己童年、少年时代的深厚情感，也以诗歌的形式记录了大时代中个人、家庭的历史。“父亲”在 1949 年后多次的批判运动中被磨得没有了棱角，成为一个沉默寡言者，习惯了忍耐与顺从：“在公交车上被踩了一脚，刚得到/一句对不起，就让那人/又踩了一脚，仍然没见他发火/——他是我的父亲//在‘文革’中背了几百篇语录，被批了/几十次，被罚看守了五年大门/让我蹲着陪他下了三年半象棋”，“父亲”虽是从延安回来的老革命，但职务仅至科级，一生所得的评价是“好人”：“老陆是好人！这句话/像很高的陡坡，父亲爬到/八十二岁，终于攀爬上去”，对一个普通人来说，“好人”未尝不是最高的褒扬。在《我的母亲》中，诗人以简洁的诗性语言还原出困难时期一个母亲的坚强与痛苦：

“1960年，饿啊。老保姆河东奶奶/手背在外面递我一小块窝头，姐姐告状/奶奶辨白，陆先生只有这一个儿子/妈妈：四个孩子必须一样”，一个温柔、坚韧的母亲如立眼前。“文革”发生时，“一九六八年一天，红卫兵攻入/妇幼保健院。妈妈喊儿子快跑/逃走后那件事成为我一生的悔恨”，质朴的诗句透露出成年后“我”对未能保护“母亲”的愧疚与悔意。

张海是洛阳走出的文化名人，也出现在陆健的诗歌中，成为中原文化的象征。张海是中国书法家协会主席，洛阳偃师人，诗人以轻松幽默的笔触写出了张海的虚怀若谷和豁达：“我不说中国书家中间/张海的字是最好的//然而肯定，张海是/汉字书家里官最大的/官职大，没有家乡大/我不说有求于他，但我/请他‘指教’的一沓诗稿/有大片的留白”，面对自己未知的领域，书法家张海是谦逊的。此外，诗集中《老集菜场》《我家周边》《涧西人在老城人面前的优越感》等篇章给我们展示了洛阳人的日常生活图景。《老集菜场》以诙谐、幽默的语言写出了20世纪六七十年代物资的匮乏、民众生活的艰难，“在老集肉店买肉，要买肥的炼油炒菜/在老集煤场买煤，凌晨三点排队/先用借来的架子车排在门口——//那次我排在361号，第二天傍晚时/大概能买到。天真黑真冷，我跺脚/在原地打转，缩脖子弯腰我变得/比我的十四岁更小。冷得厉害/只有泪水在脸上热了一会儿”，14岁的少年的眼泪与世事的艰难形成的张力，具有强烈的文学感染力。

田楼是豫南的一个小村庄，也是陆健当知青下乡的地方。为了写《田楼，田楼》，陆健不仅重读了贾平凹、莫言、张炜等人的乡土文学作品，还涉猎了一些社会学著作，然后找出自己在田楼插队时记的笔记，把自己能够回忆起来的故事、人物、谚语、歇后语、方言集中地记下来。他还专程两度重返田楼，带着相机和录音笔穿街走巷搞田野调查，用南阳方言创作的这部诗集充满了浓郁的乡土气息和地域色彩，客观呈现了田楼的历史沿革、民众生产生活方式和风俗习惯，有着丰富的民俗学价值。把“田楼”这个地名重复两遍作为书名，好似诗人自己的沉吟，寄托了他对这块土地上人和事的感慨和沉思。可以说，这部8.5万字的诗集包含了一部长篇小说的容量。全书第一首短诗《去南阳路上》：“火车响亮的鸣笛一下子变得新鲜生动/卧铺上的我，忽然有些肚子难受……辗转反侧。这辗转/要从普通话里兑换出来/兑换成泥土味的方城话……火车嘁哧咔嚓开过了三十”，字里行间蕴含着诗人对田楼的回忆、审视，以及对城市化浪潮中乡村前途和农民生存状况的忧虑。《十一个民间土方子》这首诗新颖别致，构思巧妙，以乡言土语列举了11个乡村治病的土方儿，唤起了有过乡土生活经验的人们孩童时代的记忆：

吃五谷杂粮谁能不生病？
曹操还犯头疼脑热求华佗哩
俺们这些土里刨食的庄稼佬，不咋！
肠胀气，拉不下来？
抓一把麦秸煮煮，喝了，屁股底下
舒坦得跟大马路似的

嗷，拉稀了？灶膛子里
烧几个鸭蛋几头大蒜
吃啦，好啦。不就这点事么？

止牙痛？就磕开个生鸡蛋
把蛋清噙到嘴里
当然这时候孩子叫爹你不能答应

给蚊子咬了使大蒜擦擦就不痒了
拉拉秧，煮一下给小孩洗能治痱子
头发烧一下，灰末止血
哪里烫着了？用肥皂擦擦
仙人掌砸成糊状治脚气

手脚破了用泥巴或面，糊上几天就好
再严重点伤了胳膊腿用火柴盒上
带磷的那片纸抹点牙膏糊上用布包扎
人都是泥人嘛有病还是地里长的东西治

下雪天鹅在塘边把嘴塞在翅膀底下
一只脚缩在肚子下面。鹅蛋
治的是孩子们的馋病

屁草就别吃了——听着不囊气，那是喂羊的
也别学梦玖发疟疾用枣木棍在腿上又抽又打
记住还人家药锅的时候
往锅里放一把小麦或者苞谷压住那股劲儿

乡人治病的方式反映出他们朴素的生存哲学，与自然的和谐共生。《田楼的大人物》中对田楼农人们的名字进行探究，乡人们的小名有着浓厚的乡土气息，是与生生相依的土地联系在一起的：

再说以五行所缺起名：金儿、银儿
长河、森、木儿、火生、小山、小树
如果以节气命名就是：春妮儿、小夏
小满、秋儿雪儿们。五行经天
四季轮转团团包住保住咱乡村

五行、节气都是传统农业社会的文化象征，乡人的名字是这一文化的体现。《发松和七万八千根火柴》中写发松抽烟、做饭都是借火：“两个烟锅子一对，合成一个铜疙瘩//上午两袋烟，下午烟两袋/发松节约了四根火柴//发松做饭，每次都到发堂家引火/小碎步紧跑十几下。这样一来/每天又节约三根”，这种精于算计的节省中透露出当时农民生活的贫苦。《能人张景宪》写最爱帮别人解决问题的民办教师张景宪直到退休，自己的“民办”问题也没能解决：“他退休的那天，山高月小/寝室里正好憋了灯炮/他摸黑儿信了基督，不哭光笑”，小人物的哭笑中包含着人生的无奈、悲凄和辛酸。《农民工李小四》写去山西挖煤的李小四终于领到拖欠的工钱后，藏在几个不同的地方以应对将来没钱的时光，结果再次离家不到一星期后，“李小四下井的煤窑瓦斯爆炸/老板失踪，工人无一逃脱”。诗作中这些普通小人物的命运和生存境遇令人唏嘘不已。整部诗作既有对乡土中国历史苦难的反思，亦有对当下城市化进程中小人物的关注与同情，体现出诗人的人道主义情怀和知识者的责任与担当。

在《“非典”时期的了了特特博士》中，陆健的讽刺艺术达到一个高峰。正如研究者所说：“陆健的诗歌创作表现出一种内蕴于诗歌话语言说智慧深处的讽刺艺术，同时话语言说智慧和讽刺艺术，也作为陆健诗歌机趣的一个重要表现而存在。”①现代讽刺诗在 20 世纪 40 年代的国统区曾出现过高潮，袁水拍的《马凡陀山歌》讽刺时政，打破了中国现代讽刺诗萧瑟、冷寂的局面，诗人袁水拍也因此被誉为中国现代讽刺诗第一人。陆健的这首讽刺诗文体上仿佛是小说化的诗歌，从了了特特博士一家的日常生活和精神状态角度，折射出普通人在灾难面前的生活状态。了了特特虽为博士，但以普通人的面貌出现在我们面前。作为一个邋邋遢遢(了了特特)的知识分子，他看似玩世不恭，却富有知识分子的责任感。他不无讽刺地嘲弄过于细化的知识生产及知识者反思批判精神的丧失：

① 朱林国. 诗歌机趣——论陆健诗歌生态的磁力[J]. 洛阳师范学院学报，2013(9).

我的同事中
是有一帮辉煌的侏儒
如 a，在写一篇
《关于音乐中的半音呼吸疾病的关系》
声称必得诺贝尔奖
我的朋友关心萨特
和波伏娃的隐秘

这部诗集充分展示了风趣幽默的了了特特博士对人类行为的反思：“上帝是通过人的下边(艾滋病)/惩罚了人之后/现在又通过人的上边(非典)/来惩罚。”不管灾难如何近在咫尺，他在生活中依然乐观：“乐观就像茶壶一样/即使屁股冒烟烧红了/还有心情吹口哨”，“‘非典’算什么，比中大奖还难”。调侃诙谐的口吻一改之前诗作的典雅智性，但背后依然传达出诗人深刻的思考。如诗人对电视主宰的媒介文化的反思尤为深刻，揭示了人们在电视中丧失了自我，失去了思考的能力：

电视把整个世界喂给人吃
当作下酒的西餐大菜
电视里面什么都有
就是没有明天
就是不知道，明天有没有天

“非典”过后，人们又恢复了习以为常的生活，将“非典”对人类的提醒抛掷一旁，诗人的书写颇具讽刺性：

非典过后的第一个心愿
富仁先生要去北京饭店
牛夫人将去催款

戚科长说在我的科里
以后谁敢再提意见
他就是非典，我就把他送进医院
我女儿读书要进重点
留洋回来有名有官又有钱
你看他们，没一个玩完
非典也是怕硬欺软

法国后现代主义文化大师吉尔·德勒兹曾经说过：“哲学不是权力，因而不能与那些权力作战，但是它也进行着一场没有战役的战争，一场反对那些权力的游击战。哲学无法与那些权力交谈，同它们无话可说，无可沟通，哲学只能同权力谈判。由于那些权力并不仅仅满足于停留在外部世界，还渗入到我们每个人的内心世界，所以我们每个人都在通过哲学不断地同自我进行谈判和游击战。”①在这个意义上，诗歌与哲学有着同样的意义，都是获得抵抗外界、灵魂救赎的一种方式。陆健的诗歌正是如此。

① [法]吉尔·德勒兹. 哲学与权力的谈判[M]. 刘汉全，译. 北京，商务印书馆，2000：扉页.

第四章

当代河南散文：中原民俗的书写与个体情感的彰显

第一节　冯杰：北中原的文学地图

现代散文家周作人认为好的散文应“以科学常识为本”，“有知识与趣味的两重的统制”，“这所谓趣味里包含着好些东西，如雅，拙，朴，涩，重厚，清朗，通达，中庸，有别择等……”①，在多种趣味中，有一个平衡点，即“雅趣”与“谐趣”的统一，由此形成了他散文所特有的“闲话风”。钱理群曾这样描述周作人散文的特点：“这是老友之间的‘任心闲话’，它的文化、心理氛围必然是充分自由、自然放松的；这是心灵的沟通，精神的互补，‘闲话’的双方必须绝对平等，互相尊重，以极其亲切的态度，讲述并倾听一切；这是个性的充分坦露，必须真诚，坦率，无所保留；这是智力的游戏，也是精神的散步，不但要求高层次的文化教养，而且必须以生活的优裕(至少要有‘馀裕’)，心境的闲适、洒脱为前提。”②

在当下的散文文坛中，河南作家冯杰别具一格，他致力于以散文的形式向读者“闲话”豫北民俗，与“周氏散文”颇为类似地将知识与趣味融

① 周作人. 苦竹杂记·笠翁与随园[M]//钱理群. 周作人研究二十一讲. 北京：中华书局，2004：101.

② 钱理群. 周作人研究二十一讲[M]. 北京：中华书局，2004：91.

为一体，由此形成了他独特的散文世界。提及河南民俗，这本是李佩甫、刘震云、周大新等河南小说家擅长表现的对象。他们将之作为衬托人物的文化背景，由此表现中原文化对民众性格的内在影响：在这块古老的土地上生活的人们既质朴、坚忍，又狡黠、功利，他们的小说也因此呈现出极为强烈的中原文化特征。但冯杰对河南民俗尤其是豫北民俗的书写，则更多是温情的回忆、诗意的展现，带有更多个人化的情感体验，体现出散文这一文体的特征。

一、北中原风物志

在中国现代小说史上，“五四”初期曾产生过以鲁迅为首的乡土小说流派。他们的作品大多是“回忆故乡的”，“因此也只见隐现着乡愁”。当时的乡土小说作者以真诚的笔触写出了自己家乡浓郁的地方色彩，描绘出一幅幅生动的乡村风俗画。而冯杰自述自己的创作动机，与这些乡土作家有着某种一致性。当别人问他，如何才能成为一个诗人，他说：“一个人的童年在乡村度过，长大后，因生计走到繁华的城市，然后回忆，这种回忆与怀念的过程，就是一个诗人的过程。”①而“乡愁的本质是对家园-终极家园的寻找心绪。现代乡愁的生命状态是漂泊。还乡不仅是回到童年和故乡，更是回到生命寄寓的灵魂故乡”②。因此，“五四”初期那些侨寓北京的乡土作者，尽管站在启蒙视角深切地批判封建宗法制度下农村的愚昧与落后，但仍不无眷恋地描绘故乡的风物。冯杰亦是带着对童年的温馨记忆、对故乡的深情眷恋，以充满诗情的笔触来书写豫北的乡村风物。

在这块古老的大地上生长的那些无名的草，冯杰在《草志》(三题)、

① 冯杰. 田园书[M]. 郑州：河南文艺出版社，2012：117.

② 张云峰. 乡愁与中国现代生命诗学——以鲁迅、萧红、穆旦为中心[D]. 长春：东北师范大学，2007.

《对草的另一种阐释》中以类似考证的方式详尽叙述其由来，笔端莫不渗透了诗情。“凤仙花”，“俗名小桃红，指甲草”，这美丽的名字让作家联想到一个芳龄女子，“小巧的身子，斜着，倚在门框，在嗅一朵未开的花朵”。“小蓝”，叶子可做染料，这名字“带一脸羞涩，走在乡间，你对一群放学或割草的孩子照着草的名字去喊，保证有一个女孩子回头”。“和尚大麦”，“这名字让人记忆最深，像一个青头皮的年轻和尚，正在香路上急急行走”，作家由此联想到近代的出家诗人苏曼殊，“芒鞋破钵无人识，踏过樱花第几桥”。还有一类可作为野菜的草，“当季是菜，过季是草”，如“蔓菁”，“名字起得雅致”，“《滑县志》上对它很庄重地注释：‘蓄之，可救荒年’”，是它陪伴乡村度过了那些艰难的时日，“闷蔓菁”是一道北中原乡土菜，“我边吃边打喷嚏，煞是过瘾”。再如“白蒿”（中药称“茵陈”）、“面条棵”、“猫耳朵菜”等不一而足。还有名字极富特色的野菜，“独行菜”，“像一个身怀绝技、仗剑行天下的侠客”，“飞廉”，“毛刺刺的，像个愣头愣脑的孩子”。让作家无限伤怀的是，“我这些关于草的知识全来自童年。如今在北中原，与它们的距离越来越远了，远得令人伤感。我已无法看清草叶背后的纹格，也听不到草叶的呼吸声”。

除了草，还有生长在豫北平原上的那些树木，如那些草一样，见证了豫北乡民的生活与历史，正如冯杰所言：“在时光里，树身上的每一片叶、每一点蕾、每一朵花，都是乡村生活的注脚，是一种记忆的词典和阐释器。”他的《树志拾遗》在写树的同时，亦是在写乡村中人的故事。“全身是粮”的榆树，“榆叶可吃，姥姥经常把榆叶下到面条汤里。榆钱可吃，春天就扤篮子捋榆钱，淘净后由姥姥拌面上锅，蒸榆钱馍。榆皮用剪刀铰成段，晒干后磨成榆皮面，掺到杂面里也可食用”。接着作家引用《博物志》中的一句话：“啖榆则眠，不欲觉”，由此发现“榆竟是催眠的树，能让集体失忆”。此处的描写，让人想到周作人的《苋菜梗——草木虫鱼之四》。苋菜梗，民间原本低贱的植物在周作人的笔下，在他所征引的《尔雅》《草根谈》《群芳谱》《邵氏见闻录》《南史》等诸多古典文献中，不断增加生活与人文色彩，成为一种情感符号、文化符号。当然，冯杰在文中所引用的文献与周作人还无法相比，但他表现出了一种将知识引入散文的主动意识。柳树，柳絮可食，“初春时节，在柳絮未开时捋下，水煮后，捞出晾干，用醋蒜凉拌食用”。有一种“簸箕柳”，“长在黄河沙地”，“可当茶饮，清热去火，色泽金黄”，柳条“主要编柳筐、簸箕、笆斗、笸箩、柳篓等乡土器具。还编一种簸箕柳篮，这种篮子形状像船，……那些年黄河两岸发大水，庄稼被淹，逃荒要饭的人一个个都是挓着这样的大篮子，带一副竹板，唱着民间小调‘莲花落’，从我家门前走过”。还有一种“红皮柳”，“长在盐碱地上”，“我们叫红柳，像一个乡村女孩的名字。小花细碎，如一团恍惚的红梦，飘在大河那岸”。豫北民俗，“为亲人送终，打幡就是用柳，最后将柳插在坟头”，这是乡民希望留住亲人的一种美好愿望。在冯杰笔下，柳树不再是普通的柳树，而成为豫北民众生活的重要组成部分，带上了情感色彩，承载着文化记忆。

在作家几分小说笔墨的叙述中，合欢、楝树既是长在豫北乡村的树种，亦是一幕幕乡村爱情的见证者。《楝树 · 苦恋之树》中写道，楝叶有保鲜的功能，“小时候跟随大人在乡间卖杏，自行车后面驮杏的柳筐里，都是一层杏果垫一层楝叶”，“小五舅”去同一个村落卖了五年杏，最终收获了一份爱情。《合欢 · 白天亮堂，夜晚暧昧》中，是一幕爱情悲剧。“小芸和河生家都在堤下住，两家对门。有一棵绒花树（即合欢）罩着。”善良的小芸常常帮助家贫的河生，两人相约一起考入大学，但河生第一年就考入大学，小芸考了三年也未考上，最后精神失常，“她妈见人却说：小芸是在绒花树下吃饭的缘故，绒花落到她碗里了”。

除了草和树，冯杰还写了不少豫北地区的各种飞鸟，这些散文类似于知识小品，但比知识小品更有个人情感色彩。《中国麻雀现代通史》纵横捭阖，从《诗经》到 20 世纪 50 年代的“除四害”，再至中日建交时国宴上的“爆炒雀舌”，其中有调侃、戏谑、幽默及诗意，将谐趣与雅趣融合在一起：“在北中原乡村灰瓦上，麻雀一排排布满，它们以自己的方言去环环相扣，形成另一种移动的灰瓦，它们体温相暖，在环环涌动。”它们是北中原乡村的底色，“麻雀只是大地上的一滴露水，在草隙间垂挂滴落。麻雀脸色灰褐，乡土原色”。而“雀巢主要在建筑物上，屋檐之下，盛满月光的树洞里。以干草、毛发、羽毛、塑料、丝线等巢材筑成。马马虎虎，凌乱松散。风格近似文学体裁里的小品随笔”。在豫北乡间，麻雀还有特殊功用，可治夜盲症，“那年，我得少年夜盲症。村里杨中医告诉我，取雀血点之，或食雀肉可治”。小小的麻雀在作家笔下，内涵变得丰富起来。《麦田守望者》里写的是猫头鹰，征引的文献、典故有汉代贾谊的楚辞《鹏鸟》、鲁迅对猫头鹰的赞赏、顾城的诗句、王观的词、塞林格的《麦田守望者》等。猫头鹰是乡村的麦田守望者，它们的消失意味着乡村生态的破坏，“那一群猫头鹰在一个黄昏，莫名其妙地消失，大大小小，翅膀擦着星星，陷入茫茫无边的黑夜，了无痕迹，像雪走失于宣纸，像墨融入了墨中”。相对于麻雀、猫头鹰，笔者更喜欢的是作家对于豫北那些不甚知名的鸟类的考证、叙述，颇富情趣。如“伯劳”，“像个带笠的农民”，“在我的北中原大地上穿梭”，“像我故乡的平民，穿一衫布衣，朴素得都洗得发白了，透着原来旧色”；“大鱼狗”，“这是走动在水上的狗，行云流水，风行水上，像乡村水中的侠客，是翠鸟的别名”；“绿林戴胜”，“头上插一把花扇子，打开后，上面还有花斑，扇面如洒金笺”；“大鸨”，“头小，颈长，尾短，不善飞，却能涉水”。并由此引发出生命之感，“在这个鸟世界上，安宁与平和才是含量最大的幸福，对于鸟从来都是如此”，其实对于人类，何尝不是如此？

所谓“故乡风物”，除了这些花鸟虫鱼、飞禽走兽，还有乡间流传已久的民谣。这些民谣的民俗特征最鲜明，民谣既是乡村生活的纪录，亦寄托了乡民对生活的美好愿景，是乡民单调、苦涩生活的情感慰藉。“五四”时期，注重民俗学研究的周作人就曾在《北京大学日刊》发表《北京大学征集歌谣简章》，在全国广泛征集民谣，并创刊《歌谣》。冯杰或许没有学者周作人的主动意识，但他将民谣作为豫北乡村风物的重要组成部分，以感性的方式抒发他对民谣的温馨记忆。在他看来，那些北中原民谣如织就的棉布一般富于中原乡土气息。如“小老鸹”：“小老鸹，黑鼎鼎，上姥娘家住一冬，老娘看来真喜欢，妗妗看见不待见。妗妗妗妗你别瞅，小麦开花俺就走。走山上，有石头，走河里，有泥鳅。娘嘞兄弟是俺舅。”短短几行诗似乎浓缩了一篇小说的内容，一个童真、倔强的孩子如立眼前，一如作家的感悟：“这里说的是一种亲情和自立精神。后一句还饱含对人间世道的一丝悲意，是少年的哀愁。”如“小老鼠”：“小老鼠在哪睡？墙窟窿里睡。铺嘞啥，花铺底，盖嘞啥，花盖底。枕嘞啥，花棒槌，呼呼噜噜打瞌睡。”在儿童的眼中，花铺底、花盖底、花棒槌就是美好生活的象征，简单、朴素的句子中，是儿童的天真及对美好生活的期待。在周作人的散文中，亦有不少对乡间民俗的叙写，如《无生老母的消息》《鬼的生长》《关于雷公》等，其中既有他作为民俗学学者的自觉，也体现了他对人世间、对凡人信仰的悲悯与同情的人文之思。但当下，这些源自乡土的民间文化在全球化的浪潮中已渐渐消失，冯杰深深叹惋：“民谣时代终将消失，流行与时尚正在统一这个世界。”从社会发展上来说，城市化是趋势，是必然，但民间文化的文化价值是无法抹煞的。

二、北中原饮食文化

1928 年，在论及乡土写实小说时，茅盾曾说：“我们决不可误会‘地方色彩’即是某地的风景之谓。风景只可算是造成地方色彩的表面而不重要的一部分。地方色彩是一地方的自然背景与社会背景之‘错综相’，不但有特殊的色，并且有特殊的味。”①可见，茅盾所说的“味”，是指某一地域在自然风景尤其是社会文化上的独特性。而所谓社会文化自然也就包含了饮食文化。日常的饮食在悠长历史的积淀中既成为文

① 茅盾. 关于乡土文学[J]. 文学，1936，6(2).

化，亦成为美学。林乃燊在《中国饮食文化》中指出："其实，所有美学都是人类感性认识的升华。饮食之为味感美学，与音乐之为听感美学，绘画之为视感美学，文学作品之为意感美学一样，同是人类美学园地一簇永开不败的绚丽之花。"①

在中国现当代文学史上，本就有饮食文学的传统。周作人开了饮食美文的先河，他将饮食生活与文章趣味视为一体，散文中到处散落着谈论饮食生活的文字，如《北京的茶食》《故乡的野菜》《羊肝饼》《南北的点心》等。其时许多作家的小说、游记、怀乡散文亦对自己故乡的饮食风俗多有记述，如沈从文小说中关于湘西饮食的描写，郁达夫在《饮食男女在福州》《履痕处处》《怀乡》等作品中多有对食趣生活的感怀，刘半农有《释吃》、夏丏尊有《谈吃》。至当代，有汪曾祺接续这一传统，对江苏各种饮食的详细叙写，将饮食与童年记忆、生活情味联系在一起，勾画出一幅安静、自然的未经现代文明熏染的小镇生活画卷。

冯杰的饮食散文是对这一文学传统的接续，写的大多是细微的记忆、母亲的味道，以饮食作为复制记忆的媒介，追寻的是"失去的童年，唤不回的青春"，以及亲情，百味杂陈的人生，抒发的是"挥不去的乡愁"，亦在客观上呈现出豫北乡村独特的饮食文化。在这些散文中，他将"闲话体"发挥到极致，一道道豫北乡间菜肴、面食被他一一道来，有怀念，有调侃，有追思，有悲悯，融雅趣与谐趣为一体，如评论者所说："冯杰像一个职业说书人，在羽扇纶巾、谈笑风生间，织成一篇篇情趣盎然的小品。"②

豫北处于中国北部，日常饮食中面食较多。冯杰追忆了不少出自"母亲、姥姥"的面食。如《母亲常制的九种面食》中，他详尽叙写了"母亲"经常制作的九种面食：饸饹、捞面、甜豆畦、谷翻儿、韭菜面、抿糕、花糕、烙馍、漏鱼儿等，字里行间渗透着对故乡和母亲的怀念。如

① 林乃燊. 中国饮食文化[M]. 上海：上海人民出版社，1989：序言.
② 冯杰. 九片之瓦[M]. 北京：作家出版社，2016：3.

饸烙：面粉半斤，水半碗，“和面有个规律，母亲叫做‘冬热，夏凉，春秋温’。揉光后稍上饧，把饸烙床架在开滚的锅上，揪一块面搓成长圆形，为了不粘饸烙床孔，一头还要提前在水里蘸一下才可放入。手按饸烙床把，用力把面压进开水锅里。压净后，再用勺蘸凉水沿饸饹床底将面割断，待煮两滚后，捞出即成”，而饸饹床，“大多是用柳木做的，姥爷曾说过柳木做炊具最好，取其木味清正，……几家邻居同用一架，在巷里互相借着使用，每到吃饭时刻，一架饸饹床便飞来飞去，在寻常百姓家走街串巷”。寥寥数语，写出了20世纪七八十年代乡村生活的温馨与情趣。捞面传达出的是“母亲”平和的生活态度：“擀杖在面案上来回折叠，擀面还需要心平气和，有对过日子的一份耐心和细致，焦躁的人是擀不了面条的。”“谷翻儿”，“模型为铁制或陶制。像龟甲。做法是把发酵后的小米面，玉米面，高粱面合成，浇在这个模型里，摊均匀，然后盖上另一半，不一会就制熟，上下两部，味道有点酸”。花糕则极富童趣，“花糕的形状有刺猬，盘蛇，青蛙。动物肚里装的都是红枣，动物们的眼睛是用黄豆绿豆点上的。蛇眼用高粱，刺猬眼用绿豆。背上的刺是用剪刀剪出来的。面上走过卡嚓卡嚓之声”。它是过年时点缀在乡间的一道独特风景，“外面下雪。白的雪花落在红的草窗花之上，仿佛噗的一声就融化”。漏鱼儿，“原料用高粱面、麦面。搅拌后在锅里烫熟。摊在一个竹篾漏网里，漏下的烫面疙瘩在我们那里叫漏鱼儿”。它的声香色味俱佳，“最后用笊篱滗上来，盛到碗里，浇上醋，香油，芥末，蒜汁，桌子上一放，一盆的漏鱼儿几乎鲜得要跳出来”，“如今不经意间我的眼泪还会出来，我知道不是辣出的”。最后一笔，充溢着对亲人、对故乡的怀念。对读者来说，阅读中既感受到了豫北独特的面食的制作过程，又在作家极具情感的文字中沉浸于他的乡愁之中。

除了前面提到的面食，豫北乡村较为独特的面食还有菜蟒、杠子馍。冯杰在《菜蟒》中详细介绍了制作菜蟒的原料、方法、特点，“韭菜洗净切碎，粉条过水切碎，同放盆内，将一颗鸡蛋在盆沿上一磕，破壳，蛋清蛋黄加入菜内，再加盐、油，搅拌均匀，平摊在面片上，摊匀后卷成长条卷状，放入笼内”。以“蟒”来称呼这种面食，无疑也是乡村苦难生活的一种折射，“穷了一辈子的人，经历了那些饥饿年代，这种称呼是否包含一丝对事物表达的内心敬畏？”《杠子馍》的笔法颇有几分汪曾祺《故里三陈》的色彩，写出了小村镇上小人物温馨却不乏凄苦的人生，在任何时代的权力面前，他们都是弱者。“蒸馍是一件辛苦活，每天五更天不亮就起来，开始用杠子轧面。为了让馍好吃，老韩把杠子一头固定在墙里，他斜着身子在另一头，坐在杠子上挤压，用这样盘出来的面蒸馍，才有层次和韧性。每团面都压几十遍。老韩瘦得像棵葱，一棵葱就在灯影里一高一低。”因为长时间做杠子馍，他的五指严重变形，“像鹰爪”。当他有求于公社书记时，提着自己做的一篮子杠子馍，书记说的却是“提一筐馍就想办成这一个事，笑话！”

体现豫北独特饮食文化的还有那些支撑了乡村度过艰难岁月的菜肴——说“肴”或许太奢侈，应当说只是一道道充满了乡土气息的食物。如热豆腐，“那热豆腐鲜嫩，清一色的素豆腐，不加任何佐料。外观整整齐齐一块豆腐，吸到嘴里变成糊状”，食物的背后是一个个鲜活的人，“赵家是祖传的手艺，他八岁就开始跟他爷学做热豆腐。他爷是长垣的‘豆腐王’，据说还给袁世凯送过豆腐”。热豆腐还有败火、去热的功用，“豆腐赵”说：“你害眼病，千万不要去胡半仙的眼药铺子，喝我两箱热豆腐保准就好”，传递出民间的文化与智慧。而“豆腐赵”一如汪曾祺笔下的那些手工艺人，他们并不热衷于商业利润本身，而是将之作为一种生活方式，“豆腐赵的热豆腐一天只做‘一个豆腐’，他把一车称为‘一个’。再要，也不做”。而他自己卖完后，就回家下棋。再如拌柳絮，“初春，柳絮在还未开花以前把它采摘下来，这个专业名词叫‘捋’。再择去里面干叶、干枝，把柳絮在开水里稍微煮，母亲叫‘炸柳絮’，就是焯。捞出来在凉水里浸泡一夜。去苦。第二天就可食用。柳絮以凉调凉拌最好，吃时必须多加蒜泥，醋，香油，芥末汁”。而这一道简单质朴的野菜背后也有对童年、对“母亲”的温馨回忆，“每到初春来临，我母亲就会带着一群小孩子，挎着篮子，抗着竹杆，上面绑着一个小铁钩子，到野外河边捋柳絮。傍晚回来，一个个都是一手的柳绿颜色”。

此外，极富河南地域特色的还有“槐花碎”与“腌韭花”。在《槐花碎》中，冯杰首先引用白居易的诗句：“薄暮宅门前，槐花深一寸。”文章充满了诗意，接着叙写槐花碎的制作过程：“洗净后拌面，掺和均匀，方可上笼。蒸熟后需要在盆里摊开晾凉，之后再搅上蒜汁。”对作家而言，槐花不仅是一种食物，更是对“母亲”的回忆与纪念。“母亲”去世的那一年，“从长垣到滑县，春天来临，乡路两边的槐树疯狂地开着白花”。“腌韭花”则是豫北乡村漫长冬季的调味品，“腌韭花是我家冬天必备之菜，一个冬天有一罐子咸韭花垫底，吃饭时就会不慌，韭花是用于充实严冬贫朴日子里的丰富”。漫长单调的冬季因为有了它而变得丰富、生动起来。对作家来说，“父亲”“母亲”共同腌制韭花是最温馨的场景，“母亲把新鲜韭花掐头，洗净，晾干，开始往一方小罐子里用筷子来夹韭花。父亲铺上一层韭花，母亲接着就撒一把细盐”。由此，它不单单是一种食物，更象征着家庭的温情。

冯杰对豫北各类食物的叙写仿佛将人带入温馨的童年记忆，让人在这个工业化的时代生出对返璞归真的古朴生活方式的向往。马尔库塞曾指出，当代工业社会是一个新型的极权主义社会，因为它成功地压制了这个社会中的反对派和反对意见，压制了人们心中的否定性、批判性和超越性的向度，从而使这个社会成了单向度的社会，使生活于其中的人变成了单向度的人。而原本与现实相疏远相脱离的高层次文化也变成了物质文化的组成部分，与现实统一起来，不再提供与现实根本不同的抉择。从这个意义上说，冯杰及其他作家的类似书写是文学文化上的一种“另类”声音，促使我们思考在快速现代化、工业化的过程中，人类失去的是什么？

在笔者看来，冯杰这一类散文的特色还在于他怀念故乡，但他又没有将故乡绝对地诗意化、田园化。其实，所谓的诗意乡土一直以来都是作家一厢情愿的臆想。即使如废名，在写下《桃园》《竹林的故事》《桥》等田园牧歌的同时，亦在《莫须有先生传》中以滑稽、戏弄的笔调将乡村毫无诗意的一面呈现出来：东邻西舍媪妪媳妇们的口角，毫无“悠然见南山”的诗境。冯杰在书写乡村各色食物的同时，虽然其中不乏诗意的描绘，但由于他对散文文体真实性的尊重，也写出了豫北乡村在历史的浮沉中的苦难史。在《草志》中，作者写道，豫北农村到冬季极冷，但在乡村用以抵御寒冷的工具竟然是野草，“每年立冬过后，父亲要开始提前‘装草铺地’，用于铺在我床上，让一个冬夜发暖。……我家的那面是深蓝色的一人高大袋子。里面主要装麦秸，是当年新麦秸”。因此，尽管“装草铺地”的夜晚对于儿童来说是个狂欢节，读者体味到的却是乡村生活的苦涩与艰难，温情与苦涩形成了一种张力，使文本充满了复调的色彩。这种张力也体现在写饮食的一些篇章中。在《辣椒是穷人的馋》中，对“姥爷”来说，“用盐水泡满满一缸青椒。吃饭时，就随手捞出几个，算是最好的菜”。作家不无自嘲地写道：“在没有大鱼大肉的时代，我们乡下人，就是靠这种方法解馋的。简单，有效。它是穷人的权利，独立，自给，且还不用去央求他人。”略带调侃的语言背后是作家对作为社会底层的乡土民众的深深同情。在《咸菜谱》中，“姐姐”在中学读书，每次返校时所带的伙食不过是一尼龙网兜“窝窝”和一大玻璃瓶咸菜。有次，“母亲”用油将咸菜炒了一下，竟然成了“班里最好的菜”，同学蜂拥而至，“本来要小心翼翼吃一个月的咸菜，不到一天就吃完了”。平淡的叙述中，读者感受到的是那个年代物质的匮乏，乡村生活的艰苦。正是这些叙写使冯杰的散文超越了诗意本身，具有更为复杂多义的阐释空间。

三、充满理趣的知识小品

在中国当代散文史上，秦牧的散文讲究理趣，通过对自然事物和社会事物的观察，抽绎出某些哲理，夹叙夹议，以广博的知识和独到的领悟让人耳目一新，融思想性、知识性、趣味性于一炉。冯杰也有类似的散文，但他写的不是豫北民俗，而是对人类历史和文化的思考与感悟。

在这些篇章中，他将知识、思考与美文融合在一起，既不乏诗意唯美的书写，又通过对各类知识的融会贯通，表现出作家对历史、对社会的独特感悟。

《盐是瞌睡的泪》视野开阔，以盐为中心对古今中外的历史展开了丰富的联想，将知识与思考呈现于美文的形式中。文章首先回顾外国历史：在18世纪的法国，每年有3000多男人、妇女、儿童会因为抗盐税而被判死刑；印度圣雄甘地60岁那年，手持竹杖，皮包骨头，迎着滚滚热浪，每天步行20英里，行走25天，到大海边去捡拾盐块，他用这种非暴力形式，公开蔑视反抗英国盐法；拿破仑从俄罗斯后退时，马匹需要喂盐，医疗需要食盐，士兵需要食盐。继而，文章叙述盐在中国历史上的特殊地位与作用，"盐也一直为国家控制垄断，它是支撑国家大机器的重要梁柱之一"，"盐晶莹的颗粒和民主的透明一样，还能导致最庞大政权的崩溃。在我所居住的北中原长垣，古属盐碱地，当年唐代'大盐贩子'王仙芝就是在这里聚集更多小盐贩子们'起义'。然后有了黄巢。溶化在史书里的盐水汹涌如潮，从此使大唐帝国动摇，走向衰败"。正是因为盐在人类历史上的特殊地位，它成为人类文化的一部分，"古希腊盲诗人荷马将盐称之为'神赐之物'，柏拉图把盐描述为'对诸神来说尤为高贵的东西'"。甚至，它成为一种精神的象征，"《圣经》上有'这是给你和你的后裔，在耶荷华面前作为永远的盐约'。伊斯兰教和犹太教都是用白盐来封存契约，因为它是不可改变的，印度的军队起征前用盐起誓。……世上的忠诚、友谊、坚贞，也都可以用盐来封存，装在坛里，无论其形状如何，能让本质永不改变"。最后，文章回到自己的生活经历，写家乡的盐，祖上就曾以卖盐谋生。在非常时期，"父亲"曾储藏大量黑盐，并由盐而感悟人的生活态度："我乡村的外祖母早就教育过我的人生活态度，是'把盐去掉，再没有比清水煮白菜，百吃不厌了。'这帧箴言显得更透明晶莹，它内含的平淡精神，影响着我以后一生的处世方式。"并由盐的制作过程生发对生命的感悟，"在盐的一生里，从液体到固体，从固体到液体，从灵魂到肉体，从肉体到灵魂，而世上生命何尝不是一次盐的再生与翻版?”在这篇散文中，作家既结合自己的生活经历叙事、抒情，使文章颇具个人情感色彩，又将关于盐的各类知识融合在自己对人类历史、文化的思考中，使文章更具文化分量，可以说这篇文章是美文和文化散文的融合。

《在纸上飞行》围绕地图展开，纵横捭阖，让人不由感叹作家独到的视角和奇特的想象力，是一篇颇具巧思与趣味的散文。文章分为“床和另一个童话”“地图的范围”“地图演义”“地图的画法”“地图的思想”“颜色的革命”“图例说明和地图灵魂”“地图的未来”几个部分。第一部分，写童年时对地图的联想，“我小时候躺在床上，看到蒙古，金色的元宝。澳洲，一块敦实的土豆。越南，一只打哈欠的细腰狐狸，正面对蓝海，叩响月亮。尼泊尔，一截香肠，晾在世界屋脊。智利，海岸上晾晒的一条海带要飘起来。中国，由一枚海棠叶萎缩成一只公鸡。日本，清晨摊了一地昨夜散乱的麻将。台湾，一块大地番薯。……”这些描写充满了童趣。在作家眼中，地图不是一张张图表，而“既现实又幻想，既完整又琐碎，既停滞又飞翔，既迷离又清晰。几乎接近童话”。“地图演义”中写历史上的那些专政者如秦始皇、希特勒、刘邦等人对地图的狂热，可见地图的重要性。“地图的画法”中叙述了古代中国绘制地图时将别的国家画得如“弹丸小岛”，显示出封闭的“天朝心态”，清朝地图特意将日本放大，已显示出国力的衰弱，而日本的《大东亚战争要图》则将朝鲜、日本、中国台湾涂上同一颜色，其称霸心态昭然若揭。作者由此体悟出：“地图的绘制在调色时更多掺上政治意味和历史记忆。一时地图唤起想象的空间，纸上想象大于现实，国王和总统们都在纷纷创作政治童话。”“地图的思想”中，作家感受到地图上复杂、盘根交错的线条的背后其实是各国国力的较量，世界政治的再现，“地图上任何一段线条都在匆匆行走，且餐风饮露，跋山涉水。在颜色之间，线条敬业自觉，战战兢兢，如履薄冰，从不敢越国家雷池一步。那些乱麻般的线条在图里寸寸如金，每一寸退缩或延深都比黄金和鲜血重要”。这些感悟既独特，亦形之于形象、生动的语言。这篇散文以丰富的想象力将各种关于地图的知识串联在一起，在阅读过程中，既使读者领略到历史上有关地图的故事、典故，又能在作家极具个人色彩的对历史、政治的思考和感悟中有所收获。

周作人作为中国现代散文的开创者之一，是后来许多散文作家的重要精神资源，亦象征着一种文体所达到的高度。朱自清曾如此评价周作人，“有其渊博的学识，就没有他那通达的见地，而胸中通达的，又缺少学识；两者难得如周先生那样兼全”。这一评价可谓精准。我们通常会被周作人散文的“博识”所折服，而事实上，“博识”只是其杂文的外在形态，“它的内在实质是‘看彻’一切之后思想的宽容与理性的通达。于是，就打破了‘门户之见’的偏狭，人类一切创造，各派学说皆吸收之；打破了时空、物我的界限，‘宇宙之大，苍蝇之微’，无不为友”①。他的散文是以审美的方式表现和确立自己作为启蒙思想家、学者的思想立场、思维方式、情感结构和文化身份，融合了生命之感、人文之思、智性之锋芒。冯杰的散文将豫北民俗、历史文化知识融合于诗意的书写中，既使读者体会到诗意的唯美，又带来独特的思考与感悟，但与前辈大家所达到的高度相比，在人文之思与智性之锋芒上还有提升的空间。

第二节　王剑冰：君子情怀与“中和之美”

散文从“载道”的文学传统中解放出来，成为抒发个人性情的文体始于“五四”。对“五四”时期的散文创作，鲁迅曾如此评价：“到‘五四’运动的时候，才又来了一个展开，散文小品的成功，几乎在小说戏曲和诗歌之上。这之中，自然含着挣扎和战斗，但因为常取法于英国的随笔（Essay），所以也带一点幽默和雍容；写法也有漂亮和缜密的，这是为了对于旧文学的示威，在表示旧文学之自以为特长者，白话文学也并非

① 钱理群．周作人研究二十一讲[M]．北京：中华书局，2004：96.

做不到。”①朱自清也指出，“五四”时期的散文创作“有种种的样式，种种的流派，表现着，批评着，解释着人生的各面。迁流曼延，日新月异；有中国名士风，有外国绅士风，有隐士，有叛徒，在思想上是如此。或描写，或讽刺，或委曲，或缜密，或劲健，或绮丽，或洗练，或流动，或含蓄，在表现上是如此”②。但1949年之后，抒情言志的散文几乎没有生存的空间。经过较长时间的沉寂，20世纪90年代以来，散文又渐渐走上文学的前台，成为不亚于小说、诗歌、戏剧的重要文体。与此同时，一批散文作家亦开始在文坛涌现出来，许多小说家、诗人和学者也纷纷从事散文创作。

与其他散文作家不同，河南的散文家王剑冰专事散文创作，因其独特的散文风格而在全国散文界占据一席之地。贾平凹曾经这样评价：“当今的散文写作，正处一段热闹期，遂使一些‘竖子’成名，如果仅从中国的中间划一条直线，东边余秋雨有余秋雨的面目，西边周涛有周涛的个性，中原郑州的王剑冰虽未有余周的极致，却有他的中庸，中庸并不是平庸，它有它的浑厚和鲜活。”贾平凹所说的“中庸”，即是儒家“执两用中”、道家“万物负阴而抱阳，冲气以为和”的“中和意识”，是中国传统文化的基本精神。对于王剑冰来说，“中和意识”不仅陶铸着和为贵、和为美的思维模式和心理模式，而且陶铸着“以适听适，则和”的审美情感和审美态度。可以说，由“中庸”而来的温柔敦厚、儒雅翩翩的君子之风，“怨而不怒、哀而不伤”的温和、柔美、节制的古典审美趣味，正是王剑冰散文的最大特色。

一、自然清新的山水游记

王剑冰的游记体散文最为知名，他凭借对自然山水、名胜古迹颇富

① 鲁迅. 鲁迅全集(4)[M]. 北京：人民文学出版社，2005：592.

② 朱自清. 论现代中国的小品散文[J]. 文学周报，1928.

才情的感受，以极其细腻、清新的笔触将自然风景、生活情趣和艺术创造铸融在一起。在这些游记体散文中，作家行迹所到之处，都留下了自己的感悟与情思。

在《荒漠中的苇》中，面对戈壁荒漠，作家并没有一味赞叹沙漠的壮美，而是坦陈自己的感受，“慢慢地我也没有了什么兴趣。除了沙漠还是沙漠，而且沙漠的颜色还不是金黄色的，很多都是粗糙的暗褐色的沙石，在公路的两边铺向无尽的远方”。但于无趣与单调中，作家发现了沙漠中的苇，并以大量的笔墨来书写，与渤海湾、白洋淀大面积的芦苇荡比起来，沙漠中的苇“就像初生小女的头发，稀稀落落地表明着生命的再生”，但它们却是荒漠中生命力的象征。作家将之人格化，视为生命力极强的弱女子，“这该是植物中的弱女子啊，给她一片(不，哪怕是一点)水，她就敢生根、发芽、开花，摇曳出一片星火，一片阳光”。并由此联想到即使是弱者，它们仍然顽强地生存于世间，执拗地活着。作家写的是沙漠的风景，但最后生发出的是对生命的感受，整篇文章因此而丰富起来。

在《吉安读水》中，作家从“水”来解读吉安这座城市，“秀丽而富足的吉安，古人依水而居，富足的水才会有富足的城市”，并由此展开丰富的想象，守着这一道水，“文天祥得以横空出世”，“毛泽东在渼陂组织红军赤卫队攻城，挥洒出‘十万工农下吉安’的豪情”，以及执教于白鹭书院的周敦颐、程颐、朱熹等文化名人，为这座水的城市增色生彩。这些想象给普通游记增添了文化色彩。在《斜雨过大理》中，作家对“洱海雨”的观察可谓细致入微，“那雨无声，柔柔润润地飘来。轻刷刷地洒在田野里，洒在洱海里。遇有小风，斜斜地扭着腰儿在车前打个旋儿就奔到远方去了”。自然风景之美又衬托出了在地里劳作的姑娘们的美，“那高挽裤脚露出的圆润健壮的小腿，那认真投入富于表情的笑脸，更有红白相间的白族服装，在雨中亮丽地同大片的绿点缀在一起”。可谓情由景生，情景交融，意境优美。接着，作家笔锋一转，开始写雨中的苍山，别有一番情致，“青青苍苍起起伏伏的山忽浓忽淡地浴在一片雨雾里。山峰全是灰白灰白的云气，一大朵一大朵显现出画家运笔的功力。那么自如、洒脱地将黑灰色调调匀，然后狠狠地在水里蘸了蘸，寥寥几道重笔，就最后完成了这十分壮观十分大气的水墨丹青”，雨中的苍山洱海在作家笔下成为一幅美丽的水墨丹青。古人强调，诗画一律，书画同源，而作家也在有意地营造出“诗中有画，画中有诗”的意境，常常将自己细腻的内心体验变成诗与画，追求诗情画意，使散文变成有形的画与无声的诗。在《有雪的圣彼得堡》中，雪中的圣彼得堡有着“古典而秀雅的风度”，“傍晚的涅瓦河，冰层融化了一天，浮冰相互摩擦着碰撞着，一块块地漂过来，有白色的水鸟在上边立着，像一群穿着白色裘皮大衣的公主，在渡船上观赏两岸的风景。黑色的水鸟则像穿黑大氅的绅士，在另一些‘游艇’上很傲气地望着这些公主们”。这些描写都颇具画面感，使人如身临其境一般。郁达夫在《山水及自然景物的欣赏》中说：“自然的变化，实在多而且奇，没有准备的欣赏者，对于他的美点也许会琢磨不十分完全的；就单说一个天体罢，早晨的日出，中午的晴空，傍晚的日落，都是最美也没有的景象；若再配上云和影的交替，海与山的参错，以及一切由人造的建筑园艺，或种植畜牧的产物，如稻麦牛羊飞鸟家禽之类，则仅在一日之中，就有万千新奇的变化，更不必说暗夜的群星，明月的普照；或风雷雨雪的突变，与四季寒暖的更迭了。”①王剑冰正是这样一位细致的自然观察者，而一位好的游记体散文家，也必然是一位训练有素的自然观察者。

对周庄的书写，是王剑冰散文的一大亮点。在《绝版的周庄》《水墨周庄》等篇章中，作家仿佛将古镇周庄视为心仪已久的女子，“清凌的流水柔成你的肌肤，双桥的钥匙恰到好处地挂在腰间，最紧要的还在于眼睛的窗子，仲春时节半开半闭，掩不住招人的妩媚”。尤其是这句“周庄，我叫着你的名字，你比我想象的还要动人。我真想揽你入怀。只是

① 转引自张梦阳．郁达夫散文创作漫论[J]．中国现代文学研究丛刊，1984(2)．

扑向你的人太多太多，你有些猝不及防，你本来已习惯的清净与孤寂被打破了"，既是对周庄深情的告白，亦暗含着对于周庄过度的旅游开发的忧虑与省思。过度的旅游开发破坏了古典、安静的周庄，而只有晚上的周庄仿佛才是作家心目中的意中人形象，"时间刚过九点，周庄早早就睡了……没有喧闹的声音，没有电视的声音，没有狗吠的声音"，但"静"不是绝对的无声，"一两声狗吠，使这种静更有了深度与广度，这种静把周庄静成了一个亦梦亦幻的周庄"。在作家深情、诗意的笔触下，周庄的水、周庄的月，周庄的桥、船、油菜花都流淌着浓浓的诗韵和情致，充满了诗情画意："三毛离去时最后亲了亲黄黄的油菜花，那是周庄递给她的黄手帕""大批大批的舞者(蝴蝶)姗姗而来，拥绕着油菜花，拥绕着一个善于让人做梦的周庄"。雪中的周庄则"如暗恋的情人，披一身玉色的斗篷，斜斜地枕在晨阳里，将古朴与静逸半明半暗地写意出来"。除此之外，作家还特别写到了周庄的建筑材料——瓦，将之审美化，它们和周庄如此和谐，相得益彰，"周庄只能生活在瓦片下，没有瓦片的生活，周庄活得就失去了意义"。在作家笔下，瓦仿佛也是人格化了，"瓦本身就代表了平民性，它不是用来装饰的，而是直接进入了生活"，瓦如君子一样富于包容性，"瓦片不仅对同类表示出了友好，也对其他物种表示出亲切的包容。比如燕子或其他的鸟类飞过时忘掉的一颗草籽或瓜籽，瓦片会精心地为它们保存起来，不致它们死去"。这些散文篇章不仅为作家赢得了赞誉，也让古镇周庄因王剑冰而更添姿彩、盛名远扬。

郁达夫在《清新的小品文字》中说："原来小品文字的所以可爱的地方，就在于它的细，清，真的三点。"①"细"即观察细致、描写细密，"清"即题旨明晰、慎加选择，"真"即真切自然、毫无虚饰，应当说王剑冰的游记体散文也做到了这三点，我们在细、清、真的文字中读到的，

① 转引自张梦阳. 郁达夫散文创作漫论[J]. 中国现代文学研究丛刊，1984(2).

是作家温润的君子情怀。

二、真诚自省的叙事类散文

如果说在游记体散文中，作家是将自己的情感、意志、人格投射在自然风景上，那么叙事类散文则是作家人格志趣的直接呈现。除了游记体散文，王剑冰还创作了大量叙事类散文，或追忆童年时光，或讲述自己和家人的人生经历，或观照当下社会中的人与事。从这些作品中，我们更能体会到作家中和、节制的审美追求。

在这些散文中，给笔者印象最深的是追忆童年时光的一系列散文，如《小庄夜归》《寂寥的山野》《春花与冬雪》《老屋·老人·老树》。王剑冰的家乡在遥远的渤海湾，正因为年少时离开故乡，故乡的记忆才日渐模糊，成年之后，他便在记忆中以一个儿童的视角重构着故乡，故乡从来只属于远离故乡的人。乡愁自古以来就是人类共通的情感，故乡文化是绵延不绝的诗学传统之一。在近现代文学史上，怀乡是一个挥之不去的母题。鲁迅、萧红、沈从文、师陀等人都拥有各自的童年与故乡，却又告别了童年，远离了故乡，在古老而又现代的大地上漂泊，从一个地方走到另一个地方，在行走中寻找，在寻找中行走，在他们漂泊流浪的生命体验中，“故乡”变得愈加清晰，他们对故乡的情感也愈加深厚，于是才产生了《呼兰河传》《果园城记》《故乡》《边城》等经典的文学作品。王剑冰的这几篇散文也是怀乡之作，笔者更愿意将这几篇散文视为小说，它们都以懵懂孩童的视角叙述儿时记忆，文字纯净、流畅，富于诗意，于从容的叙事中展现人情人性之美，仿佛唤醒了每个人的童年记忆。

《小庄夜归》讲述“我”坐着大木轱辘车与爷爷回姑姑居住的小村庄，文中充满了童趣，譬如“牛便是普通的牛，车子却是极为好玩的大木轱辘，圆圆大大的周身铆了铁钉，箍了铁圈，滚过地面时发出一种隆隆的声音，显得凛然。想小人书上冲锋陷阵的战车，比这先进不了多少”。

还有儿童的恐惧也是那么地真实可感，“叫不出名字的鸟，张开羽翅占领了天空，陆地上仿佛只我和爷爷的牛车。轴响刺破寂寥时，我简直不敢回望了”。爷爷带着“我”到村子后，村人友善、简短的问话，姑姑迎接后，被好奇心鼓动着的“我”缠着爷爷即刻出村去看景致，夜尚不深沉，“此时的庄子已美于一幅画中了。依水而居的房屋错落在星天里，如一座孤岛，独享着这一色水天”。古朴的村落、纯真的童趣、美好的人性，颇有“边城”的韵味。《寂寥的田野》中的“我”跟随二叔去地里劳作，“我”只顾贪玩，“有只蚂蚱，很大胆地过来，让我一时不知如何对付它。就扔了土块，再扔了土块，它不慌不忙地引逗着我，一直引到一条小水沟的边上，才无声地飞跑了”，二叔则在地里辛勤地劳作，“每挖一锨，二叔就要往手心里吐口唾沫。就这样不间断地重复着一个动作，一会儿的工夫，二叔的前边就成了鱼鳞样的一大片”。不谙世事的“我”怎么也想不通，“二叔每天这样下地，一个人如何度过这寂寞的时光”。随着时间的流逝，“我”也渐渐觉得单调，蚂蚱到了眼前，也再无去捉的兴致，“所有的声音就只二叔的唾沫声了”。等“太阳到了那根芦草上”，“我”和二叔才乘着独轮车回家。文章的最后是点睛之笔，二叔让“我”坐在独轮车上，但“我”不同意，径直拉着那绳子跑在前边，这时“天渐渐黑了”，将孩童的纯真、善良勾勒出来。童真给二叔艰辛的劳作涂上了一抹温情，也正因为这温情，才使二叔的辛苦并不那么苦涩、沉重。

《春花与冬雪》讲述了童年的一段经历，按当地民俗，必须有一个男孩子押轿，媳妇才能娶进门。八岁的“我”坐着轿子进了村子，“好不脸红心跳，好像是人家把我娶进了村子，要么就是我来娶媳妇”。对女性朦胧的好奇心促使“我”想一睹新娘的芳容，但回来的路上，“我”只能坐在自行车后座上，“什么也不好再看，只一棵一棵树的向后跑着。慢慢地，我都快要睡着了”。等到结婚仪式举行时，才看清了她“穿件水红的缎子袄，越发把脸蛋衬得粉粉白白”。在闹洞房时，“我”出于对新娘朦胧的好感，“挡在里屋门口，想起一点作用，终是力不从心，眼看着那些人涌进屋里”。在“我”童真的视野中，美丽的新娘善良、勤劳、整洁，

“总是她一早一晚挥动着扫帚”。但两年后，新娘终是随丈夫去了远方，“她一走，院子里总像空了些什么。落叶多了。鸡粪多了。冷冷的寒风多了。后来就飘起了雪花，纷纷扬扬地白了世界”。文章将一个童年男孩对于女性朦胧的好感刻画得如此动人，一个温婉可人的新娘亦仿佛立在读者眼前。《老屋·老人·老树》记述了童年记忆中的一对乡村老人，孩子们去他们院子里打枣，老人并未生怒，而是善意地端出一小筐红枣招待。不谙世事的孩童只是为了写一篇作文去帮助老人扫地、抬水，但老人回报以自己的专用工具——细长的麻绳。最终，老妇人先走了，而老人也在雨中老屋坍塌之后故去了。文章最后，“只是苦了那棵枣树，从此再也没有结出过甜脆的枣子”，使人倍感人生的酸楚与苦涩。这些小说般的散文以童真的视角记述人生的况味，儿童的纯真、懵懂与人生的沉重、苦涩形成了极强的张力。在温情、童趣的叙述中，其实弥漫着淡淡的忧伤，这忧伤来自我们终究无法再返回童年，而人世间也终不是孩童眼中那样纯净。这些篇章都是对童年的追忆，淡化故事，重在诗境的营造，展现出逝去的美，同时对平凡人的命运投入极大的兴趣和审美的眼光，使得美由绚烂归于平静无奇，归于自然调和的生命形式，从中透露出一种独有的人生态度和体悟生命的方式。在这些篇章中，我们仿佛能够体味出废名、沈从文、汪曾祺小说的气息。

《地震纪念日想起你》《相逢何必曾相识》《黄昏中的美儿》《排队的故事》都是记述青年时代的人生经历。其中，《地震纪念日想起你》《相逢何必曾相识》《黄昏中的美儿》是对唐山大地震的个人记忆。这些篇章都在忆念反思中自悔与自责，并在追悔与自省中使悲哀痛苦的心走向平静，从而达到作家自身人格的重构，也使读者受到心灵的净化。《地震纪念日想起你》是对在唐山大地震中失去生命的二姨的追忆，追忆中充满了忏悔与自责。二姨因为抱外孙女而埋在了废墟之中，“我”不能原谅自己的是，因为二姨夫成分不好，“我”不愿意去二姨家，因为“我怕说‘划不清界限’，怕受到某种牵连，怕影响前途。可那时二姨多么需要我的‘光顾’呵。亲戚朋友疏远了，连我这个远方回乡来的外甥也是如此，如何不让她伤心？”当时过境迁，不正常的历史成为过去，留在内心深处的只有忏悔。在温润的叙述中，体现出作家对历史的反思。《黄昏中的美儿》是对逝去的朦胧爱情的追忆，一个活泼美丽的女子仅仅因为父亲被抓过壮丁而受到村人的歧视，即使她主动向“我”表达好感，“我”也只能逃避，“我不敢见美儿。我开始躲着那街角、那小路、那个软软的声音：‘哎，下乡青年……”因为“我想入团想参军想被招工想出人头地，想着有一天能离开这个窄小的天地”，留在记忆中的是“那个浅红的身影在夕风里”。正是因为内心的忏悔，记忆中美儿的形象才会如此美丽。《相逢何必曾相识》则重在叙写地震中人与人之间的温情，一个陌生的姑娘从废墟中爬出，父亲已经不在，母亲牵挂娘舅，让她去寻找，等她找到，已经是一片废墟，她又急着回家看望母亲。天黑时走到“我”借住的舅舅家，一向精打细算的舅母也对姑娘心生同情，提供食物，还要留她借住一晚。而让“我”不能释怀的是，自己“头一次递过去的水，竟是犹豫的半碗……”作家自省的小事在许多人看来似乎微不足道，但正是在这一细小的事情中，可以见到作家对自身人格的苛求。自省是追求自我人格完善的一种途径，是现代知识分子最重要的品质。在对自我的省思中，我们体会到作家对于理想人格的追求。

在这一类散文中，还有观照当下社会平凡人生的篇章，如《安装工小马》《路边的鼾声》《小细节》等，这些作品将安装工、卖烧饼的夫妇、建筑工人等底层小人物纳入视野，作家没有居高临下，而是将之视为平等的主体去感受他们生命的悲欢。在《安装工小马》中，作家在平静从容的叙述中为我们展示一个打工者的生活，小马一个月一千多块钱，租的是郊外的房子，“起得早一点，睡得晚一点，腿和车子辛苦一点，就又能多余下钱了”。但即便如此，小马没有抱怨与不平，所考虑的也是“关键是把活干好，不能损坏了公司的形象”。正因为作家没有刻意渲染打工者的苦难，反而更具感染力，促使我们思考一个公平、和谐的社会应该给无数的小马们以什么样更有力的制度保障。《路边的鼾声》摄取的是建筑工地上打工者生活的瞬间。春日的黄昏，“他们横七竖八地睡着，睡得是那么香甜，以至路上的各种各样的嘈杂声都不能将他们闹醒”。作家的观察可谓细致入微，“有的枕着自己的一只鞋子，有的枕着一根木头，有的干脆什么都不盖都不枕，就那么四仰八叉地躺在土地上，躺在阳光里”。从打工者各式各样的睡姿中，我们能感受到他们平时生活的辛苦，但遗憾的是，“一座大楼建好了，得大益的不是这些人”。或许是由于作家曾有在建筑工地当小工的生活经历，笔下才流淌着对于底层小人物的体恤与感同身受的同情。在《小细节》中，凌晨四点，作家目睹了人生的另一种风景，“一个男人正在狠劲地揉着一块面，那面似乎很不听话，因而男人就左一下，右一下地下狠，下狠也解决不了战斗，男人于是加上了拳头”，女人则“用木柴点着一个炉子，木柴棒子插得乱七八糟。那火一会儿红一会儿灰，一会儿又看不见了，聚成浓浓的白烟，反熏到了女人的眼睛”。这是平凡人日复一日的日常生活，“必定每天夫妇两个都在重复着这早晨的项目。很多熟睡的人不知道他们的这个项目，只知道他们后来的开始收钱的项目。包括我”。这最后一句既是作家的自省，也是对我们的警示，触动了我们麻木的神经，唤醒我们对于普通劳动者的尊重。

三、充满艺术感悟的历史散文

历史文化散文是王剑冰散文的另一个题材领域。自 20 世纪 90 年代以来，文化散文成为众多散文家竞相追逐的创作题材，但文化散文的特点在于相对专业的历史知识，深厚的文化思想，富于才情的艺术感悟，只有将这三个方面完美融合，方能成就优秀的历史文化散文。就王剑冰而言，由于他的文学积累和审美情趣，那些与中外文学名家进行心灵对话的篇章如《呼兰思绪》《孤独的梭罗》《竹园诗情》《你在我的感觉里》写得更为出色。在这些篇章中，长于艺术感悟的作家能够扬长避短，充分调动自己的文学积累，展开丰富的艺术想象，在文学前辈漫长的生命历程中寻求对于文学与生命的感悟。

《呼兰思绪》和《竹园诗情》都是精致的美文，分别是探访萧红和薛涛故居时所引发的联想与感悟，从中可以见到作家以温柔敦厚的君子情怀对女性的同情性理解。在《呼兰思绪》中，作家在呼兰小城的萧红故居，感受女作家的文学与人生，他征引、穿插了许多萧红作品中的原句，从中既可看到他对于萧红的熟稔，也能见到其对萧红独特的理解与体悟，“你是个活泼向上的女子，是个性情不羁的女子，是个善动感情的女子，是个对什么都不甘心的女子。因而你的路总是那么难走。也许你的性格本就构成了你的悲剧命运”。这是作家心中的萧红。《竹园诗情》中写的则是女诗人薛涛，作者在一个秋日寻访滨江公园本是为了看竹，却无意中遇到了“薛涛井”，由此展开对薛涛的探究，“翻看《中国文学史》，没有薛涛，《历代诗选》、《中国历代文学作品选》，也未提及”，“是否因了薛涛是艺妓而影响了她的诗名？以使后人总是绕过她去，或在研究她时强调了她的艺妓生涯而淡没了她的创作成就”。其实，不仅是对薛涛，人们对萧红也是如此，对其私生活的关注远远超出了对其文学作品的关注。王剑冰深入女诗人的内心世界，去感受她在貌似繁华喧闹的一生中的孤独。尽管她与白居易、元稹、四川节度使韦皋都曾交好，但这样一个美貌且富于才情的女子内心深处却是孤独的，唯有寄情于诗，“在她的早年和晚年都是孤独的，在她的盛年也是悲乐不由己，唯恐受挫唯恐失宠。真正倾注一生的，还是诗”。文章最后，又回到了公园中的竹，竹与女诗人是如此和谐，契合了薛涛孤独的人生。

《孤独的梭罗》是王剑冰去瓦尔登湖时对作家梭罗的体悟。对于瓦尔登湖的自然风景，作家写出了它的变幻多姿，“一般说来，每天早晨，浅水比深水温暖得更快，可是到底不能温暖得怎样，而每天黄昏，它也冷得更快，直到早晨。一天正是一年的缩影。夜是冬季，早晨和傍晚是春秋，中午是夏季。冰的爆裂声和隆隆声在指示着温度的变化”。正是在这湖边，梭罗写出了《瓦尔登湖》。王剑冰写出了孤独的心境对于梭罗的深刻影响，“你的思想仰赖于你的孤独。在孤独的氛围里，你充满智慧、充满悟性，你能看到很深奥的东西”，“是孤独给了你勇气与果敢。

你与一个又一个暗夜相伴，与一个又一个寒冷相伴迎受意外的风暴和冰雪，接受意外的事故与灾难”。作家还由梭罗的创作心境来审视、反思中国当下的文坛，“今天的作家怀揣着一个命题很难专职地在短时间内去完成一部‘著作’，谈不上深入、体味，更谈不上孤独”。这些评论确是中肯之言。在《你在我的感觉里》中，王剑冰总能抓住独特的事物来描写自己的朋友，譬如他写李存葆与烟，“烟是他的灵感”，“只要与香烟作伴，他就能找到文字的突破口，找到构思的源泉。那许是他的最基本的生活状态，香烟即是他生命的构成部分”。又如他写贾平凹与陶，“各式各样的陶瓶陶罐，展示着各式各样美的曲线，柔中带刚，刚中带柔”，为什么贾平凹会喜欢陶？“他是找到了一个氛围，一个灵感的启发地。……始终以‘我是农民’自诩的平凹，也就同这些女子们一同在芳香的泥土中呕心沥血，挥洒汗水和歌声。细观平凹的字画，那种朴拙，那种柔韧，那种苍劲，可不就是在这种劳动中获取的精华？那该是秦地的特产。”王剑冰对朋友的观察与品藻可谓精准，由人物品藻到人格品藻，这本就是古典文学艺术的审美观，所谓诗品、文品、乐品、画品等，引申为作者人格在各类文艺样式作品中的表现。

朱自清曾说：“一篇优美的文学，必有作者底人格、底个性，深深地透映在里边，个性表现得愈鲜明、浓烈，作品便愈有力，愈能感动与他同情的人；这种作品里映出底个性，叫个人风格。”①就他而言，生于动荡的乱世，他承认自己“是一张枯叶，一张烂纸”②，因此他返回儒家的人格理想，做“至诚的君子，人格的力量照彻一切的黑暗，用不着多说话，说话也无须多修饰”③。他将散文的文体范式与人格理想结合起来，他痴迷于精神生活中理想人格的建构，必然执着地推崇人格品藻的美学观念，并通过创造意境，含蓄委婉地书写自我，从而创造出至真、

① 朱自清. 朱自清全集(4)[M]. 南京：江苏教育出版社，1999：42.
② 朱自清. 朱自清全集(1)[M]. 南京：江苏教育出版社，1999：160.
③ 朱自清. 朱自清全集(3)[M]. 南京：江苏教育出版社，1999：341.

至善、至美的审美境界。应当说，散文作家王剑冰也在前人开创的散文道路上努力践行着自己温柔敦厚、中和节制的美学品格。

第三节　杨稼生：苦难的精神救赎与悲悯的力量

杨稼生，河南唐河人，出生于1931年。1954年开始发表文学作品，1957年被打成“右派”，放逐深山——“北湾”，长达22年。十一届三中全会后得以平反，此后一直致力于散文创作。杨稼生所生活的舞钢市，境内有石漫滩水库，是中华人民共和国成立后淮河上游兴建的第一座中大型水库，被誉为“淮河明珠”。它是一座以防洪为主，兼顾工业供水、灌溉、养殖、旅游等综合利用的大型水利工程，也是河南省水利厅直管的四座大型水库之一。舞钢市在周朝时为传说中的古帝柏皇氏后裔的封地柏子国，春秋后期为楚所并。1947年12月17日，中国人民解放军陈谢兵团解放舞阳。1977年11月，建立平顶山市舞钢区。1990年9月，撤销舞钢区，设立舞钢市。“舞钢”得名于20世纪70年代的钢铁制造，1970年11月，舞钢工程动工；1973年4月，舞阳钢铁公司正式成立；1986年6月，我国第一座超高功率75吨电弧炉也在舞钢诞生。舞钢为鸟巢、水立方等奥运场馆及国家大剧院等重要建筑供应钢材。

杨稼生的散文为这座以钢铁制造为标识的城市注入了柔性的格调，如同石漫滩水库中随意赋形的水。杨稼生虽然身处舞钢这样一个中原内陆小城，但20世纪90年代以来，在台湾《联合报》《自由时报》《台湾时报》《世界日报》等报刊上发表散文百余篇，在当代河南作家中不能不说是一个特例。他在本质上更接近于诗人。他并非从未经历过苦难，相反，历经了太多苦难的他，是如何将这种苦难的人生经历化为一颗对人对事的宽仁之心的呢？经历了大苦难之后，作者常怀一颗感恩之心，并由此生发出对于人世、人生的悲悯与同情。内省和忏悔是他散文创作的立场。

什么是内省？他有一篇散文《自讼》如此阐明，“‘我认识我’是内省的全部意义。所谓内省，即我的‘智’和我的‘欲’打官司，并且由我来判决。没留一点回旋空间，白刃红刃，自己下手割破自己”，“儒家倡导的内省，无手段，无目的，无功利，心理和生理悄然聚合守住天良，自我完成，不张扬，舒心，亲和；但矢志不移，接近宗教行为……中国历代优秀人物、英雄豪杰、圣哲贤达、庶民百姓，不可胜数地、完全自觉地内省律己，不间断为儒学执火传薪、千秋流芳”①。因此，“内省，脱骨换胎，自赎自救，天良之复活”。忏悔则是由对父亲的忏悔扩展至其他人，因为“我”始终觉得“我那年不出门父亲是不会走的”，因对父亲的忏悔而珍视与每个人的相聚之缘，“人生无常，今日的聚首，也可能就是最后一次。人在本质上都是可怜的。我总是想着那个‘最后的’，对待每个人我都不敢苟且潦草，我珍视每个感情，珍视每个微笑，珍视每个劳作，即令栽一棵树我也极尽功夫不让它在我身后枯萎，冥冥中是我弥补我对父亲的那个粗心”。因此，在山中林场劳动改造时，看到一个山民受了风寒倒在“我”的茅屋前，从侧脸看像极了“父亲”，“我把饭送到他的草铺边，哽咽着嘱他慢吃。夜里我看着钟表，按时唤醒他，偎着他，喂药。他以为是遇着了好心人，感激得流泪。他流泪，我也流泪。他不会知道我的心事，我在泪雨中忏悔”，由此，“这种感情筑起我做人的基础，使我知道善待他人——相亲的、相识的，陌路的。我也许并不良善，是忏悔救赎了我”②。帮助别人的同时，“我”也完成着对自我的救赎。正如一个文友对他的评论，“负疚是你的文魂”③，可谓切中肯綮。因此，对于曾深深地伤害了“我”的感情的同事，他卖力帮“我”搬家的一幕使“我”恨不起来他：“他站在车厢里，挪动我家大立柜，柜子很笨重。他两腿弓得紧绷绷的，鞋子都变形了，肌肉扭曲，腿肚青筋暴突。为了增施力量，嘴角也错位了。”④对于复印店里的年轻打工者，当“我”意识

① 杨稼生. 北湾[M]. 北京：中国文联出版社，2011：46-48.
② 杨稼生. 北湾[M]. 北京：中国文联出版社，2011：298.
③ 杨稼生. 北湾[M]. 北京：中国文联出版社，2011：182.
④ 杨稼生. 北湾[M]. 北京：中国文联出版社，2011：282.

到自己的斥责可能伤害了他，甚至有可能使他失去工作，“我返回打印店，站在年轻人面前，说：‘刚才我的态度，我不讲道理’……‘一遭生，二遭熟，三遭就是老师傅。这复印活儿，是熟练工，过不了几天你就会了’”①。从中，“我”原谅别人的同时，“我”自己也得到了宽恕。当“我”作为编辑时，曾让一个字迹潦草的作者重新誊写文稿，但这篇文章最终并没有发表，因此“我”内心负疚，“恨自己瞎指挥，恨自己好为人师”，甚至感觉无法面对作者。②

更重要的是，作者推己及人，对于世人，无论亲疏，都怀有一颗宽仁、悲悯之心。这在很大程度上要归于“己所不欲，勿施于人”的儒者风范吧！对于曾经伤害过自己感情的朋友，作者选择了遗忘不快，记取美好。在《雪落高山(外一篇)》中，“我们”尽管几近反目，但“我”又感动于“他”在音乐会上精彩的指挥给“我”带来的美好享受。在《他也不知道》中，虽然“他真伤了我的感情”，但每每想起“他”卖力地帮“我”搬家的情形，“我”便释怀，心存一份感激。在《你是蓓蕾》中，作者对于当下青少年教育中存在问题的忧虑，让我们看到了传统知识分子的忧患与担当。在《看盖楼》《挖水沟的老人》中，有着对于农民工的一份体恤与同情。对于社会的边缘群体农民工，作者并非居高临下地俯视，而是怀着一份尊重和敬意，“如果有一个适合气氛的场合，住房人会向盖房人深深鞠躬的。——住房人和盖房人素昧平生，却因为住房人需要住房、盖房人需要养家而彼此相遇，这实在是彼此做梦也想不到的一种遇合啊!”正是由于这种慈悲之心，对于人世、人间的大爱，杨稼生笔下的世界才呈现出美、善的色彩。也正是因为这种大爱，使杨稼生的散文没有落入小散文的窠臼，不仅仅是小情感的抒发，而是有了更为开阔的视野与时代内涵。

杨稼生的内省和忏悔意识及由此生发出的对人类的悲悯与同情，与

① 杨稼生. 北湾[M]. 北京：中国文联出版社，2011：262.

② 杨稼生. 北湾[M]. 北京：中国文联出版社，2011：182.

他被打成“右派”后所经历的苦难相关，在苦难中他完成了对自己的精神救赎，这颇具陀思妥耶夫斯基的文学格调。他在《北湾》自序中写道，被打成“右派”后，他由握笔杆子的成为拿镢头的，开始了在林场中艰难的劳动生活。“如果抡半天镢头，楔子松动了三次，不仅误工(每人每天有定额)，还受人耻笑”，作为劳动者为了生存，“我每次到山外三十里的镇上办事，必到木工厂墙外垃圾堆上低头观光”，捡碎木块、乱铁丝、胶鞋底子、铁钉等，“逢雨雪天歇工，伙伴们围住我，一边烤火，一边钉鞋掌补袜子补衣服，满嘴粗话戏语，如同狂欢的星期六之夜。我这个领工的威望在快乐中大大提高着”。正是因为投身于劳动，得到“劳动模范”的称号，“人们赐我以平安，才保住了今日这个躯体”，也正是因为此，作者从劳动、苦难中获得了精神的救赎和心灵的平静。他并不像当时有的作家那样沉浸在自己命运的痛苦中不能自拔，而是落入社会底层，体察到更为苦难的众生，由此对人类众生产生了悲悯的情感。

在《购粮本·记工本》中，山中的哑妇人一家受生产队的委托在山中种粮，“她患有习以为常、不曾治疗的哮喘病，像一架会走路的风箱。常年气喘，脸上的肌肉都松弛下来了”，她的丈夫患有“倒睫”病，“用布条紧勒前额，把松下来的眼皮提上去，两眼艰难地挣扎着，低下头来终日捡粪蛋换工分”，他们“舍不得吃麦子，总觉得吃着薯干面馍才像个本分的庄稼人”。女儿英英虽然八九岁，身上没有一条成形的裤子。当时是人民公社时期，农民必须通过挣工分才能换取粮食等基本生活资料，因此“她知道全家姓名拴在工分上，连八岁的女儿英英每天都被打发到山上割草。女儿把草背到家，她从厨房跑出来，搓着面手呼噜呼噜亲自去缴草”。而“我”虽然是“右派”，被下放到山中林场劳动，但仍是城市户口，用的是“购粮本”，哑妇人一家用的是“记工本”。一次，“记工本”不慎丢失，哑妇人一天不吃饭，只是哭，“我”走了三里山路帮她们一家重新办了新工本。哑妇人一家，尽管她身上也有普通农民身上的弱点，会顺手摘一些“我们”菜地里的蔬菜，但作者怀着一颗感恩的心来看待，给予宽恕、谅解，“劳动人深知造物之可喜；她能当面伸出爱慕之手，原是对我们的劳动之嘉赏，我们该高兴啊！”在北湾漫长的二十二年中，她们一家是“我们”的生活伴侣，“试想，若没有哑妇人一家事先在山中等候我们，我们这二十二年怎样熬？叫人后怕呀！亲爱的哑妇人，生生世世感谢您！”

一、“北湾”：中原乡土的质朴与温情

对于流放地“北湾”，杨稼生怀着故土般的深情，它已然成为他人生的重要组成部分。他并未将之作为人生的不愉快经历而抛掷一旁，反而倾注了极其深厚的情谊，“北湾秀色淤结于心二十年不散”。最让人动容的是，在北湾漫长的岁月中，作者对于种植泡桐所投注的感情。和那个年代很多下放劳动的知识分子相似，他们都在繁重的农业劳动中找到了某种乐趣，——或许这只是苦中作乐，但不能否认，痴迷于这种劳动本身多少化解了他们不乏沉重、压抑的生活本身。正是在这种苦中作乐的心态下，种泡桐才成为一件乐事！瞧，作者是这样来写的：“培育泡桐是非常有趣的事情。初春时节，把一段来自水笔大小的桐根埋入土中，一场透雨便生根发芽，到了夏天便森森成林，活脱一则童话！”将种植比作童话，真是一种奇思妙想，但也正映现出作者平和、将苦难淡然处之的心态。

1980年年初，在伤痕文学、反思文学中，不少主人公都在自然中得到救赎和治愈，譬如《灵与肉》中的许灵均：“草场上有一片沼泽，长满细密的芦苇。牲口们分散在芦苇丛中，用它们阔大而灵活的嘴唇揽着嫩草。在沼泽外面，只听见它们不停的喷鼻声和哗哗的趟水声。他在土堆的斜坡上躺下，仰望天空，雪白的和银白的云朵像人生一样变化无穷。风擦过草尖，擦过沼泽的水而吹来，带着清新的湿润，带着马汗的气味，带着大自然的呼吸，从头到脚摩挲遍他全身，给了他一种极其亲切的抚慰”，“有时候阵雨会向草场扑来。它先在山坡上垂下透明的，象黑纱织成的帷幕一样的雨脚，把灿烂的阳光变成悦目的金黄色，洒在广阔

的草原上。然后，雨脚慢慢地随风飘拂，向山坡下移动过来。不一会儿，豆大的雨点就斜射下来了，整个草原就象腾起一阵白蒙蒙的烟雾。……他骑在马上，拿着长鞭，敞开象翅膀一样的衣襟，迎着雨头风，在马群周围奔驰，叱呵和指挥离群的马儿。于是，他会感到自己躯体里充满着热腾腾的力量，他不是渺小的和无用的；在和风、和风、和集结起来的蚊虫的搏斗中，他逐渐恢复了对自己的信心。"①在散文《绿光》中，杨稼生同样写到自然对他的救赎，他在自然的宁静中得到心灵的平静。在山中劳作的时候，因为口渴难耐，"就扛着镢头下山，沿谷底往下走。走了很久也不见水"，"最后找到一小片湿沙窝。扒开一个小穴，渗出一掬水"，"喝足了，抬头看夕阳的时候，于黄叶潇潇中，看见山垭上有一片绿，很不寻常，叶子齐刷刷地夺目，翠嫩生寒生暖生光。这奇迹使我心动，我布满红丝的眼睛湿润了，干枯的感情复苏了"。此后，那个有水的沙窝和绿光治愈了"我"的精神伤痛，成为"我"和山民们劳作时的心灵慰藉，亦是"我"和山民们心灵联结的桥梁，"以后，每渴了累了，就呼唤我们这群挖树坑的山民朋友到谷底不辞困乏耐心走向那片绿光和绿光映照着的一窝清水。他们感激我能找水。大家喝得快活，用黑黑的手背抹着挂在嘴角的水珠子，眼睛亮亮地看着我"。对于从山中走出后栖身的小城垭口，杨稼生怀着深厚的情谊去书写它风景的别致，"垭口高踞山垭，茂林合围，被几座青城合力举起成为一个青城；青城上红楼如云高接蓝天，于是这青的这红的这蓝的就迷迷幻幻构成一幅画卷竖于天地间。环城皆绿树，绿树摇曳碧波荡天际，而这垭口小城又绝类海中绿岛了。微风动，山林舒卷细波；大风作，则又绿浪拍天"。

除了自然，在杨稼生看来，童心、童真也是获得救赎的方式。童心最为可贵，因为它们没有被世俗玷污。很多时候，借助童心、童真，我们能够审视、反省自我。或许可以这样说，作者借助田田不断发现、建立着自己，正如他所言："困顿失望时节跟小孩玩是一种消化人生的教

① 张贤亮. 灵与肉[J]. 朔方，1980(9).

育”，我们则借助他的散文发现、反省着我们自己。《叩问童心》中的一些篇章让我们体会到跋千山涉万水的成年人面对无知幼儿时，欲让她人生一路顺畅，但又明知无法掌控时那种苍凉、无奈之感，以及要让这种苍凉无奈转化为对人对事的宽仁与悲悯。《向晚时分》中的这一段话道出了人类的共同情感：“也许因为我和田田岁差太长太长，这乱世枯梗充塞的无水小溪就显得苍茫繁驳，让人感到了沧桑辽远的悲凉，我差点向田田遥遥挥手说一声再见。我能知道我是如何从田田这大点儿走到今天的，且知其步履之正误；而田田却不会知道她将应该以什么样的步伐走到我的今天，并且我也不能向她一一交待明白——这是人世间千般遗憾的根源。”于是，作者只能一点一滴地来感染田田，和田田在一起时不戳破菜农在菜中夹带泥以增重的诡计，而保持了对农民的一份同情性的理解；或用美丽的谎言来装扮孩子纯真的世界，当田田栽的小树被人拔去，为了不让她难过，“我”只好说：“如果那位清洁工知道这是一棵会开花的树，他肯定不会拔掉的。”再者，童心给人们带来精神启迪：“田田从来不说我的话是对是错。她不会评论，只会问……其实，我也真希望这世上永远没有评论，只有问，你说你光明正大，我就问：‘你真的光明正大吗？’”

二、《两岸书》：两位中原作家的精神共鸣

诗人痖弦 1932 年出生于河南省南阳县（今南阳市卧龙区）杨庄营村东庄的一个农民家庭。六岁入本地杨庄营小学，九岁入南阳私立南都中学，十六岁入豫衡联合中学，1949 年 8 月，在湖南参加了国民党的军队，随后跟随部队去了台湾。1966 年 12 月，以少校军衔退伍。1969 年任台湾“中国青年写作协会”总干事。1974 年兼任华欣文化事业中心总编辑及《中华文艺》总编辑。1975 年任幼狮文化公司期刊总编辑。1977 年 10 月起担任台湾《联合报》副刊主编。

在《青灯有味——痖弦先生文学回望》中，杨稼生以深情的笔触概括

了诗人痖弦一生的文学追求和文学活动。从中我们不仅看到了诗人痖弦，也看到了作者自己的文学态度与创作立场。正因为如此，作者对痖弦的透辟之解也有着自我的某种投射，“诗人以博大胸怀面对人类种种无奈，动心地倾诉，不玄，不虚，不矫，不滞，灵动而沉着，冷峻而机智，以哲人的慧力挣脱出来，与读者共休戚”。

痖弦是台湾的著名诗人，杨稼生是大陆的散文家，地理空间上虽然遥远，但共同的文学坚守、对故乡的眷恋让他们彼此成为了最真挚的友人，正所谓“知我者，痖弦也”“知我者，稼生也”。这种感慨让人想到了鲁迅送给瞿秋白的辞——“人生得一知己足矣，斯当以同怀视之！”颇有意味的是，他们虽然一个写作诗歌，一个写作散文，文体不同，却达到了心灵的共振，散文和诗歌作为文学的两大门类，与小说、戏剧的不同之处就在于，它们没有掩饰与伪装，都是作者情感与心灵的最直接展现。

《两岸书》是杨稼生和痖弦之间的书信合集。文人、作家之间的书信往来既是反映一个时代的历史文献，也能反映出作家独特的人格特征和情感世界。早在抗日战争时期，萧军在成都给胡风写过六封书信。其时，民族危难，时局动荡，文人的处境可想而知。但他们都不曾放弃自己坚守的文学理想，仍然进行着文学活动：萧军在成都《新民报》任副刊主编，胡风在重庆主办文学杂志《七月》。书信中两人深厚的友谊让人感动，萧军在信中常担心胡风的安危：“此次重庆被炸，你是否受惊？念念。”①萧军耿直狂放的游侠性格也在书信中展露无遗：“反正，我是不想和那些文化商人去接头，如果我自己能弄到钱（大概不容易）就自己出，不然就放起来，我是绝不去和他们‘接洽’的，所以也没什么不好。”②萧军和胡风均是鲁迅心爱的弟子，两人的文学观念、处事方式都相近，才通过私人化的书信交流彼此对文学、社会的看法，这也为文学

① 萧军. 人与人间——萧军回忆录[M]. 北京：中国文史出版社，2006：326.
② 萧军. 人与人间——萧军回忆录[M]. 北京：中国文史出版社，2006：328.

史留下了一份生动的史料。长期的书信往来必然是由于“嘤其鸣矣，求其友声”。

杨稼生和痖弦都是20世纪30年代出生在河南，痖弦比杨稼生小一岁，20世纪90年代开始书信往来时，他们都已是60余岁的老人了。他们在书信中将各自的保健秘方告知对方，痖弦告诉稼生：“你说你身体不大好，白血球减低，可否吃些维生素E？我吃维他命(台湾名)二十余年，对健康帮助甚大。”稼生感谢友人的惦记之情，服用痖弦寄给他的维生素。稼生也告知痖弦：“多吃煮得烂熟的黑豆、胡萝卜。”痖弦亦照办，并不无童心地调侃道：“看见兔子从对面走过来，得赶紧躲开，免得被对方吃掉。”这些日常生活中所流露的关爱之情，是最质朴的人性。作为文人，他们的友谊还有更深层面的体现。出于对故乡的深情眷恋，痖弦委托稼生搜集南阳的戏曲资料，稼生辛苦奔波，不仅搜集了大量的曲目，而且展开“田野调查”，寄去《海连池访谈录》，让痖弦在海峡的彼岸感动之至。稼生想在台湾出版自己的文集，痖弦颇费周折地寻找机会向出版界的朋友推荐，并邀请相熟的友人做序，以求扩大稼生文集的影响。由于出版社的人事变动，痖弦先后联系了丝路出版社、九歌出版社，并亲自写信给九歌出版社的负责人，极力推荐稼生的人品与文品，“其中有一位河南作家杨稼生先生，与我特别合得来。此人人品文品俱佳，是值得交一辈子的朋友”。最终，稼生的文集在九歌出版社得以出版。这种感情至深的友情让稼生感动不已，他在信中感喟道：“稼生遇到遥不可及的痖弦是一场奇遇，也可谓稼生积德了，稼生命好！”“友谊也是一个生命，你我都珍惜。”

《两岸书》是痖弦与杨稼生私人友情的纪录，是朋友之间情感的传递，具有私人化的特点，但书信亦有公共性的功能，它是特定时代社会生活、文化心理的纪录与反映。从这一角度来看《两岸书》，我们可以发现它对海峡两岸文学生态的真实反映，正如稼生在信中所言：“你我的情感不是私人的，是属于文学。”由于台湾先于大陆迈入发达的工业社会，从痖弦的书信中，我们可以看到市场对于文学出版的冲击、纯文学书籍的边缘地位。他为稼生接洽出书事宜的过程中，一再感叹纯文学书籍出版之艰难："台湾出版界，也在恶性商业化，走低俗路线。九歌、洪范都在苦撑"，"我一直在多方面接触，但因出版界不景气，纯文学书滞销，始终没有结果"。报纸副刊在新媒体时代也变得步履维艰，"(《联合报》副刊)压力很大，报社提出'阅读减压'，要副刊不要发太多的字量，插图要大大的，他们觉得读者比较容易接受。过去我在时，每日发稿一万六千字，现在只有六千字不到。由于容量减少，稿挤情况严重，施展不开，但也没有办法。由于电脑网络出现，年轻读者大量流失，报分急剧下降，整个生态变了。"大陆在20世纪90年代随着市场经济的推进，商业文化开始渗透到文学领域，"美女作家""青春文学"等眩目的文学现象背后莫不有书商的精心策划。在这种情况下，有的作家也放弃了文化人的担当与社会责任，一味地趋俗、媚俗。对于文坛上的种种丑恶现象，作为文人的杨稼生无法不直面，"时下小男人小说小女人散文炒得沸扬，'小男人，小女人'是泛指，其间也有成年作家从中起哄添乱，无'性'不成书，书店中大半是此类垃圾"。但他并非仅仅宣泄心中的不满，而是出于文化人的责任忧虑文学的未来，"古人出书，或刻竹板，或活字印刷，或石印，都艰难辛劳，好在他们不计个人利害，印一百二百本也不辞。如果古人也像今天的出版商这样，中国的古籍书都失传了，什么灿烂文化？将是一片空白！"

无论台湾还是大陆，在商业文化的冲击下，文学生态的恶化现象已经是有目共睹的，但唯其恶劣，方更能凸显坚守者的人文价值。在《两岸书》中，我们看到了两位老人对文学环境的不满，但从中我们更能看到他们对于文学理想的可贵坚守。痖弦说："诗，有时比生活美好，有时则比生活更不幸，在我，大半的情形属于后者。而诗人的全部工作似乎在于'搜集不幸'的努力上。当自己真实地感觉自己的不幸，于是便得到了存在。""生活的深度就是诗的深度。"因此，痖弦的诗歌不是沉溺于个人生活的诗歌，他的诗中有中国沉默的大多数民众、有民族国家的沉重历史，正如他所说："对于一个苦难的民族，我们期待博大的诗人产生，似乎要比期待纯粹诗人来得迫切。”那首写于 1957 年的《红玉米》，既是诗人思乡之情的真挚抒发，又是古老中国普通民众生存状态的再现。他在信中多次使用“文化使命”这样的表述，并坚决地向杨稼生表示：“如果刊物和副刊还在我手里，我绝对不会向商品经济观念投降。敢夸口说我一人能顶半边天，可以挽回颓势。”作为志同道合的朋友，杨稼生的散文致力于生活中美与善的发掘，他的散文大多是在呼唤和构建健康、美好的人性，正如他所言：“文学是救心的，救心的同时，也救了这个世界。”这是他的文学观。经历了近 20 年山中生活的杨稼生称自己为“山中人”，对于文学圈中的种种是非功利不愿卷入其中，“自甘于‘小手工业者’的寂寞经营”。正因为如此，他常常能够以平和的心态去化解生活中的不快。对于某册中学语文教材收录他的一篇散文，却无赠书无合同无稿费的不堪事实，他坦然接受，因为“版权页标示每年印数 19800 册，14 年近 28 万册，学生是最稳定的读者群。由于这家教育出版社，我才得以拥有这 28 万读者”。同时，他也自豪于能够与苏轼、宗璞等文学大家同时入选该册教材，这就是一个文人的纯粹之处。

附 录 1

进城农民身份认同焦虑的文学叙述

要考察身份认同的概念，我们需要先分别理解“身份”与“认同”这两个词语。“身份”揭示的是生活在社会中的个体与社会的关系，而“认同”本身则有两重含义：一是“本身、本体”，是对“我是谁”的认知；二是“相同性、一致性”，是对与自己有相同性、一致性的事物的认知。因此，对身份认同的研究也就是对个人与社会、个人与集体关系的研究。在文学批评实践中，身份认同更多地被与种族、民族和族裔散居所带来的流散写作中写作主体遭遇的文化身份认同联系在一起，由此，认为“身份认同主要是指某一文化主体在强势与弱势文化之间进行的集体身份选择，由此产生了强烈的思想震荡和巨大的精神磨难。其显著特征可以概括为一种焦虑与希冀、痛苦与喜悦并存的主体体验”①。但这也并不意味着身份认同只存在于后殖民文化批评中，在中国长时期的城乡二元结构的情境下，进城农民在都市文明和乡土文明中的艰难选择与身份焦虑，亦适合从这一概念来进行考察。

一

回顾20世纪以来大规模的农民进城，可以分为三个阶段：一是20

---

① 赵一凡，张中载，李德恩. 西方文论关键词[M]. 北京：外语教学与研究出版社，2006：465.

世纪前半期的农民进城，主要由战乱、天灾以及资本主义经济的挤压所造成的破产者构成，当时的城市经济尚不发达，没有为他们提供足够的就业空间。二是 1957 年前后、“大跃进”时期，由于没有吃的，曾经有大量农民流入城市，但后来又被强制返回农村。三是 20 世纪 90 年代以来，伴随中国的都市化、现代化进程加速，城市建设需要大批的廉价劳动力，严密的户籍制度也逐渐松动，农民开始大量涌入城市。这是一次大规模的迁移与流动，汹涌澎湃的民工潮为中国经济的发展注入了无限的活力。但从身份认同这一概念来考察，自 20 世纪 90 年代以来，农民大规模进入城市，深陷都市文明和乡土文明的巨大冲突之中，身份认同的问题才强烈地凸显。为什么之前两次农民进城，甚至包括 20 世纪 80 年代的农民进城，身份认同问题还没有完全凸显？一方面，前两个时期中国的城市还不是完整意义上的城市，更像是一个扩大了的乡村；另一方面，这些时期农民进城，还不打算长期待在城市，他们无意于永久居住，进城也是为了返乡。譬如，20 世纪 80 年代初期的小说《陈奂生上城》中的陈奂生到县城卖油绳，心情非常轻松，抱着游逛的心态。李杭育《最后一个渔佬儿》中农民富奎的想法反映出当时农民的普遍保守心态：“我可不想到工厂去……照着钟点上下班，螺蛳壳里做道场，哪比得上打鱼自由自在？那憋气生活我做得来吗？”其时农村率先改革，实行家庭联产承包责任制，极大地激发了农民的生产积极性，他们享受在自己的土地上劳作的快乐。在封闭的城乡二元分隔的社会中，城市于他们而言是一个相对遥远的存在，面对城市，他们可以淡然处之。当然，如高加林、孙少平这样的乡村知识青年对于城市也有着强烈的憧憬与向往，但更多是由于乡村不能满足他们精神发展的需要，而非仅仅为了物质层面的生存。况且，以当时的社会状况，高加林、孙少平进入城市，依靠出众的知识和才华，还能谋得一席之地，不会遭受太大的歧视，高加林成为通讯员也是在体制之内，孙少平也是大亚湾煤矿的正式工人。

在 20 世纪 80 年代的文学作品中，不仅没有身份的焦虑，还经常能够见到对农民在土地上的劳作的尊重与赞美。譬如，在贾平凹《鸡凹窝人家》的回回身上，我们不仅看到了农民身上的传统美德，而且还看到了因对劳动的信仰而带来的自信和尊严。小说中有这样的段落："东墙上，挂着筛箩：筛糠的、筛麦的、筛面的、筛糁子的，粗细有别，大小不等。西墙上挂着各类绳索：皮的曳绳、麻的缰绳、草的套绳，一律盘成团儿。南墙上靠着笨重用具：锄、镢、板、铲、犁、铧、耱、耙。北墙是一个架子，堆满了日常用品：镰刀、斧子、锯、锤、钳、钉、磨刀石、泥瓦抹。满个屋子里：木的亮着油色，铁的闪着青光，摆设繁杂，杂而不乱。"还有《平凡的世界》中的孙少平，能够在艰苦的生存条件下从容、淡定，是由于他对劳动本身持有一种坚定的信仰。他将劳动看得高于一切，无论是当揽工汉还是当煤矿工人，他都是由于劳动而受到尊重，自然也建立了他作为平凡劳动者的人生信念。这一方面是由于在城乡分隔的社会制度下乡村社会相对安静、封闭；另一方面是由于作家的道德化情感化的立场，无论是路遥还是贾平凹，都是离开乡村到城市生活的知识分子，他们习惯于在对都市的种种不适中缅怀乡村和理想中的乡村道德，将之视为一种心灵寄托和情感慰藉。

20世纪90年代以来，由于改革开放逐渐转向以城市为中心，城乡差距愈来愈大，"向城而生"成为农民、农村的唯一意识形态。20世纪90年代以来的民工潮释放了市场经济的活力，也让农民看到了离开土地到城市谋生的希望，他们大规模涌入都市，努力在都市站稳脚跟，以谋求更好的生存。然而，面对强大的都市，他们没有了当年陈奂生的轻松心态，也没有高加林、孙少平的才华与学识，这决定了他们无法进入体制之内，融入城市生活，只能徘徊于都市边缘，垃圾生活、杂工生活、民工生活、小买卖生活等是他们的主要生存方式。同时，当代作家也开始告别将过滤了贫瘠与粗陋的唯美乡土视为人类理想精神家园的文学传统，开始正视土地对农民的束缚以及城乡两种文明的差距所带来的农民对自身身份的焦虑与不安。当代作家理解并尊重农民这种改变身份、改变命运的渴望，尊重他们作为公民的迁徙权利，书写他们对城市的向往以及在城乡文明冲突中身份认同的危机。

在新世纪的很多乡土小说中，我们常常看到一种缘于农民身份的焦虑，他们急于摆脱农民身份，这也正是他们大规模地进入都市的心理动力。当下，农民身份已不再像之前那样意味着一种劳动的美德或自尊自足的生活方式，而更多地成为贫穷或落后的标签。在《歇马山庄》《到城里去》《歇马山庄的两个女人》等小说中，作家们摆脱了道德化的立场，正视中国城乡所发生的巨大变化，由此，我们看到劳动的信念被农民身份所带来的焦虑所占据，农村成了农民急于逃离的地方。在《歇马山庄》(孙惠芬)中，农村女孩小青从上卫校时就有个强烈的愿望：无论如何都要留在城市。为此，她甚至不惜献出了自己青春的身体。然而，没有资源可以凭借的她还是回到了乡村，但她的心从来也没有属于农村。嫁给程买子以后，成了村长的媳妇，但是她毅然选择了离婚，决心奔向城市，去做打工妹。正如有学者所指出的："这样，对'乡下人'身份的拒绝就连带着对'乡下人的妻子'这一性别身份的拒绝。"①刘庆邦《到城里去》中的农村女性宋家银也是如此。她强烈地拒绝"农民妻子"的身份，而是以工人家属的身份来定位自己。为了这一身份，她在村里率先买自行车、建砖瓦房，处处维护着作为工人家属的"面子"。为了维护这一身份，她一次次逼着丈夫杨成方离开乡村，到郑州、北京打工。然而，在北京目睹了丈夫在城市拾破烂的辛酸生活之后，她对这一身份的坚守彻底崩溃了。这时，她才明白这一身份的虚假性："当城里人，她这一辈子是别想了。当工人家属，也不过是个虚名。现在工人多了，有没有这个虚名，已经不重要了。"刘庆邦以其多年的乡土生活经历，通过宋家银这一形象，生动地写出了农民对于城市的向往以及农民身份所带来的焦虑，揭示了城乡二元的社会结构给农民带来的压抑与伤害。

然而，奔向城市之后的农民是否真的能够摆脱农民的身份，成为真正的城里人？还是仅仅成为城里的乡下人？事实上，进城农民要想真正

---

① 刘思谦．身份的焦虑、尴尬与超越——兼谈转型期"底层写作"问题[J]．湘潭大学学报，2008(2)．

适应城市生活，成为城市市民，必须具备以下三个条件：相当的经济收入、一定的社会地位和人格心理、文化层次上的城市化，“这三个层面是逐层递进、相互联系的。经济层面是基础，经济收入和社会地位决定着打工者的社会生活方式和社会交往对象，通过社会层面的交往才可能达到价值观念的转变和文化层次的提升，从而达到人格心理和文化人的认同和归属感。”①也就是说，市民与仅仅在城市生存的农民是完全不同的。一个典型的市民，除了应当较长时间地生活在城镇，还应该对城市生活及其意识形态，如城市商品经济、价值观、伦理观，有相当的了解与认同，当然最好还在城市中能够有固定的居所和一定的社会关系网络。一句话，“城市不仅是他谋生的地方，也是他的家”②。以这样的标准来考察很多农民工，他们很难被称为城市人，毋宁说，他们是活在城市里的人。

二

由于进入城市的农民受到包括户籍制度、用工制度、社会保障制度等在内的种种限制，其难以建构起相应的身份认同，很多进城农民不得不在城乡之间游走。他们既不是城市人，也不是农村人，只能在城乡之间游走，成为季节性的“候鸟”。早在20世纪50年代，擅长写工业题材的罗丹就将在中国特殊环境下工人与农民的天然联系写进了他的长篇小说《风雨的黎明》中。小说写到刚解放时，许多失业的鞍钢工人暂时居住在附近的农村靠种地谋生，但他们无心在农村居留，留恋的是工厂里机器的喧嚣声和流水线作业，一旦工厂让他们复工，他们便义无反顾地回到自己工人的岗位上。由于受到当时主流政治话语的影响，将工人阶级视为社会主人翁的思维定势，使作家不可能写出在工人、农民身份的转换中人物心灵的矛盾与挣扎。

① 李新．新世纪文学中的底层叙事[D]．长春：东北师范大学，2009.

② 邵宁宁．《骆驼祥子》：一个农民进城的故事[J]．兰州大学学报，2006(4).

至新世纪，当代作家直面现实，将农民工这种非农非工、半农半工的身份尴尬呈现得淋漓尽致。孙惠芬的《民工》、罗伟章的《我们的路》都给我们展示了这种身份在城市与乡村这两个生存空间中的痛苦与艰辛。《民工》围绕着鞠广大的妻子突然在乡村病故，父子二人回去奔丧，办完丧事之后又返回城市的过程，呈现出了这种半工半农、非工非农身份背后的生存艰辛，浓缩了他们在城乡这两个生存空间中所受到的权力盘剥。在城市，工头拖欠工资、克扣工资，他们干了半年并未拿到工资。在乡村，像鞠广大这样的外出打工者必须给村长刘大头送礼以求得关照。鞠广大体会到的是在城乡之间谋生的艰辛，他的老婆柳金香则尝到了农民工妻子这一身份所带来的痛苦与困扰。她承受着乡村权力和性别的双重重压，她的突然死亡，是因为乡里退耕还林让种上银杏树，结果总是不下雨，致使银杏干旱而死。她一个人在家要负担所有的农活，因此与村里种庄稼的好手郭长义产生了暧昧的感情。这种感情的发生有着特别的环境和条件，本来是可以理解的，但却成为乡村女性不贞洁的标志，死后饱受各种流言蜚语的伤害。《我们的路》中的民工大宝也是如此，在城市谋生饱受屈辱，回到故乡面对的是村人势利的冷眼，面对家里连一头牛都没有的现实，面对年幼的女儿无法买得起课本的现实，他不得不又踏上了返回城市的路。

当有些作家仅仅停留在对进城农民半工半农身份尴尬的表层呈现时，另一些作家则深入到他们的心灵深处，揭示其身份认同的焦虑与困惑。“身份”是指个人或群体的出身、自我想象与社会地位，“认同”则是个人或群体为确证自己的社会身份而在文化上所做的追寻。有的作品表现了进城农民与城市遇合之后，寻找自身身份认同过程中的矛盾与纠葛，这种源于身份的焦虑与困惑成为他们精神上的巨大困扰。在对这一问题的揭示上，小说《明惠的圣诞》(邵丽)最为深入，呈现出乡下女孩明惠在城市中寻找自我、建构自我，最终失去自我的过程。农村女孩明惠一心想成为城市人，她做了按摩小姐以后默默地、勤奋地工作、攒钱，努力朝着她所设定的人生目标——做一个城里人慢慢靠近。那时，尽管她很辛苦，但精神上却是充实的。碰到离婚的城市男人李羊群后，她的生活发生了改变。她住进了李羊群的家里，不再为钱而发愁，开始像都市女人一样去生活，去消费，但她的精神却空虚得“像一座被废弃的仓库”。因为她不知道自己到底是谁？当她提出可以辞退钟点工自己来打扫卫生时，“李羊群说，辞了？干吗呀，我可不是让你来当工人的！圆圆一直琢磨他这话的意思，不是让我当工人，那是把我当什么呢？如果没有他这句话，圆圆还没觉得有什么问题。有了他这句话，倒真成了一个大问题”。圆圆虽然过上了令人羡慕的奢华生活，但她所拥有的那些高档都市消费本身彰显了消费者的社会地位和身份，对于圆圆来说，却是虚幻的，因为她并非都市的市民，只是一个依附于李羊群的无根浮萍而已。她的收入主要来自李羊群的施舍，并没有相应的社会地位来支撑，也难以建立起相应的社会人际网络，因此就更达不到人格心理和文化层次的认同。一场圣诞节的聚会让她意识到自己的边缘地位，她才发现自己只不过是李羊群的“伙伴”而已，身份迷失了的圆圆选择了自杀。要强的明惠的自杀结局也是必然的，因为她追求的不仅仅是金钱，而是身份的归属，城市市民的身份对于她来说，可望不可及。

如果明惠对城市的向往还是朦胧的、模糊的，那么贾平凹《高兴》中的刘高兴则是从理性上认同城市文明，积极地融入城市，主动地建立起自我的身份认同。他喜欢城市，热爱城市，有一种强烈的城市认同感。他到城市，不仅仅是为了物质层面的谋生，更多的是怀着对城市文明的认同，在他眼中，城市代表着文明、优雅、时尚，是他向往的地方。他梦想成为一个城市人，只想凭借自己的勤劳与智慧在城市中有个立足之地，为城市的发展做出一份贡献，在他看来，这样就能够算是一个城市人了。刘高兴没有仇恨城市、仇恨富人的心理，对于城里人对他的轻视，他总是宽容地检讨自己：“他人轻我，必是我有不被他人所重之处。”但即使如此，他在城市中还是备受冷落与欺辱：收破烂的时候，有人喊他“破烂”；他用身份证帮老教授打开房门，却被当作小偷。作为拾垃圾者，刘高兴和五富在城市人的眼中是像“垃圾”一样的存在，肮脏、丑陋、多余，城市没有接纳他们的意向，也没有他们的确切位置。只有刘高兴在精神上一厢情愿，没有一定的经济收入与社会地位，得不到城市的尊重与理解，他的自我身份认同也终难建构起来。因此，随着“换肾”事件的真相大白与五富的死，刘高兴成为城里人的梦想彻底破灭。

与诸多底层文学作品常常描摹某一个进城农民破碎的城市生活不同，贾平凹在这部小说中有意为刘高兴设置了一个群体。在这个群体中，都是与他生活相似的人，他们居住在城中村的剩楼上，吃的是发霉的干馍和菜市场每天晚上处理的烂菜叶子，平时走街串巷拾破烂，深夜到郊外的公路上卸水泥，游走于这个城市的边缘。他们之间有着共同的身份认同，正是这种共同的认同让他们互相帮助，在感情上互相慰藉，给苦难辛酸的城市生活带来不少温情。小说中，刘高兴和五富去咸阳挖地沟，生活拮据的黄八还盼着他们回来，为他们交了房租，这一细节让不少读者为之感动。但小说的结尾，五富死了，杏胡夫妇因收了吸大烟的人偷来的马路上的铁护栏被警察抓走了，这个给予他们温情与安慰的群体自行消亡了。小说通过这一个小群体，展现了生活在城市边缘的进城农民的悲凉处境，当他们作为个体的生活都漂泊无依、没有任何保障时，这一群体自然也是流散的状态，根本无法形成稳定的群体，从而为他们艰难的城市生活积存人脉资源和提供情感慰藉。

游走于城市与乡村之间，进城农民成了被悬浮起来的无根一族。从职业上说，他们已经不再从事农业生产，而是在城市从事第二、第三产业。但受限于城乡二元结构和户籍制度，他们并不是城市市民，无法享有城市文明的成果，户口还在农村，在农村保留着一定数量的土地，但城市文明的耳濡目染又不断消解着他们对乡土的情感认同和社会记忆，生活方式的巨大差异也使他们不再适应农村的生活方式。对于乡村与城市，他们都没有了归属感与认同感，只能发出“家园何处”的感慨。底层文学作品对于进城农民精神家园悲剧性失落的书写与关注，是对进城农民身份认同危机的深层揭示，当一个人连赖以安居、憩息的“家”都失去时，所谓身份认同只能是枉谈。胡学文的《虬枝引》将主人公在寻找家园时无家可归的惶惑感和失落感表现得十分细致、生动。在城市以收破烂为生的农民乔风回到家乡想和老婆离婚，但当他回到故乡时，却发现自己的村落都消失不见了。失去家园的乔风失魂落魄，他找到当地派出所所长和镇长，试图寻找故乡的一棵树，但他们从没有遇到过寻找家乡的案件，无能为力，最终乔风一无所获。小说以几分现代主义的手法，揭示了进城农民精神家园的失落。

三

从以上论述中，我们可以看到，作家基于知识者的立场对进城农民身份认同危机的呈现，及由此造成的精神家园的失落的揭示，具有强烈的人道主义诉求和人文批判色彩。某种程度上，不无鲁迅“揭示病苦，引起疗救者注意”的动机，亦有不如此强烈展示悲苦就不足以唤醒国人重视的良苦用心。但我们不得不承认，有的作家放弃了深沉的思考，一味地平面地展示底层的生存苦难，大量堆积苦难元素，却无法上升到对其身份认同和身份建构问题的揭示。在陈应松、罗伟章、王祥夫、曹征路、熊育群等青年作家的一些小说中，底层始终是被侮辱者与被损害者，他们只能生活在黑暗的盲区，甚至失去生命，或者被逼采取暴力形式抵抗，因无知而触犯法律，受到法律的制裁。这种追求极端化、奇观化的苦难美学，其实与追求幽默搞笑的娱乐文化一样，具有极为强烈的消解效应，文本中毫不掩饰的欲望、暴力书写极大地消解了作品的文化内涵与批判力度。不可否认，这些苦难叙述在一定程度上也折射出了底层的艰难处境，甚至不乏比这些苦难更惨烈的现实。但如果仅仅停留在对生存苦难的展示和渲染上，必然会使其不能进入进城农民身份认同与主体建构层面，从而使这样的文本仅仅成为消遣文学的一种情感宣泄和娱乐文化的一种点缀。

从知识者视角的底层叙事中，我们看到了一个个碎片化的底层小人物卑微的生存和精神的危机。然而，底层自我叙述的打工诗歌却呈现出另一番面貌。在这些诗歌中，我们看到打工者的坚韧与尊严，以及对自己所属群体的强烈认同。打工诗人对劳动有着积极的认同，并且从中体会到做人的尊严，“你为这个城市的建设，搬运过3298吨钢筋”(陈忠村《城市的高度我无法测量》)，“这也是我的北京/这里的繁荣，也有我的一份”(郁金《今夜的北京》)。最可贵的地方还在于，打工诗人将自己视为国家的公民，应该享有公民的权利与义务，在孙文涛的《“站住，把你的暂住证掏出来!”——97年的一天，首都西客站》中，当诗人受到警察的审查和盘问时，并没有滋生怨恨或报复的情绪，而是以理性的态度申明自己作为中国公民的公民权：“并且，我还不得不告诉您——/我只能和必须/生在中国、活在中国、死在中国/永远居住！——/中国的每块石头/都铭刻着我本土劳动者/坚如磐石的法律地位。”应当说，打工诗歌中所呈现的打工者积极进取、追求平等、尊重法治的公民身份，正是他们所期待的自己应该拥有的身份认同与自我想象。

由知识者视角的叙事和来自底层自身的叙事存在的落差中，可以见出当代作家精神资源的匮乏。在“十七年文学”的阶级斗争和革命话语作为精神资源已经不可避免地失效的情况下，他们只能以自上而下的同情姿态去看待进城农民的生活，并没有将之视为平等的国家公民。许多作品只是平面地展示进城农民的生存苦难，不敢也没有能力进一步追问或揭示造成这种苦难的根源，暴力或苦难只是他们回避矛盾的一种美学上的权宜之计。他们还不能吸收现代法治和公民社会的理念，保障个体安全、财产和自由，确保公权力的运作在法律框架下运行，坚持法律至上尤其是确立宪法至上的原则，确保司法独立且公正，这些法治的核心观念还未深入作家的思想深处。当代作家的写作应该是渗透了公民意识的有责任的写作。在这方面，尤凤伟的《泥鳅》是值得肯定的。它通过进城农民蔡毅江组织地下帮会成为工商部门管理小商小贩的工具，后来死于地下帮派斗争，高官亲属三阿哥通过自己的权力背景顺利拿下机场项目，从中套取银行贷款，并让国瑞做法人代表成为其非法融资的替罪羊等情节，质疑了某些政府部门等公共机构的非法运作，提醒我们如果公共权力不遵守法律秩序，底层小人物只能沦为非法运作的权力的牺牲品。

此外，作家一味地以同情的姿态展示进城农民所遭受的欺压，却很少写到他们的理性反抗，即使有反抗，也是以暴力的方式呈现。这固然是对底层小人物悲惨现实处境的真实反映，但对这种暴力反抗方式的过度同情，必然导致其放弃了对游民文化对法律制度和社会秩序的强烈破坏性的反思，——暴民乱治丝毫不会带来社会的进步，只能是恶性循环。作为公民，以合法的方式为自身权利做斗争，不仅是一项公民权利，而且是一种公民伦理，是公民对他人、对社会的责任。然而，在这方面，鲜有文学作品对此进行表现，但身处改革开放最前沿的深圳作家曹征路，以长篇小说《问苍茫》展示了对这一问题的思考。小说中的打工妹柳叶叶经历了姐姐毛妹在工厂救火毁容却无法得到合理赔偿的困境，在常来临维护外方老板利益、请来律师与她不断斡旋之后，柳叶叶逐渐发现常来临原来只是老板用来拉拢、安抚工人的工具。她开始充实自己，上夜大，学习相关法律法规。最后，顺利拿到夜大毕业证的柳叶叶加入了打工仔唐源建立的民间劳工维权组织，向打工者宣传相关法律，维护他们的合法权益。正是在这个过程中，柳叶叶找到了身份的归属感。无疑，柳叶叶这一人物形象的塑造可以启蒙打工者群体的主体性，建构其身份认同，使他们意识到自身的权利，并通过法律途径来维护自身权利。当然，前提是有一个公平、公正的司法和执法环境，只有这样，像国瑞、蔡毅江、柳叶叶等才能更加有效地通过法律手段而不是暴力来维护自身权益。同时，只有将民主、自由、平等的现代理念引入经济体制与政治体制改革，打破市场与权力的合谋所造成的利益固化和阶层固化，为底层小人物创造更多平等竞争的机会，他们“被侮辱与被损害者”的身份才能逐渐转变为平等的“公民身份”。

当下，农民工的处境虽然有了改善，但与城市市民之间仍然有着较大差距。他们被城市接纳成为市民，从情感上积极认同城市，劳动权益受到合法保障，这个过程是漫长的。正如有的研究者所说：“(农民进入城市)这不仅仅是生产方式、工作方式的改变，还象征着社会地位、社会角色和社会身份的转换。因而产生了改变自身身份与角色认同的内在动因，但这种动因要转化为实际的行为，取决于他们能在多大程度上享受城市文明的成果。如果城市文明的成果对他们来说，只是可望而不可及的，那么他们只会把自己当做城市中的过客，而不会发生身份认同上的改变。”①由于现代社会的矛盾性和不确定性，身份认同的危机已经是现代人的典型标志。通过社会身份的认同和建构，人们不仅可以提高自尊，还可以减低无常感、提高认知安全感，满足归属感与个性的需要，消除对死亡的恐惧，找到存在的意义。进城农民这样一个庞大的群体，如何逐步城市化、市民化，构建起其身份认同，既是当下文学的重要课题，亦是当下中国社会要面临的重大问题。

① 许传新. 新生代农民工的身份认同及影响因素分析[J]. 学术探索，2007(3).

附录 2

叶剑秀小说印象

在中国传统文学中，小说被视为“小道”，不过是“街谈巷语，道听途说”，不能与诗文相提并论。1902年，梁启超发起“小说界革命”，力图改变小说的低下地位，将之视为启迪民智的工具，但他发起的新小说创作并未取得显著实绩。至五四新文化运动，小说才在鲁迅等人手中成为社会文化批判和国民灵魂改造的有力武器，承载着中国现代知识分子的启蒙精神，并产生了一系列经典作品。但进入20世纪90年代以来，伴随中国社会的转型，经济资本的介入改变了文学生产的版图，消费文化汹涌而来，严肃文学被边缘化。在这样的环境中，严肃文学的创作更加艰难，面对种种诱惑，作家也更难坚守知识者的人文立场。读完叶剑秀先生的小说集，感到可贵的是，这样一位来自基层的作家，仍然坚持着严肃文学的创作，既观照着当下转型期中国复杂多变的社会现实，又书写着中国现代历史的风云变幻。

《荣誉》和《门户》是小说集中现实感最强的两篇，都触及了当下中国社会阶层分化中底层小人物的生存现状。近年来，底层文学成为当代文坛讨论较多的话题，但大多数底层文学作品将进城打工的农民作为描写对象，忽略了社会中的其他弱势群体。叶剑秀则将目光对准了乡村的小学教师、留守妇女及留守儿童，揭示了他们的生活现状与情感矛盾。给我印象最深的是《荣誉》，小说讲述了一位有着几十年教龄、兢兢业业的老教师郭老师，退休前想晋升一级职称，而晋升职称必须曾被评为“先进教师”，但郭老师并无证书（只因在外打工的儿子曾经见义勇为救过落水儿童，被县里的领导口头封为“先进教师”），没有那一张证书，郭老师不能如愿晋升职称，为此村民不得不以抗拒拆迁来“要挟”县长。极具讽刺性的是，小说结尾，善良的郭老师因救小学生失去了生命，这时他才被县教育局评为“县级优秀教师”。小说将生活的复杂性呈现了出来，乡教育办的杨主任、县教育局人事科张科长、村主任李建豪都真诚地想帮助郭老师，他们甚至动用自己的各种关系来促成这件事，但仍然没有结果，正如小说所写的：“过程和答复都是太极拳那一套，推、挪、闪、腾。最相似的一句话是：不是自己的事，用不着那么上心，也值不当去求那个情，现在的事不好办。”即使是那个能够直接解决问题的县教育局局长，他“不能弄虚作假”的理由也看似合情合理。这让人想起鲁迅所言的，“中国的做文章有轨范，世事也仍然是螺旋”。小说写出了一群想做好事的人，陷入了“无物之阵”，连对手都找不到。这篇小说读后让人觉得沉重，而现实无疑更沉重。2013 年，云南一名 58 岁的代课教师因为 25 年的教龄无法被认定，跳下 50 米的瀑布自杀。为了证明自己的教龄，他拿着盖有公章的教案走了 5 个小时的山路找到审核材料的工作人员，但得到的是“这上面并没有什么内容，你撕来不过一张废纸”，这让他感觉自己没有丝毫尊严。相较起来，小说中的郭老师或许还是幸运的。

《门户》则关注乡村的留守妇女与留守儿童。乡村女性严芳，丈夫出去打工两三年都不回一次家，她陷入情感的迷惘，与人苟且，忽视了女儿的教育，缺乏父母关爱的女儿被学校的老师侵害。小说虽然触及了乡村“空壳化”后留守女性与留守儿童面临的危机，但情节似乎都来自我们常见的新闻报道。与《荣誉》相比，这篇小说要逊色一些，艺术感染力显得不够。这或许是由于作家对留守妇女与留守儿童的生活并不是很熟悉，可能从新闻故事中寻找创作素材，但文学毕竟不是新闻报道，新闻要在尖端中追求新鲜，文学更应强调的是从熟悉的生活中领悟人生和社会的底蕴。鲁迅在 1931 年 12 月致沙汀、艾芜的《关于小说题材的通信》中指出：“两位是可以就自己现在能写的题材，动手来写的。不过选择要严，开掘要深，不可将一点琐屑的没有意思的事故，便填成一篇，以创作仿佛自乐。”①鲁迅指出了文学创作的独特性，正所谓“选材要严，开掘要深”，否则便会流入新闻报道、社会学材料一路。当然，这不是作家一个人的问题，而是当下作家的底层写作都要面临的普遍问题。

《日子》和《乡事》触及的都是20世纪六七十年代物资极度匮乏时期普通百姓的生存状况，让我们从小人物命运的浮浮沉沉中去反思那一时期的历史。在《日子》中，作家以极具同情、悲悯的笔触给我们讲述了一个女性的艰难生存史。小雪，一个生下来即被亲生父母抛弃的女婴，被一个赶郎猪的老人收养，即使拥有美貌，这样的家庭出身也使她无法拥有美好的婚姻，为了给父亲治病，她草草地把自己嫁了出去，少女的梦幻被打碎，“小雪青春的梦，就在长长的辫梢上打成死结，永远绽放不开”。嫁入一个穷困人家，木讷的丈夫和精明的婆婆让她的生活更加艰难，精神也更加孤独。怀孕时想吃水果都吃不到的她，忍不住走进了邻院，由此开始了一段孽缘，从中她得到了婚姻中从未得到过的情感慰藉。作家并没有简单地给出道德判断，而是深入一个女性的心灵世界去感受她的诸种情感，使我们感同身受。在那样一个社会，女性的生存空间极为有限，乡土文化的封闭与保守，对“异端”的排斥与流言，都会埋葬一个女性的未来。自此，小雪成了一个不贞的“坏女人”。即使她献出自己的身体为全村打井，利用自己的关系为乡亲卖烟叶，村民们心安理得地享用她带来的种种便利，但仍然将她视为一个“下贱”的女人。这篇小说让人想到了莫泊桑的《羊脂球》、丁玲的《我在霞村的时候》，小说背后的女性关怀是相同的，人们从心理上歧视这些受侮辱受损害的底层女性，而从不思考造成这些女性悲剧的社会原因。20世纪五六十年代，“大跃进”之后就是三年困难时期，能够活下来已经是大幸。在这样的境况下，一个弱女子为生存做出的种种挣扎难道不是值得同情的吗？小说

① 鲁迅全集(第4卷)[M]. 北京：人民文学出版社，2005：377.

中的小雪也是一个有着自我意识的女性，最后当她的儿子提出要为她建一个牌坊时，她拒绝了，她并不想用牌坊来洗清自己的过去。小说的人物塑造也较为生动，除了主人公小雪外，丈夫二庆的无知蛮横、婆婆胡大脚的精明隐忍、支书的宽厚善良也都呈现了出来。小说叙事流畅自然，语言极简而又富有韵味，具有较强的艺术感染力。譬如写景，“那一年小雪节气，粗粝的风啸叫着，直往人的身上钻。通暗的天空洒下碎盐似的雪粒，在旷野里肆虐地舞蹈，一会儿便晶莹出皑皑茫茫的一片”。这些冬季景色的描写恰好衬托出了小雪出身的卑微，生活的无助与绝望，“晶莹”本是形容词，但这里用作动词，别有一番情致。再如，“天塌似的，家里没有了收入，又多了个病人，日子就像要命的绳索，越勒越紧。饥荒的日子在小雪的手上掐巴着过，掐着算着还是像沉重的石磨推转不动了”。“绳索”“石磨”这些比喻将小雪生活的无奈、窘迫生动表现出来，既富于乡土生活气息，又与小说的整体风格极为和谐。

《乡事》给我们展现了那一历史时期一幕人生的悲喜剧。大壮朴实本分，玉柱奸猾投机，相亲时阴差阳错，李芳的爹娘被玉柱的一番表现所蒙蔽，逼迫女儿选择了玉柱。婚后，玉柱好逸恶劳，对妻子冷漠无情，李芳的婚姻并不幸福。想起本分善良的大壮，她后悔不已，但她表达自己心意的方式不是介入对方的婚姻，而是为对方物色了一个贤惠能干的媳妇，大壮自然感激不尽。玉柱在大壮的屡次帮助下，也自惭形秽，逐渐改变了之前的浪荡行为。小说在简练的故事叙述中，带给我们的是物质极端匮乏时期人性的温暖与感动。

叶剑秀先生来自鲁山，我曾经在鲁山的乡间度过几年童年生活，虽然时光短暂，但故乡的风景、习俗给我留下了深刻的印象，故乡模糊但温馨的记忆亦成为我成年之后的精神原乡。感谢叶剑秀先生对我的信任，嘱托我为他的小说集写序。虽为晚辈后学，我也必须坦陈其小说仍有可提升的空间。首先，从几篇小说来看，作家善于平铺直叙地展开故事，艺术手法相对单一，譬如《荣誉》是否可以借鉴一些现代主义的手法，凸显小人物生存的荒诞感；其次，作为鲁山的作家，可否在小说中多使用些方言土语（有些篇目中有但似乎力度不太够），加入一些当地的民间风俗，这样可以增加小说的艺术感染力。在文学史上，沈从文的湘西、莫言的高密、汪曾祺的高邮都因其特殊的地域文化而光彩熠然。

——《平顶山日报》2015年3月17日

附 录 3

生动的乡村风物志

——读叶剑秀散文集《怀念爱》

在中国现代小说史上，“五四”初期曾产生过以鲁迅为首的乡土小说流派。他们的作品大多是“回忆故乡”的，“因此也只见隐现着乡愁”。当时的乡土小说作者以真诚的笔触写出了自己家乡浓郁的地方色彩，描绘出一幅幅生动的乡村风俗画。河南鲁山的本土作家叶剑秀一直并未离开这方土地，因此他并不像五四前辈作家那样使乡土风物带上浓浓的乡愁，而是如一个钟情于乡土风物的博物学者，以朴拙的文字、深情的笔触为我们呈现出一部生动、鲜活的豫西风物志。这让笔者想到20世纪30年代的河南作家师陀，他自述自己如乡间的一棵黄花苔（蒲公英），“暗暗的开，暗暗的败”。叶剑秀的这些文字其实亦如开在乡间的黄花苔，孤独，寂寞，然而又自带着泥土的芬芳。

笔者曾在鲁山的乡村度过童年时代，因此在书中“贪婪”地搜索着星火般的童年记忆，那是《村口的皂角树》《香椿》《榆钱儿》《槐之情》等篇章。《村口的皂角树》中，三百多年的皂角树是小村庄的见证者、守护者。它是孩子们的乐园，“皂角树上倒挂的皂角，青翠碧绿，闪光发亮。相约几个伙伴，攀上树干，持一竹竿，掴饬一通，便收获半篮子皂角，回家交与母亲”，它又是小村庄沧桑历史的见证者、承受者，默默地陪伴、守护，“牧归的牛群乱窜，刚入村口，就直奔古树，用力在古树身上蹭痒，甚至有顽劣撒野的牛犊，直冲古树顶撞，日复一日给古树带来伤痛”。抗日战争期间，皂角树上的大马蜂俯冲下来赶走日寇的故事，使皂角树具有了某种“神性”。《榆钱儿》通过当下与过去的对比呈现出榆钱儿的历史变迁，往昔，“清苦的乡下农户，果腹的粮食青黄不接，饥饿折磨着无数的人。甘甜的榆钱儿恰在这个时候悄然绽放，便成了救民于危难的稀世珍品”，乡村的孩子们“手里拿着一个长竹竿儿，头上绑着一个铁丝窝成的钩子，拎着篮子或布袋，纷纷爬上了高高的榆树，捋一把清甜的榆钱……让母亲做成各式的饭菜”，生于20世纪70年代的笔者也曾是这样的孩童，用榆钱儿果腹，视蒸榆钱为美食，记忆中仍留存着榆钱儿的清香。而当下，厌倦了大鱼大肉的人们“成群结队，前呼后拥，驾车远离喧嚣繁闹的城市，去乡野或荒山上寻觅榆钱儿”，折断树枝，随意攀爬，失去了对自然的敬畏，忘记了它是上天恩赐给人类的“救命树”。作者略带感伤的语言背后，是对大地上物种生命的尊重，从某种程度上来说，草木何尝不是生命形态的一种？由此，香椿树在作者的笔下，仿佛具有了某种“人格”色彩，“香椿树外表朴实无华，性情却坚忍持重，一般生长在村野路旁，或庭院角落，低调内敛”。春季它为人们提供可口美味的香椿芽，“等到树身成型，便走完短暂的一生，无私捐赠，去福佑故土故人的永世安康”，因为香椿树“骨肉坚实，材质上乘”，所以村人常用椿木来制作车辕、乐器和家具，此外，村人们经常“用椿树木头雕刻成木剑或龙虎造型的挂饰”来驱鬼辟邪。可以说，香椿树与村人的日常生活已经融为一体。还有那“清冽淡甜、郁郁幽香”的槐花，并无文人墨客笔下的诗意，仅仅“是对万民生命的拯救”。从对这些乡村草木的描绘中，我们能够感受到作者内心深处对人与自然和谐共处的呼唤。这些清新的书写，在生态环境保护已经成为全球性课题的当下，无疑能够引发我们的沉思。

不同于有的作家将乡土审美化、诗意化，叶剑秀并不回避乡村的苦难，乡村风物在很大程度上是与苦难联系在一起的。在他质朴的行文中，我们感受到的是乡土生活的苦涩。这种对苦难的态度，其实从这片土地上的前辈作家那里能够找到某种精神联系。“五四”新文化浪潮中，鲁山籍作家徐玉诺就曾极力展现豫西兵匪灾祸下百姓的凄苦生活，同时又继承了鲁迅乡土小说的精神，着重揭示他们在严酷的生存环境下精神心灵的异化与扭曲。在叶剑秀笔下，豫西农村的一些饮食，带上了其时(人民公社时期)乡村生活的清贫。如香椿饼，“那时的鸡蛋和油料极其紧缺，勤俭持家的母亲就会想法做出花样。记忆犹新的就是香椿饼。母亲以香椿做馅，用粗面卷裹，层层叠叠，放入笼中蒸熟”。粗面，这个细节，折射出20世纪60年代乡村生活的沉重、苦涩。在《糊涂面》中，作者还原了糊涂面的民间历史。带着浓重乡土气息的糊涂面其实只是民间传统的饭食，“与名贵菜肴靠不上谱”，“最初大抵只有暖身、充饥的功效”，是乡村主妇们精打细算、勤俭持家的智慧发明，“在粮米紧缺的饥荒年代，连野菜也是匮乏的。勤俭的农家妇女，早把芝麻、红薯、萝卜等可食的植物叶子采摘、晒干收藏”，糊涂面的制作过程，作者也详细道来：“女人先是把悬挂在屋檐下的干菜摘下几绺，再把笨重的暖瓶打开，用温开水把干菜泡在搪瓷盆里浸润。……几度吝啬地倒进半瓢麦子白面，或者豆面，添些水，一手扎进去反复揉搓，直到面团有了筋骨，便操起了擀面杖”，“几度吝啬”，可以见出乡村生活的艰难，勤俭已经成为乡村女性的习惯。《缸的记忆》中的大陶瓷缸曾是20世纪六七十年代乡村生活的重要器物，它既能储存饮用的井水，又能腌制咸菜，它“给我们少年不知愁的兄妹几人带来了短暂的快乐”，但“家里的陶缸空闲下来，忧愁和沧桑就卸载了父母满是皱褶的脸上”，大缸腌制的酸菜，是苦涩的乡土记忆，“虽然味道咸涩苦酸，难以下咽，却能让全家度过漫长的春荒，是乡村人熬过饥饿的依靠和希望”。《腊月的味道》书写的是当下的乡村风俗，铺叙乡间过年前的热闹气氛，颇有乡土诗情，如“腊月的河水静静流淌，荡漾着对打工者的思念，路遥遥远，隔空守望，终于盼到了腊月的团聚”，但背后其实是对当下城市化进程中乡村孤独与寂寞的哀叹，“穷过日子富过年，这是千年的祖训，为乡村奢侈的腊月做了最好的铺垫，无疑会给打拼一年的乡民注入激情和勇气，……因为大家都明白，过了大年，终有一场依依不舍的送别”。

真实是散文的生命，它包含叙事和情感的真实。《青丝华发藏岁月》

《怀念爱》是在情感的真实上最能打动笔者的两篇。《青丝华发藏岁月》采用书信体，是父亲写给女儿的一封书信。其实，五四时期的散文家郁达夫也常常采用书简体，有的是为便于直抒胸臆，以书简的形式写作；有些是与亲友的通信，本无意发表，却成为清新、畅达的散文。郁达夫的书简体散文都表现出其人热情坦率的风格，向人们披露出心灵最隐秘的角落。《青丝华发藏岁月》中，我们看到的是一个热爱文学的父亲对自己人生信念的坚守，以及对女儿深沉的爱。东方文化的保守与含蓄，使得父女之间不可能无话不谈，书信的形式反而更能剖白心迹。文中的父亲曾是一个热爱文学的乡村教师，清贫度日，他以忏悔的笔调倾诉着一个父亲在女儿成长过程中的愧疚："我喜读书，偶尔积攒的零碎钞票，急于换来书去读，这就给清苦的光阴抹上灰暗的色调。你的童年，无论向往的心爱玩具或渴求的鲜亮衣服，都成为奢望。你留存不多的几张童年照片，有几分寒碜，每当我翻起，心里就痛伤一回，愧疚和亏欠是一生都无法弥补的"，所幸的是，清贫的生活并没有挫败女儿生活的勇气，反而成就了她的勇敢与无畏，这亦是对父亲最好的报答。《怀念爱》写的是小狗与母亲之间的温情。如果说巴金的散文名篇《小狗包弟》通过"我"为了自保出卖了包弟而反思、忏悔自身人格的卑下从而发人深省，那么在《怀念爱》中打动读者的则是人类与动物之间质朴的情感交流。其实，动物的处境难道不也是人类处境的某种折射吗？萧红在《商市街》中的一篇《同命运的小鱼》对死去的鱼儿的怜悯，岂不是对被寒冷和饥饿折磨着的自己的怜悯？《怀念爱》中小黄成了孤独的母亲的最好的陪伴，甚至成为她的情感慰藉。因此之故，文中的小黄，作者用"她"指代。在作者笔下，小黄被"人格化"了，"家里来了邻居或客人，只要母亲欢喜相迎，小黄就不言不语地跟在身后，样子也欢快。若是未经母亲同意，哪个敢执意进入家宅，小黄就会腾身跃起，直扑上去"。小黄被三轮车意外轧伤后，"母亲日夜陪伴着小黄，一刻不离，为她拭泪、擦血、喂药、饮牛奶"，最后恢复了些体力的小黄离开了母亲，离开了家，因为"她不愿成为主人的负担，不愿成为家庭的累赘，逃离，终结生命，才是最好的报答”。作者将人类与动物的情感写到了极致，与张贤亮《邢老汉和狗的故事》颇有几分相似。

提起散文大家周作人，我们通常会被其“博识”所折服，而事实上，“博识”只是其散文的外在形态，如钱理群所说：“它的内在实质是‘看彻’一切之后思想的宽容与理性的通达。于是，就打破了‘门户之见’的偏狭，人类一切创造，各派学说皆吸收之；打破了时空、物我的界限，‘宇宙之大，苍蝇之微’，无不为友。”周作人作为中国现代散文的开创者之一，其散文融合了生命之感、人文之思、智性之锋芒，象征着一种文体所能达到的高度。从这一角度来说，许多散文作者包括叶剑秀，在人文之思与智性之锋芒上仍有提升的空间。

——鲁山县文学艺术网

附 录 4

论乔叶的郑州书写

20世纪90年代以来，随着城市化进程的加快和城市建设的迅速推进，城市文化也取得了飞跃式的发展，城市不再像20世纪六七十年代那样，只承担生产功能，而是还向人们提供文化娱乐和各种消费。丰富的城市生活不仅为作家的文学想象提供了丰富的资源，而且城市本身逐渐被作家当做一个丰富的“形象”去呈现。作家和城市之间建立了紧密的联系，甚至有些作家和某一个城市建立了稳定的联系，比如当我们提到上海，就会想到张爱玲、王安忆，提到沈阳，就会想到双雪涛、班宇。事实上，城市小说不仅丰富了城市的文化底蕴，而且是作家对生活过的城市的重新想象。

乔叶于2001年来到郑州，2021年离开郑州到北京任职北京市作家协会副主席，在郑州二十多年的都市生活为她提供了丰富的创作素材。尽管河南地处中原，经济发展较东部、南部相对落后，但郑州作为一个省会城市已然发生了日新月异的变化，愈来愈成为一个人口众多、流动性强的大都会。乔叶的写作无疑与这座城市有着密切的关系，而她小说中强烈的都市感也来源于这座城市。甚至可以说，乔叶的创作得益于1990年以来郑州的快速发展和繁荣，同时她作品中的“文学郑州”又丰富了郑州这一中原城市的文化底蕴。

本文以乔叶的“文学郑州”为研究对象，重点考察乔叶的文学创作与郑州这一中原城市的关系，并将其置于中国现当代文学的市井文学传统中，揭示乔叶文学创作的中原特色及其文学中所呈现的郑州形象。同时，意欲通过对乔叶的郑州书写的研究，探讨乔叶的都市意识及其作品中的都市形象，发掘出其都市书写背后的复杂文化密码及作家本人对当下现代化、城市化进程的复杂心态。

一、乔叶写作的市井传统与平民精神

乔叶的写作具有浓厚的市井传统与平民精神。什么是平民精神？赵园指出："平民精神在创作中，主要是一种包含价值判断的情感态度，具体化为笔墨间的亲切、体贴，作为底子的，是作者的人生态度。那是一种与世俗人生认同的态度。"①乔叶与前辈女性作家张爱玲、苏青有几分相似，散发出强烈的世俗气质，继承的是中国现当代文学中的市井文学传统——张爱玲(上海)、苏青(上海)、陆文夫(苏州)、冯骥才(天津)、陈建功(北京)等人为代表作家。与上述作家相比，乔叶的写作则呈现出浓厚的郑州味道，它既不像北京那样大气从容，也不似上海那样前卫时尚，不如苏州那样小巧灵秀，而是体现了中原文化特征的淳朴、包容与仁厚，如乔叶曾在小说中详细阐述了郑州市民"老师儿"的称呼，这一称呼散发着温情、包容的中原文化气息："这个老师儿一定是要带儿化音的，以区别学校里的老师。……既不高看，也不低看，既不卑也不亢，最是有礼有节的一个称呼。"②张爱玲、苏青的成名得益于上海这个都市，而乔叶也毫不掩饰自己对都市的热爱及对自己能够靠写作谋生的自豪，"我就是不喜欢大自然，我就是喜欢钢筋水泥的城市，怎么了？"③"今天这雨让我格外想和陌生人在一起吃一顿热腾腾的饭，于是就来到了一个大盘鸡店，要了一个大盘鸡，三十块钱，再送一份烩面。地沟油很油，辣椒很辣，鸡很可能也有问题，但是就是吃着香。……这

① 赵园. 北京：城与人[M]. 北京：北京大学出版社，2014：46.

② 乔叶. 最后的爆米花[J]. 山花，2008(2).

③ 乔叶. 玛丽嘉年华[J]. 江南，2015(5).

是我很多日子中最平凡的一个。是最最普普通通最最平凡最最乏善可陈的一天，实在不应该说这么多，说这么多实在是有骗取稿费的嫌疑……”①

现当代书写都市平民生活的作家尊重市井里巷生活的凡庸性质，更能与凡庸小民的人生态度、价值感情认同。老舍曾说自己爱交“老粗儿”，“长发的诗人，洋装的女郎，打微高尔夫的男性女性，咬言咂字的学者，满跟我没缘。看不惯。老粗儿的言谈举止是咱自幼听惯看惯的”②。邓友梅说他有不少在陶然亭遛弯儿的三教九流的朋友，刘心武的小说较关注被同时期文学忽略的胡同里下层居民。乔叶延续了前辈作家的精神，写出了郑州这一城市凡俗人生的审美趣味。《最后爆米花》中的情节并不重要，毋宁说，这篇小说的主题就是郑州这个城市。小说的主人公不是这个城市中的精英阶层，而是小巷子里的普通人。乔叶有意将这凡俗人生审美化、诗意化：

> 巷子口是喇叭形的，左口敞得更宽些。老常家这栋楼的左侧就是巷子，退休了之后没事做，他就在左边那间小卧室的左墙上打了个窗户，装了个塑钢推拉玻璃窗，开了一个小卖部。也没有什么大货物，无非是油盐酱醋，香烟糖果，再装一部公用电话。原想着风不吹雨不湿又省了房租，无论挣多挣少，只要能用这个来打发打发日子，也让日子打发打发自己，也就是了。没想到算下账来，从黎明到黄昏，一日里居然能宽宽松松赚个二三十块。③

以这个小卖部来打发日子的老常自然也不会有多么奸诈和好利，既有小生意人的精明和算计，也有着老派市民的厚道和仁义。因此，当爆米花

① 乔叶．生活家[M]．南京：江苏凤凰文艺出版社，2016：176-177.

② 老舍．习惯[J]．人间世，1934年9月1日.

③ 乔叶．最后的爆米花[J]．山花，2008(2).

老头出现在巷口开始做爆米花生意，老常和老人的情感逐渐拉近，老人和他的爆米花摊位渐渐也成了老常日常生活中的一道风景。乔叶用了大量篇幅描写老人的爆米花技术，颇有民国时期的市民小说对五行八作的详细描画之风。因为老人的爆米花，在附近居住的人们仿佛情感也被拉近了，平时冷漠的城市有了温度，在排队等候的过程中，孩子和孩子们玩在了一起，大人和大人们拉起了家常，这些原本不认识的居民，因着这小小的火，就聚起来了，就认识了，“于是都惊讶着，都惊喜着，很快融出了一些情谊。这情谊虽如微雨，湿一层地面就了无痕迹，但在城市这干燥焦枯的尘嚣里，这钢筋水泥的丛林里，能有微雨降落已经是小小的奇迹了”。

乔叶善于写郑州市中下层从事各类职业的普通市民的生活，除了开小卖部的、爆米花的，还有开米线店的、装防盗窗的、在洗浴中心搓澡的。他们所操的在别人眼中或为“贱业”，却不自轻自贱，自有一番自信与自尊的风度，而乔叶与前辈“京味”作家老舍相似，在写到这些市井小民时，笔端总是带着庄严的情感。《防盗窗》中来郑州开小吃店的农村夫妻，他们在郑州做过各式营生，妻子灵芝在银基服装城卖过衣服，在陈寨花卉市场帮人打理过鲜花，在速冻食品厂包过饺子，丈夫老杠在科技市场搬过电脑，在饭店后厨拽过烩面，给装修队当过小工，最后才在都市村庄里开了小吃店：“俩人在皇家庵这里扎了下来。皇家庵是市中心有名的都市村庄，附近有七八所高中和大学，生意好做。他们瞅准了，决定卖土豆粉。……最初的门面只是半间，是两栋楼之间的空隙搭起来的，渐渐地有了资本，他们就租了一整间，现在已经成了两间。老客户越来越多，菜式也越来越齐整，日子就慢慢好过起来。”①后来在郑州付了首付买了一套三室的房子，安定下来。在讲述小说主人公艰辛生活的同时，小说也在不经意间叙述了防盗窗安装工人这一职业的辛苦，在搬沉重的防盗窗时，“阳光下，小溪一般的汗水从土豆的脸上汩汩而下，

① 乔叶. 防盗窗[J]. 渑池，2007(10).

他不去擦”。不仅如此，他们因为高空作业随时面临着生命的危险，安装工土豆讲述了他曾经目睹的那一幕惨剧，在陇海路与布厂街交叉口的陇兴花园，六楼装防盗窗时，突然系着防盗窗的绳子断了，窗户从六楼往下砸去，“我就在六楼窗户里眼睁睁地看着，眼睁睁看见窗户落地的时候，铁窗上的钢筋弯了一下，一个人一头栽到水泥地面上，那血流得跟自来水似的。另一个人被弹了丈把高才落在了地上，滚了两滚，也不动了。后来他成了植物人。钢筋缓冲了一下，救了他的命”。《良宵》中的女工离婚后，下了岗，生活一下子陷入困顿。为了生活，她只能使出浑身解数去挣钱：儿子一天三顿饭不能少，这三顿饭也把她的时间切成了三截。于是她只能上午去做钟点工，下午去超市买菜，晚上到洗浴中心搓澡。到郑州的高档洗浴中心当了一名搓澡工，她从中找到了尊严，生活的乐趣。她由最初的不合群到融入这里的生活，起先，她是不爱说话的，后来渐渐地说开了。不说话就只能搓平常的澡——“普搓”，只能抽三块钱。后来，她日渐老练，学会了观察判断客人的身份，“她还推销出了她们能力之内最贵的美容保健套装，提了三十块钱”。她渐渐地从这份简单、在别人看来甚至有些低贱(她曾被客人骂做“臭搓澡的”)的工作中找到了乐趣，“她越来越喜欢这里了。听着客人们的闲言碎语，和这些个搓澡工说说笑笑，一晚一晚就打发过去了。等到客人散尽的时候，她们冲个澡，互相搓搓，孩子般地打打闹闹一番，回到家，倒在床上就睡到天亮。如此这般，夜复一夜，虽然累，却因为有趣，因为挣钱，居然也眨眨眼就过去了”①。因为愉快，她甚至觉得在洗浴中心的每一晚都是“良宵”。小说的神来之笔是对女搓澡工娴熟手法的描绘，正因为她喜欢上了这份工作，她在给别人搓澡时甚至达到了物我交融的境界，体会到了人的尊严，“手到之处，泥垢滚滚而下，白花花的肉体前，她居高临下，是技法超群的医生，是手艺出众的厨师，是胸有成竹的导演，是指点江山的统帅，是不可一世的君王”。可以说，乔叶发现并写

① 乔叶. 良宵[J]. 人民文学，2008(2).

出了一个普通女搓澡工艰辛的日常生活中的“诗”。

二、对郑州都市空间的书写与描绘

相对于静态的乡村，都市里是一种全新的生活方式：众多来源广泛、背景复杂、没有血缘关系的陌生人聚集在都市的公共空间中，流动频繁，生活瞬息万变。在乔叶的散文和小说中，基于其平民情怀，电影院、咖啡馆、博物馆、广场、地标建筑等现代都市空间甚少出现，而公交车、街道、街边小吃店、理发店、城中村、小村落等平民生存空间则频频出现，反映出乔叶强烈的平民情怀及对城市现代化进程中普通市民生存境遇的关注。在散文《双城记》中，乔叶将目光投向郑州的“公交车”，这里最能见出郑州普通市民的日常生活：“在郑州的早晨，为了避免早高峰，我喜欢坐七点之前的公交车。那时节，郑州刚刚醒来，车里尚有一股清新的气味。……我常常坐在最后一排，这是我最中意的地方。一遍又一遍，我看着车里所有人的脑袋：拎着空竹两鬓斑白的老人，背着书包面颊红润的孩子，带着耳机专注听歌的绿衣女子，目不转睛刷着手机的青春少年……我们都是最最普通最最平凡的人，无论在哪一站下车，我们都有着大致相同的命运。”①这段话代表了乔叶的创作立场。

乔叶的小说对“都市村庄”这一颇具中国特色的都市空间有着特别浓厚的兴趣。都市村庄又叫城中村，由于房租便宜，吸引了大量的外来务工人员以及刚毕业的大学生。郑州主城区及近郊曾有142个都市村庄(2010年5月统计)，外来人口在200万左右，可以说来郑州的大部分外来人口居住在都市村庄，其中占较大比例的是每年以20万左右的速度增加的大中专毕业生以及几十万在都市村庄做生意的外来人，他们大部分靠都市村庄维持生活。郑州比较有名的几个都市村庄，有陈寨、沙门、孙八寨。有这么一句话：南有高寨，北有陈寨。《防盗窗》中对都市村庄的剖析颇有点儿社会学的色彩：“都市村庄就有这点儿好处，只要

---

① 乔叶. 双城记[N]. 文汇报，2018-07-02.

把房租交齐了，其他卫生费城建费各种各样的费都不用他们操心，自有房东替他们打理。而据房东讲，他们也是什么都不交的。自有村委会出面替他们和大小衙门应酬。——既然是乡村，哪怕是在郑州这样的大城市，也还是有一些乡村的风气和习俗。”①乔叶入木三分地揭示出中国在都市化进程中都市与乡村、传统与现代的复杂关系。在公众视野中，都市村庄是混乱的、无序的，但在从乡村来城市打工的灵芝看来，有着切身的亲近感，因为这是她赖以谋生的都市空间：“她倒真不觉得这里有多乱。人杂是杂的，乱却不乱。一切其实都是有规矩的。学生虽多，都不是上一天两天学，因此不乱。店家也不是只想做一天两天生意，因此也不乱。铁打的营盘流水的兵，学生们看自己的学校是营盘，老板们看自己的店面是营盘，来来往往的居家住户看自己的小区是营盘。”在灵芝眼里，她赖以生存的这一空间是自有其秩序的，都市村庄在她的心中被打上了深厚的情感印记。2005年以来，随着城市建设的深入推进，都市村庄逐渐消失在大众视野。2006年，为加大对城中村改造的领导与协调力度，成立了“郑州市城中村改造工作领导小组”，下设办公室，统一组织协调城中村改造工作。城中村的改造和建设使城市变得更整洁，但房地产的极速发展和扩张又使得城市空间的使用成本增长，大酒店、大型购物中心、连锁咖啡馆的进入，使得租金迅速上涨，而原来能够支付低廉房租的住客不得不搬离。

美国的彼得·莫斯科维茨在《杀死一座城市：缙绅化、不平等与街区中的战斗》(山西教育出版社，2022年)中提到美国城市发展的困境：缙绅化为城市带来了金钱、新的居民、整建后的房地产，但同时也摧毁了城市，它抹杀了多样性，城市因此难以孕育独特、大胆的文化，缙绅化净化了一切。我国是社会主义国家，城市发展凸显的问题没有美国这么严重，但一些特大、超大城市的发展中仍然出现了类似的问题。

《像天堂在放小小的焰火》讲述的是城市中一个体制内单位一对男女

① 乔叶. 防盗窗[J]. 渑池，2007(10).

的情感故事，但小说中亦出现了都市村庄，与那些西餐厅、咖啡馆相比，这里的都市村庄象征着城市的烟火气，凡人俗世的生活乐趣，一街两行都是大排档，摆着诱人的小菜：水芹花生米、清拌萝卜皮、油辣小螺蛳、红烧茄子、金针菇拼粉丝、白菜炖豆腐，“车水马龙中，这些小菜就是尘世中开出的花朵，万紫千红，玲珑悦目。”①

乔叶延续着前辈作家师陀的文脉，对现代大都市中公共空间给小人物带来的压迫感进行了开掘与书写。和左翼作家把西式公共空间处理成腐败的、色情的场所不同，师陀尽管对这些场所也无好感，但显然更注重这些场所给在为生存而挣扎的小人物所带来的心理焦虑。在《结婚》中，胡去恶正是在股票交易所、咖啡馆、舞厅这些上海的都市空间中完成了自己的精神蜕变，最终投身于自己不了解的股票，失败后毙命于上海街头。乔叶的小说《轮椅》中的主人公晏琪是一名记者，她所在的报社组织了“一米高度看安城”的活动，安城或许在指代安阳，但小说中出现的“百盛”又在暗示这是郑州，晏琪就势坐上轮椅，假扮一名残疾人去体验都市生活，并且请来一名下岗女工当钟点工。当她坐上轮椅，她眼中的世界变得与平时不同，街道上的人们比平时都健壮魁梧，她要仰视才能看到他们的脸，可他们中没人看她，路过她椅边的时候，“他们都会很自然地和她拉开一段明显的距离。这距离让她刺眼。他们怕沾染她。他们在躲避她”②。在大型超市，她想让服务员帮忙取货架上的东西，却遭到了轻慢和歧视，甚至语言上的侮辱，说她喝掉果汁后上厕所会很不方便。碰到之前的恋人——现在是外贸局的一个工作人员，他慌忙和她撇清关系，证明自己过得比晏琪好得多。最后在新大新品牌折扣店，她遇到了自己热恋中的情人，他看到她坐在轮椅上，短暂沉思后就果断决定离开她。小说的情节颇具巧思，晏琪在这一天体会的无非是城市中的底层每天所要面对的人生，被轻视和慢待已经成为他们生活的常态。

① 乔叶. 像天堂在放小小的焰火[J]. 收获，2007(4).

② 乔叶. 轮椅[J]. 人民文学，2005(9).

晏琪只是“体验生活”，而那个前来打工的下岗女工则是每天都要经历晏琪所不能忍受的这些“歧视”和侮辱。乔叶的这篇小说极具人文主义色彩，对都市文化有一定程度的反思和审视。

非虚构作品《拆楼记》中的“我”在省会郑州工作，是标准的中产阶层，有当记者的好闺蜜，有当地的公务员朋友，因行业会议常常出入于高档酒店，借助个人社会资源网络，可以与市里的基层干部坐在一起聚餐。但“我”的背后则是生活在农村的姐姐一家人，他们和村民因为拆迁需要上访，频频出现在省信访局的大门前，博物馆、咖啡馆、电影院、大型商业购物中心等现代都市空间好像和他们并无关系。在中国的都市化进程中，围绕土地、拆迁问题产生了诸多纠纷，国家信访局和各地的信访局成为农民的重要活动空间。省信访局门前常聚集着河南各个地区的农民，都是三五成群的，有的站在树下，有的倚着墙根儿，有的就站在当街上，穿着样式落伍的厚外套，黑红的粗糙的脸，“尾音轻些的来自南阳；尾音重些的应该是来自周口；整个腔调都偏山西味儿的，无疑是来自豫北”①。正如社会学家所分析的，“在一个政治与行政权力自上而下源出一体的社会结构中，法律本身的运作逻辑也得服从于政治权力，既然如此，民众越级上访就显然比法律争讼来得更为便捷和节约成本，而国家也是有意识地鼓励民众通过行使这一具有中国传统政治文化特色的政治权利来进行‘诉苦’，表达诉愿，从而纠正下级机构的行政过错”②。“信访局”这一事实上并无实际权力的部门在作品中成为一个象征，揭示出郑州这一内陆城市的行政主导色彩。《拆楼记》中的郑州既是真实的，也渗透着乔叶的主观认知，在很大程度上成为正在迈向现代化的中国内地城市的缩影。

三、富于中原文化特征的都市女性形象

在中国现当代文学中，一直有以女性形象象征一个城市文化内蕴的

① 乔叶. 拆楼记[M]. 郑州：河南文艺出版社，2012：177.

② 吴毅. 小镇喧嚣——一个乡镇政治运作的演绎与阐释[M]. 北京：生活·读书·新知三联书店，2018：247.

传统。提到北京，我们会想起林语堂《京华烟云》中的姚木兰；提到上海，我们想起张爱玲、王安忆小说中的白流苏、王琦瑶。20世纪90年代末在上海兴起的"美女写作"如卫慧、棉棉等，她们小说中的女性生活方式更前卫，这些女性频频出入于高档的酒店、咖啡馆，流连于中国恋人和外国情人之间，这种书写与20世纪90年代以来改革开放过程中上海飞速发展成为一个国际大都市相关。

相对于王安忆、卫慧、棉棉小说中上海女性的精明、生活方式的前卫，乔叶小说中的女性更多呈现出深受中国传统文化影响的某些特点——保守、仁厚，她们大多经济独立，有一份体制内的工作，但是随着青春的流逝、爱情的褪色，内心渴望新的爱情，却终究在一番挣扎矛盾后退回原来的家庭。这些女性角色的设置与郑州这一中原内陆城市的特点相关。由于郑州在地理位置上处于内陆，虽是交通枢纽，但并非沿海地区，因此在20世纪90年代城市的快速建设和发展中，并没有太大的优势，文化上又相对封闭、落后，因此很难吸引大型外资企业或国企及各地的优秀人才，这一状况近年来随着郑州城市的建设和发展而得以改善。由此我们不难理解，在乔叶的小说中大量出现的是在体制内"单位"工作的女性。

《像天堂在放小小的焰火》最具典型性，小说主人公云平和张威都是省内某系统的工作人员，一起被派到市局参加计算机培训。小说花了大量篇幅探讨人们在"单位"的生存哲学及人际关系技巧：

> 都是一个单位出来的，离得太远，肯定说不过去。走得太近，也未必都是真心。怎么处得既让外人挑不出什么来也让自己舒服宽松，是个讲究。不过做起来也并不难：多说对方好，决不说对方坏。即便从别人口中听见有关对方的不妥之词也保持缄默，不传不议。但若得知了一些与己无关的私密消息却不妨及时共享和串通一下，对方需要帮助时则必定会量力而行。①

① 乔叶. 像天堂在放小小的焰火[J]. 收获，2007(4).

由于云平较张威年长，在“单位”的时间更长，因此显得更加圆滑和周密，很多时候云平宁可少说，绝不多说，有时候听着张威说得要过界了，会朝他使个眼色或者把话岔开。因为都是一个单位的，难保将来口传口，旅游了一圈就换了个样儿，到时候虽说点火的人是张威，但她也逃不了干系。这些平淡甚至波澜不惊的描写让我们想起刘震云的“单位”系列，由于“单位”的体制内性质，流动性很少，因此大家很大可能要相处几十年，所以“单位”中人就尤为留意各种复杂的人际关系，以免给自己造成麻烦。洪子诚曾指出，“刘震云对于‘单位’这一特殊的当代社会机制，以及这一机制对人所产生的规约，做了具有发现性质的描述”①，生活于其间的人们面对强大的“环境”压力，对个人命运有着强烈的宿命感，在适应这一环境的过程中经历着人性的扭曲。在某种程度上，乔叶也是对刘震云这一主题的继续开拓。与刘震云不同的是，乔叶喜欢从两性关系角度切入这一主题。小说中云平和张威在酒后失态后回到“单位”，两人不免尴尬，其后虽频频出入于郑州的西餐厅、星巴克咖啡、街心公园等现代都市空间，已婚的她尽管对这个男孩有丝丝好感，但终因“单位”的约束而止于此，两人的关系也并未越雷池一步，以张威的新婚而结束了彼此的暧昧关系。乔叶的笔触不及刘震云辛辣，但作为女作家，她对“单位”中男女两性的关系，彼此试探而又彼此戒备，萌生好感但又利益至上，这些对人性幽暗之处的开掘是较为独特的。

《妊娠纹》《黄金时间》揭示出相对封闭的中原内陆城市，中年女性的深度心理困境，及单调平淡的日常生活对人精神的腐蚀与消耗。这些小说既有张爱玲的辛辣笔触，又有刘震云的几分新写实色彩。在当代文坛，不少小说热衷于讲述少女的都市传奇故事，吸引读者的眼球，但乔叶更关注中原内陆城市中年女性的心理困境及隐秘的心理突围欲望。《妊娠纹》中的“她”在“省会”（郑州）一个单位的财务室工作，生活无忧，

① 洪子诚. 中国当代文学史［M］. 北京：北京大学出版社，1999：346.

但单调乏味的工作常常让她产生无意义感，失去了心灵的自由。财务室装着厚重的防盗网，每天当她走进去的时候，“常常不可抑制地觉得这个办公室就是一所监狱，自己就是一个不折不扣的囚徒。等到打开电脑，填着永远也填不完的酷似一间间监舍的小小表格，这种感觉就更加强烈”①。家庭中，她早已厌倦了丈夫的平庸和“死气沉沉”，两人早已没有了爱情，只是因为责任和习惯而捆绑在一起。工作的乏味、青春的流逝，让她想做点儿什么，不为任何人，只为自己。乔叶以细腻的笔触发掘出女性内心的隐秘破坏欲望：“单位例会时，将一口饱满的唾沫吐到一把手领导的脸上。他的脸红润浑圆得过分，简直就是一枚活泼泼的肉质公章”，或者“对口银行信贷科的那个小帅哥来办业务，送他出门时，从后面紧紧地抱住他结实的腰，然后用脸贴着他的后颈，去嗅他浓重的汗味……”乔叶如同一个心理学家，深入女性的心理世界，以蒙太奇的笔法拼贴出中年女性的潜意识地带，颇具现代色彩。这些精彩的心理分析，让人想起海派作家施蛰存的《春阳》，婵阿姨梦想有一位新交的男朋友陪着她在马路上走，手挽着手。和暖的太阳照在他们相并的肩上，让她觉得通身的轻快，但一声“太太”让婵阿姨羞愤不已，意识到自己年华的老去。《妊娠纹》中，她碰到苏，一个只比她大三个月的男子，一个她仔细考察后觉得可以当做恋人的对象，身份、地位、相貌都符合她的要求。身处两地，很长时间里，他们只是语言上的你来我往，这种情感游戏还有着成年人的算计与审慎。对他来说，她“偏年轻的容貌，温和的脾性，稳妥的家庭，省城女人的身份”都是他精心考量过的，但他“甚至不会专门为她跑来一趟”，连送她的包也是用公款消费的。这份精心算计的“爱情”是脆弱的，不堪一击的。在张爱玲的《倾城之恋》中，互相猜忌、互相算计的一对男女因一座城的沦陷才成就了他们。但在乔叶的小说中，身处和平时代的男女就没有这么幸运了，这份爱最终无法成就。乔叶如同张爱玲一样，将两性的幽暗心理书写得淋漓尽致。在这

① 乔叶. 妊娠纹[J]. 北京文学，2010(10).

场情感游戏中，看似公平，“她和他之间，残余的身体对等残余的身体，残余的爱对等残余的爱”，但女性因性别原因终是弱者，因为“对于女人来说，男人的身体之美，就是健康，只要有了健康，他就能去享受女人，也让女人去因此享受”，但女人的“妊娠纹”是她身为母亲的确凿印迹。在这场互相算计的成人游戏中，她发现不了意义，只是人生的虚空，她终于明白“她已经不会爱，只会算了。她曾经以为的爱，不是爱。只是那么一点点儿没有被磨完的野性，一点点儿没有被完全湮没的棱角，以爱情的名义在婚姻之外生发了出来”。于是，最终她拒绝了苏的求爱。这篇小说也体现出乔叶对女性独立意识的探索。

《黄金时间》凸显了较为封闭的中原内陆城市中，平淡单调的日常生活对人精神的腐蚀与消耗。小说中的丈夫与妻子，人到中年，爱情在日子的流逝中已经褪色，甚至几乎荡然无存。生活习惯的差异，中年人生的疲惫，让两个人的距离越来越远，“他坐在那里，像是坐在大洋的另一端，他们之间是无垠的海面”。他窝在沙发上看电视的习惯，她怎么也改变不了，劝阻不了，“他的头靠在沙发背上，打着呼噜，嘴角流着涎水，一副痴傻的样子”。她无法忍受他的平庸，他的平庸仿佛是灰色生活的象征。因为儿子出国留学的问题，两个人的意见产生分歧，“他们差点儿动手，他抡起手头的保温杯想要砸过去，抡了两下，到底没出手。可他眼睛里的恨意她历历在目。他不是心疼她，只是怕把她砸伤了还得去医院花钱，被邻居碰到了也丢人。可她知道他已经砸了，在心里砸的”①。表面上看似平静、幸福的家庭深藏着危机，他的盲目自大，在家里的专横跋扈，都让她彻底失去了对他仅存的好感，“他从根子里败坏了她对男人的胃口”，“他是早已经死了，在她心里”，甚至“她在心里同他离了婚”。不得不承认，乔叶对人性的透视是犀利的，失去了爱的支撑的家，对他、她而言都成了一个牢笼，他们因爱情走进婚姻，又在日子的流逝中成为刻骨铭心的仇敌。最终，她有意错过了营救心肌梗

① 乔叶．黄金时间[J]．花城，2014(1)．

死的丈夫的最佳救援时机。黄金时间既是指营救丈夫的最佳时间，也是指她人生的黄金时间，她的美好年华都销蚀在平淡乏味的婚姻中。同时，与《妊娠纹》一样，小说也有对都市文明病的批判，揭示出在都市生活中人的精神上刻骨的孤独、隔绝，即使彼此是夫妻共处一室，精神上仍是孤独的。小说中的她喜欢看电视的原因仅仅是："这世界上很多事情她无法选择——工作、薪水、结婚、离婚……但这遥控器却可以让她充分选择。虽然她只能看一个台，但她可以选择好多个，而且可以随时调换。这虚拟的权力和微小的自由，真好。"

四、富于郑州地域文化特色的饮食文化

在中国现当代文学史上，一直有饮食文学的传统。周作人开启了饮食的美文传统，他将饮食生活与文章趣味融为一体，其散文中到处散落着谈论饮食生活的文字，如《北京的茶食》《故乡的野菜》《羊肝饼》《南北的点心》等。其时许多作家的小说、游记、散文亦对自己故乡的饮食风俗多有记述，如沈从文小说中关于湘西饮食的描写，郁达夫在《饮食男女在福州》《履痕处处》等作品中多有对食趣生活的感怀。至当代，汪曾祺接续这一传统，对江苏各种饮食的详细叙写，将饮食与童年记忆、生活情味联系在一起，勾画出一幅安静、自然的未经现代文明熏染的小镇生活画卷。

河南作家也常常写到中原地区的饮食，20 世纪 50 年代出生的李佩甫、周大新常常在小说或散文中写到童年的食物，他们的书写带有特殊年代的苦难味道。周大新曾写道："八岁时，饥馑突然到来了。我从来没想到饥馑的面目是那样狰狞可怕。先是家里的红薯吃完了，后是红薯干和萝卜吃完了，再后是萝卜缨和野菜吃完了，跟着是难吃的糠和包谷棒芯吃完了，接下来是更难吃的红薯秧吃完了，最后是把榆树皮剥下来捣碎熬成稀汤喝，把棉籽炒熟后吃籽仁。"①李佩甫在《生命册》中详细描

① 周大新. 长在中原十八年[M]. 北京：中国文史出版社，2012：5.

写了20世纪五六十年代那些乡间的吃食“柿糠沙”(“炒星星”)，“晒了一冬的柿子皮加豌豆面、薯干面再加上辣椒面等用水和成面团，经发酵后拍成一个个圆面饼在阳光下暴晒，再经手工小拐石磨磨成粉状，最后在烧红的热锅里至少浇半碗猪油爆炒，这就炒成了晶亮亮的、看上去一粒一粒的细沙。吃的时候先甜你一下、再辣你一下，你得一点一点地吃，辣得你伸长脖子，满口生火，一腔红甜”；“泥蛋子红薯麻雀”，“把生红薯掏一孔，麻雀在盐水里泡一泡，尔后塞进红薯里用泥糊了，放在烟炕房里的火道去烤，等泥蛋烤裂的时候就可以吃了，先苦后甜再咸”①。这些食物在很大程度上成为其时乡村苦难的象征。

相对于李佩甫、周大新，乔叶对美食的叙述少了一份苦难色彩，多了一份对世俗生活的享受及女性视角的生活乐趣。在散文《双城记》中，她提到了烩面，洛阳浆水面，新野板面，三门峡大刀面，葛记焖饼，老蔡记蒸饺，黄家包子，灵宝羊肉汤，博望锅盔，北舞渡胡辣汤，许昌热豆腐，郏县饸饹面，驻马店芝麻焦饼，封丘卷尖，濮阳糟鱼，信阳糍粑，滑县道口烧鸡，鲁山揽锅菜，武陟油茶，博爱杂拌，沁阳闹汤驴肉和驴肉丸子，开封的桶子鸡、油馍头、炒凉粉、羊肉炕馍，可谓河南的一份美食指南。还有日常生活中家门口的小吃店，乔叶也是如数家珍，张氏牛肉面和张家大盘鸡成了“我”的私人厨房，卢氏凉菜店，菜品丰富，味道可口，“丝瓜尖儿，黑木耳，面筋块儿，莲菜，也不过是这些家常式样，但他有一个画龙点睛的秘诀，就是特制的麻酱，太好吃了”②。散文《家常饭》，详叙了郑州的诸多美食，呈现出鲜活的生活经验及生活情趣。譬如“羊杂碎”，“店前支着一口大锅，锅里一半地方堆着切好的杂碎，给人以非常丰盛的感觉，另一半是翻滚的雪白高汤。……放入香菜、红椒末和味精，将汤汤水水的杂碎舀入碗中，顿

① 李佩甫. 生命册[M]. 北京：人民文学出版社，2017：41-42.

② 乔叶. 双城记[N]. 文汇报，2018-07-02.

时，白的汤，粉的杂碎，绿的香菜，红的辣椒”①。再者如粥，这粥与北方的大米粥截然不同，白面粥，又叫“面疙瘩”：“不多不少的水进入旗鼓相当的面后，得把面朝一个方向匀速旋打一会儿，才能打出一个成功的面团。面团好了，水也开了，一手持碗，在开水的哈气中将碗慢慢靠近水面，让面团缓缓地流入锅里，另一只手拿着勺子，在锅里搅拌——一定要贴着锅底搅拌，不然就会糊锅，那可就前功尽弃了”②，最后加上打碎的鸡蛋液。在散文《烩面》中，乔叶写道“烩面”三步一小馆，五步一大馆，成为郑州的“符号”，烩面在乔叶的笔下是如此富于美感，“厚厚薄薄宽宽窄窄的一碗面煮好了，配得大得吓人的海碗，再加上细细的豆腐丝、海带丝和粉条，浇上高汤，最后再撒上一小撮碧生生的香菜，就成了”③。

在《藏珠记》中，乔叶进一步将饮食与郑州城市市民的生活哲学联系起来。普通市民看重的就是日常生活中的饮食乐趣，“最起码每天早晚的粥的稀稠冷热都不一样吧，每天每顿的菜的酸甜咸辣都不一样吧，百种千样的它们每天都会妥妥帖帖地进到我的肠胃里交融沉淀，和我的血肉亲密接触，给我欢愉，让我踏实”④。乔叶借老一代厨师松爷之口，表达了自己对人生、对世界的理解。食物要顺应天地之道才能长得壮美，处理食物时要理解其性状，烹调时要“用尽”才是爱惜。吃菜要吃时令菜，时令菜在田里野长，例如，白菜萝卜，“味道正，有营养，也价廉物美，叫人人吃得起，人人活得起，这是上天公平的地方，仁厚的地方，这就是自然法则，这就是天道天规”⑤。在做人方面，松爷提出“人心要实火要虚”，“老老实实这四个字是所有手艺人的根本”，因为“这世

① 乔叶. 走神[M]. 郑州：河南文艺出版社，2015：85.
② 乔叶. 走神[M]. 郑州：河南文艺出版社，2015：101.
③ 乔叶. 生活家[M]. 南京：江苏凤凰文艺出版社，2016：180.
④ 乔叶. 藏珠记[M]. 北京：作家出版社，2017：32.
⑤ 乔叶. 藏珠记[M]. 北京：作家出版社，2017：121.

上聪明人太多，聪明人太容易不老实，所以得老实里再夯上一层老实”①，这是郑州市普通市民历经世事后对人生最真实的体悟，中国民间百姓最朴素的生活哲学。在《藏珠记》中，乔叶对豫菜所象征的中原城市文化有着透辟的理解：“豫菜，甘而不浓，酸而不酷，辛而不烈，淡而不薄，香而不腻……咱们的特点就是甘草在中药里的作用，五味调和，知味适中。所以内行常说，吃在广东，味在四川，调和在中原。”②

结　语

乔叶对郑州的文学表达，丰富、深化了郑州这座中原城市的文化底蕴，有助于郑州打造出自己的文化名片，树立起郑州这一中原城市传统与现代融合的城市形象。同时，乔叶对城市低收入群体的人文主义关怀，对郑州市民凡俗人生趣味的描写，既丰富了中国现当代文学中的城市书写，又使得我们进一步思考郑州的城市规划和建设如何能够最大程度地满足不同人群的需求，使不同收入阶层的群体都能够在这座超大城市中寻找到自己的位置、多元和谐共生。

发表于《南腔北调》2023年第5期

① 乔叶. 藏珠记[M]. 北京：作家出版社，2017：157.

② 乔叶. 藏珠记[M]. 北京：作家出版社，2017：125.

附 录 5

散文的"地方性"

——谈曲令敏散文中的中原文化

2010年，李娟的散文集《阿勒泰的角落》出版，受到读者的喜爱和当代文坛的关注，引发学界对散文"地方性"的讨论。其实，就文学创作而言，每个作家都对自己生活过的"地方"怀有浓厚的情感，"地方"往往是其文学世界的源头，文学对"地方"的重新建构和叙述，又成为这个地方的"地方志"，与"地方"之间形成了互文性的结构。

提到中原作家群，研究者往往关注的是李佩甫、周大新、邵丽、乔叶、南飞雁等小说家，但对周同宾、杨稼生、王剑冰、冯杰，包括本文要讨论的曲令敏，研究较少。但事实上，若论中原文化，这些散文作家的作品中也有着浓郁的中原文化气息，如周同宾的南阳乡土恋歌，杨稼生的舞钢北湾书写，王剑冰散文的中和节制的审美追求，冯杰对于北中原的文学建构。而曲令敏作为女性作者，其作品特点在于以女性特有的细腻笔触，抒发对中原乡土生命的悲悯之情，记录行走于中原山水间所得的人生体悟，以及以美文形式对平顶山地区地方文化的开掘和书写。

一

曲令敏1953年出生于河南唐河，据她的朋友曹秀君的记述(《我心目中的令敏》)，她中学升学时，"文革"爆发，失去了继续求学的可能，只得回到农村。在农村，凭借她在文学上的才华崭露头角，"大到县文化馆创作文艺节目，小到为大队支书写大会发言稿"，然而因为年轻的她不会左右逢源，始终未得到招工、提干的机会。在推荐上大学的年代里，她文化课考试全县第一，仍是上大学无门，直到1977年恢复高考，她才得以考上开封师院(河南大学前身)中文系。正是由于自己苦苦奋斗的人生经历，她对乡间那些若不是她的记述便不可能被人知晓的生命充满了悲悯之情，这也正如史铁生所说，写作是为了不让生命的重量被轻轻抹去。最打动我的是作者所记述的那些女性的命运，她们生于乡间，被20世纪六七十年代贫穷、保守、落后的乡土所围困，最终失去了青春甚至生命。如《表姑》中只活了19岁的“三表姑”，“脸儿脆，像枣儿，那双眼，简直是一对诡谲的鸟儿，见人忽闪忽闪地飞”。就是这样一个如水的温柔少女，因为父亲治病缺少手术费而嫁人换得了500块钱，表姑不情愿，“疯了一样，跑到我们家，一头扎在奶奶怀里，哭得头都抬不起来”，其时女性命运的低微让人沉痛、窒息。这样的婚姻埋下了不幸的种子，有了孩子后“三表姑本想麻了心，把日子过下去算了。偏那男人，冷脸暖烦了，又嫌弃她生了个妮子，抬起杠来专揭她心上的疤：你是我掏钱买来的马，任我骑任我打……”这样的日子磨去了她心中最后的一点儿希冀，上吊结束了年轻的生命，留给世间的是绝望的呐喊：天宽地宽，没有我立足的地方，下辈子真要托生为人，和阎王爷打一架，也不托生女人了！曲令敏以散文的形式书写了一个乡间少女的悲剧人生，让读者揪心不已。《兰荣妮儿》中的少女兰荣妮儿，聪明勤快，9岁能纺花，13岁能织布，到20岁出落成一个漂亮的姑娘，“她披个麻包片也是映人哩”，但等待着她的命运是给哥哥换亲。曲令敏在平淡的语言中道出了20世纪七八十年代的乡村风俗：“那时候，南阳穷，闺女出嫁都图钱，一般人家娶不起，就兴起转亲换亲。换亲是两家，嫁个女儿，换个儿媳，生下小辈儿，有姑没姑父，有舅没妗子，转亲是三家结合，张家的女儿是去李家，李家的女儿去赵家，赵家的女儿再去张家，和换亲的路数一样，只是亲戚能错开。”兰荣妮儿是转亲，嫁到了一个地主家庭，在那个讲究成分的年代，可想而知她后来会遇到的磨难与坎坷。因为是“地主老婆”，处处低人一等，专管“五类分子”的民兵连长早就对她垂涎三尺，处处寻找机会预谋不轨。后来，可怜的兰荣妮儿反被诬陷成“拉革命干部下水”，公公婆婆也被拉去游街示众，她想去娘家寻找安慰，但在传统乡土文化中，嫁出去的女儿泼出去的水，更不能在娘家生孩子。最后她只得回到夫家，在绝望中喝农药自杀，“把地里的棉花拔了一大片，心慌时抓土挠地，十个指甲都刨掉了，那双手，成了血葫芦……”曲令敏以富于文学感染力的语言记述了一个女性的悲剧命运，又通过个人的悲剧命运反思那一时期的“极左”政治对乡间小人物的伤害。

除了这些命运悲惨的乡村女性，曲令敏还描写了乡村那些善良淳朴的农人。在村人眼里，他们不是“能人”“强人”，而是被忽视、被轻贱的“边缘人”。《麻五叔》中的麻五叔是个光棍，“长得黑，脸上出天花落下一层填不住的坑儿”，一直娶不到媳妇。后来，他从人贩子手里买了一个姑娘，但本性善良的麻五叔不愿意害了这个19岁的姑娘，最终放走了她。由此可见麻五叔本性的善良。《七妮儿》中的七妮儿是个记性好的小伙子，“村里一请来说书唱戏的，他都会顶着台子看，把那戏词一句不拉地记下来”，父母去世后，他成了“孤儿”。村人张罗着帮他买下了一个四川女人，七妮儿知道她家里还有两个孩子后，非要送她回家。四川女人被七妮儿的善良打动，给七妮儿生了个闺女，闺女一岁多时，“女人还是让七妮儿送上汽车走了”。对生活，七妮儿没有抱怨，只是知足，他说：“这辈子能有个闺女，爷奶的积德，坟上的风脉，死了有人燎脚指甲，知足了。”经由曲令敏的美文书写，这些乡间边缘的生命被赋予了文化价值，象征着中国民间传统的美德和朴素、仁厚的生存哲学，颇有贾平凹早年“商州系列”的神韵。贾平凹对她的评价也是精准的：“她的灵魂在乡间，摄取的是司空见惯的农家物事，来告白它们，以它们寄托情思。”①

① 贾平凹. 有情如画时[M]. 西安：陕西人民出版社，1991.

二

在《河之源》《河之书》中，曲令敏的足迹踏遍平顶山境内的小溪大河，寻找中原大地上的生命之源，从中提取人类生命的真谛和对现实人生的感悟。这两部作品让人想起中国文人寻访山水的传统，如张岱、沈复、郁达夫、朱自清等。在山水中，文人得以重新体悟生命的本源，从而转移现实人生的苦闷，提升自我的人生境界。

平顶山是我的故乡，读着两本书中家乡的大大小小的河流，我既羞愧于自己的无知，又感谢曲令敏给了我重新认识故乡的机缘。如在《青史叠踪漫流河》中，我才得知“漫流”原来是条河流的名字。在我童年生活的小村附近，有个叫漫流的村落，我以为它仅仅是一个地名而已，原来“漫流”得名于这样一条河流。曲令敏爬梳地方县志，发掘这条河流的历史，它自北而南，纵贯鲁山县辛集乡，全长11千米，在历史上汛期常发洪水，水涨到附近的村落湖里王、交界铺、马庄。但不可否认，它也给附近的村民带来了生活的多彩，“年年山水下来，腐叶草末牲畜粪裹着坡上的野蒜骨朵，冲到洼地里。春天，野蒜在麦笼里发苗，长得比麦子还旺，小孩子们薅回家包饺子，成为一种相沿成俗的风情”。曲令敏通过查阅文献，发掘出这条河流的历史变迁，1958年，人们为了排涝，挖了一道渠，引流河水绕行进入主河；1975—1980年，先后两次开挖出排水沟，又在交界岭上修了干渠，“自打那以后，村里的地能浇、涝能排，夏秋两季都是好收成”。河流的历史，反映出人类用智慧与自然和谐相处、共生互惠的历史。

在《白龟湖的前世今生》中，曲令敏讲述了平顶山白龟山水库的历史：20世纪50年代，水利部治淮委员会工程部、河南省治淮总指挥部共同勘察，选定昭平台、白龟山两个坝址；1953年7月、1956年6月、1957年7月，沙河又接连爆发三次大洪水；1959年，白龟山水库建成开始蓄水；1975年8月5至7日，受3号台风影响，连降暴雨，昭平台、白龟山两座水库抵挡住了咆哮的山洪；2011年4月，平顶山市政府规划建设平顶山白龟湖国家湿地公园并获得批准。自此，平顶山的市民有了这样一个风景秀丽、乐而忘返的好去处。在曲令敏看来，它的存在陶冶了人们的情操，使人们在与自然的相处中感悟生命的真谛：“在一次平常的郊游中，活生生的人与活生生的野鸭或是一只罕见的鹰相遇的瞬间，与几树盛开的苹果花或是被风吹落的秋叶对视的片刻，混沌的心就会瀰开明亮的缝隙，照见了生命的繁茂与脆弱，于是在闹哄哄的市井之外，生出万物一体、生命无涯，但个体生命终归有限的清醒来。”白龟山水库赋予平顶山这座中原内陆城市以灵秀之气，它对于平顶山市市民的作用，正如南朝吴均《与朱元思书》中所言：“鸢飞戾天者，望峰息心；经纶世务者，窥谷忘反！”

在《落叶纷纷木札岭》中，曲令敏更是陶醉在自然中，享受着自然带给她的安静与祥和，最后那句——“‘放下手中没情没趣的活计，安安生生歇一大晌吧！’这是我在三将军峰前听到的一句话，是我自己的心说的”，颇有文人洒脱不羁的风范！和郁达夫在《江南的冬景》中最后一段颇为相似：“晴空的高爽，日光的洋溢，引诱得使你在房间里坐不住，空言不如实践，这一种无聊的杂文，我也不再想写下去了，还是拿起手杖，搁下纸笔，上湖上散散步罢！”从某种程度上来说，曲令敏的散文也是对郁达夫所代表的文人品鉴山水传统的承续。

另外，使我比较感兴趣的是，曲令敏以散文的方式书写了南水北调工程在平顶山境内的施工、移民安置、拆迁补偿、民众生活等现实问题，反映了作家强烈的现实关怀。据曲令敏文中记述，南水北调中线工程自南阳方城县进入平顶山市叶县保安镇，途径叶县、鲁山、宝丰、郏县4县18乡。为此，4596名征迁群众需要搬迁，19.2万平方米建筑拆迁，8292个坟头迁移，93708棵树木被砍伐，这是农民生活方式及乡村生态的巨大变化。

在《一渠清流润京华》中，她以女性特有的细腻笔触书写了工程建设过程中许多感人的故事。叶县风俗，腊月不迁坟，县里将亲戚、朋友、同学都动员起来，将1000多座坟按时迁走，最后剩下几座由县政府付费，全部迁进新茔地，可以想见农民在这一过程中所承受的精神苦痛。乡镇的基层干部在动员百姓的过程中也有极大的精神压力，“比起群众拆家离土投靠亲友住帐篷的牺牲，我们受的委屈真的不算什么”，一句话呈现出一个质朴的乡镇基层干部的形象。2013 年 12 月，南水北调工程叶县段全线贯通，复耕时使用干渠开挖的渣土回填碾压，垫上一层混合土再轧，之后铺上一层 70 厘米的保肥保水层，但是农户说重整返还的地肯定达不到先前的肥力了，农民的忧思也是曲令敏的忧思，对此她有着深深的怅惘。但工程所经区域的百姓也从中受惠，如宝丰泵站与宝丰县城区供水管网成功并网，配套工程全部完工后，日供水量可达 3.4 万立方米。《融入这方水土》将视角投向因工程而迁入平顶山地区的移民，体现着作家的人文主义情怀。文章提到，平顶山市在宝丰县、舞钢市、郏县和鲁山县安置库区移民 7442 人，移民开始逐渐融入迁移的居住地。当然，对于安土重迁的农民们来说，这是一个漫长的过程。

曲令敏在对山水的鉴赏中还融入了对当下过度开发、生态失衡及传统文明失落的思考。黑龙池和白龙撞是尧山的地名，“从白龙撞到黑龙池，绕一道陡峭的峡谷。峡谷中有二十多棵虬曲于岩隙碎石之间的青松，饱经岁月，还有泥石流之类，他们全都形态诡谲，自成一景，与嶙峋的岩石、寂静的阳光、清冽的峡谷之风共存”。然而，过度的开发，这些秀丽的风景也会失去它的本真，对此“我”不无忧虑，甚至有一丝怅惘，“他说卧羊坪峡谷还没有开发，不过通往姑姑庵那几道大瀑布的峡谷，已经卖给开发商了……”《青史叠踪漫流河》中对漫流河当下现实的书写，反映出作家的生态忧思。2008 年，电厂打了一眼深井，南边半个村子的水井就干了，“北半个庄还有水，水量比过去小得多。他家院里那眼井，原来浇地时抽七八天都不会干，现在抽三四个小时就没水了”。在《扼住疯子河的咽喉》中，甘江河在叶县境内，燕山水库扼住了甘江河的咽喉，这条疯子河才真正成为滋养文明的母亲河。河左岸的村落彭庄，村南岗曾有一个“古城寺”，曾经热闹非凡，香火炽盛，但如今“一口大钟，不知何人投进古井，古井又不知何时被淹没无踪，繁华一时的古叶城，也化为寻常野村了”，而如今投资建起来的大殿，尽管琉璃瓦顶，很有气势，但究竟失却了文化底蕴。

三

此外，更重要的是曲令敏对平顶山地区文化脉络的书写与发掘，不仅使这座城市充满了深厚的文化气息，也丰富了中原文化的内涵。在《青史叠踪漫流河》中，曲令敏除了写这条河流，更着重发掘了河流所承载的文化，以及河流流经区域内的文化名人。漫流河所经的村庄马庄，抗日战争期间修筑有马寨，方方正正，四角四个炮楼，寨外还有清乾隆二十一年进士潘业的功名坊。当年潘业赋闲在家时，河南巡抚前来探望，题写“绿云多处”，盛赞这里茂林修竹，堪为名士隐居的佳处，从中可见历史上此地风景的秀丽。我听父亲讲起过先祖潘业，他是嘉庆辛酉年进士，曾任福建长汀知县。与当时的许多士大夫一样，赋闲归家后，他喜欢寻奇石，赏山水，著有《闽说略》《听雪山房诗文集》。除了马庄的潘业，漫流河所经之处的徐营村是徐玉诺的故乡。曲令敏引用痖弦的话来表现诗人徐玉诺的个性、品格，表达对徐玉诺的敬意：“我认为徐玉诺就是一个真人，一个真得不能再真的人。他的狂与痴，乃是来自对文学艺术的狂热、执著；他的笑与闹，是对这变异世界、失序社会的反讽。”对于徐玉诺及其曾经生活过的这片土地，曲令敏也贯注着深沉的情思：“在那些一灯如豆的夜晚，还有朝不保夕的饥饿的白天，他以无愧于生命的形态，穿行在尘世辽阔的场景里，为我们留下一笔可遇不可求的丰厚的文化遗产。”

《布帛菽粟李绿园》讲述了平顶山曹镇乡的清代文化名人李绿园的人生，其中有对历史沧桑的感慨，有对故乡先贤的敬重。李绿园在宦海沉浮中，著有长篇小说《歧路灯》。曲令敏在文中写道，这部清明上河图的世情小说，近代小说史家蒋瑞藻如此评价：“描写人情，千态毕露，亦绝世奇文也。”朱自清也曾大加赞赏：“《歧路灯》只逊于《红楼梦》一筹，与《儒林外史》是可以并驾齐驱的。”但曲令敏对李绿园其人及《歧路灯》

的品评是中肯的：“李绿园饱读经史子集，却因太过执著于孔孟理念，心胸眼界远比不得曹雪芹，下笔时缺失了别崖离岸的苍凉浩渺之气，更无摄魂荡魄的声色爱恨大情仇。”正因为如此，《歧路灯》还达不到《红楼梦》的艺术高度。但对李绿园作为士大夫洁身自好的品格，她又是敬佩的：“李绿园在他的《家训谆言》中留下这样一段话：‘绅士断不可结交官长。论出事公卿之道，则父亲斯民者，我不可不敬。如登堂介寿，我或当一称觥也。如行步到门，我固当一延接也。若胸中着‘相与官府’四字，便丑不可当矣。更有矢口畅谈，以为某公与我相与甚好。此直是市井负贩、长随厮役的见识。’可谓青白正直，不卑不亢！仅这一做人的原则，也当得后人无限钦敬！”事实上，曲令敏也是对李绿园、徐玉诺等平顶山这一文脉的延续。此外，还有杨稼生、森子、张中民、叶剑秀、磊子、简单、高春林、袁占才等人。

结　语

在文学地理学中，文学对地理空间的书写，始终是一种“自我的地理”。空间的文学再现，明确地存在于想象世界的建构，立足于一个主体的视角、一个文本的结构，再现并不是要再生产出现实，而是将一些至今未能表达出来的潜在可能性进行现实化，然后与真正的现实互动。从这个意义上来说，曲令敏对中原乡间生命、中原山水、平顶山境内文化名人的书写，唤起了我们对人生真谛的重新领悟，从生态角度对人类栖居的大地的深厚情感，及如何从历史先贤的人生命运中汲取有营养的思想资源的思考。

附 录 6

新世纪河南文学的城乡叙事及其新变

新世纪以来，由于改革开放的深入推进，中国经济迅速崛起，成为世界第二大经济体，城市和乡村在这一进程中也发生了日新月异的变化。河南地处内陆，发展虽不如沿海、东部迅猛，但由于其承东启西、连南贯北的特殊地理位置，郑州又是全国最大且历史悠久的交通枢纽，所以河南在新世纪发展迅速，其地位也愈来愈重要。去年 8 月，中央政治局召开会议，明确广东、江苏、山东、浙江、河南、四川六个经济大省要勇挑大梁，发挥稳经济关键支撑作用。2021 年，省会郑州以 534 万的城区人口数量，成为全国十四个特大城市之一。

现实的发展变化为河南作家提供了丰富的写作素材，新世纪河南文学也延续了一直以来的现实主义传统，具有强烈的现实关怀精神。无论是本土的李佩甫、邵丽、南飞雁，还是离开河南的乔叶、刘震云、周大新、刘庆邦、梁鸿等的创作，都直击时代现实，城乡问题成为他们共同关注的热点话题。

新世纪河南作家笔下的乡村不再像姚雪垠、李准小说中那样象征着苦难与绝望，而是传达着作家的时代忧患意识——乡村在城市化进程中，经济状况得到了极大的改善，但也带来了生态破坏、传统乡土文化衰落等问题。周大新的《湖光山色》中，乡村女性暖暖在接受了现代城市文明的熏陶之后，开始努力改变乡村社会的生活现状：由零散的家庭个体导游发展到开办旅游公司，由单一的食宿导游走向联合经营“度假屋”，她在自己致富的同时，带动了村民生活方式的改变，楚王庄也凭借其优美的生态环境成为都市人游乐、休闲的好去处。但为了追求利润最大化，城市的旅游公司大兴土木，强占农民耕地，破坏了楚王庄的生态平衡。发展旅游业在给乡村带来巨大财富的同时，也扰乱了乡村生活的平静，原本淳朴的乡土文化岌岌可危。乔叶的《拆楼记》则围绕土地展开叙述，颇具时代特征。山阳市高新区建设需要大量土地，市区的一些政府机构已率先获得地块，房地产商也开发了商品房住宅小区。处于这一利益链条最末端的以“我姐姐”为代表的几户农民，将自己的利益与村支书弟弟的利益捆绑在一起，谋取最大利益。这深刻地揭示了乡村文化的巨大变化：土地不再是农民的生命之根和情感寄托，而是成为谋取更大利益的工具；寄托着农民古老生命情感的“土地庙”被挪到了学校的四楼，“土地庙”离开土地，被架空，仿佛也喻示着当下乡土精神文化的失落。

更重要的是，善于批判乡村基层权力的河南作家，将新世纪乡村基层权力的运作逻辑深入地揭示出来，具有深刻的启蒙意识和批判意识。在《湖光山色》中，旷开田既是村主任，同时也掌握着旅游公司的资源，村民敢怒不敢言，忍受着他的欺压。在《拆楼记》中，村支书的弟弟坦然接受着权力带给他的隐形价值，从盖房者和拆迁者那里获取自己的利益。但乔叶、周大新也有意凸显了新世纪的农民形象，他们视野开阔、理智豁达，能够通过法律手段维护自己的合法权益。例如，《湖光山色》中的乡村女性暖暖具有现代意识，不仅通过乡村旅游带领农民走上致富的道路，在村民们受到旷开田欺压时，还能够通过法律手段与其展开斗争，维护村民们的权益。《拆楼记》则如实记录了农民在维护家园的过程中公民意识的生成。为了维护自身权益，他们在乡村知识分子赵老师的带领下，寻找《城乡规划法》《城市房屋拆迁管理条例》等法律规定及律师观点，为自己的行为寻找法律依据，并以《土地所有权使用证》《土地承包合同》维护了自己的权益。

河南作家有着浓厚的恋乡情结，喜欢执着地书写乡村，但在新世纪，一个不容忽视的新变化是，越来越多的河南作家开始更多地将城市作为书写对象，他们的城市书写出现多元化的趋势，并且不同代际的作家呈现出相异的审美风格。李佩甫、周大新等“50后”作家对城市有着情感的排斥与隔膜，城市在他们的笔下往往是欲望、罪恶的符号。李佩甫在《生命册》中将都市视为欲望的象征，并以乡村生命的质朴衬托出城市中人被欲望、金钱绑架的现实。小说中的骆驼在欲望的道路上一路狂奔，最终被欲望所主宰，投资失利后跳楼自杀，某种程度上他成为都市欲望的象征。而乡村叛逃者吴志鹏，正因为与大地的精神联系，使得他能停下来思考，最终接管厚朴堂。李佩甫对城市文化情感上的排斥、对乡村文明的眷恋可见一斑。周大新的《21大厦》，一方面写出了大都市的精神气质，小说结构别具匠心，分五个部分：4层是大厦的餐厅；58层是高档住宅区；地下2层是保安、清洁工等社会底层群体的聚居区；32层是多家公司的办公地点；43层是公司女总裁梅苑的家。不同楼层的风景，呈现了大都市多元、多层次的生活景观。另一方面，小说中那无所不在的关在笼子里的黑色大鸟成为都市人生存状态的象征，又折射出周大新对都市文化的隔膜。主人公小谭只有在乡村才能找到纯洁女性的执念，无疑只是作家对乡村的美好想象。

不同于李佩甫、周大新等“50后”作家对城市在情感上的排斥与隔膜，乔叶、南飞雁等年轻作家对都市有着天然的亲近感，他们有着鲜明的都市意识，都市是他们日常生活中的一部分。乔叶曾借小说人物之口发抒自己对都市的热爱：“我就是不喜欢大自然，我就是喜欢钢筋水泥的城市，怎么了？……”乔叶早年散文写作的成功使她具有文学市场意识，她始终知道如何切中都市市民读者的阅读趣味：她注重在婚姻中及婚外恋中两性诸种微妙复杂心理的展现，并经由对都市女性婚姻困境的揭示来达到对女性自身存在的审视与反思。《妊娠纹》《黄金时间》《失语症》揭示出相对封闭的中原内陆城市中，中年女性的深度心理困境及单调平淡的日常生活对人精神的腐蚀与消耗，既有张爱玲的辛辣笔触，又有刘震云的几分新写实色彩。乔叶还擅长写中原的饮食文化，烩面、羊杂碎、京都老蔡记、玉米糁、牛肉面等美食给郑州这座城市增添了别样的魅力。在《藏珠记》中，乔叶对豫菜所象征的中原文化有着透辟的理解："豫菜，甘而不浓，酸而不酷，辛而不烈，淡而不薄，香而不腻……咱们的特点就是甘草在中药里的作用，五味调和，知味适中。所以内行常说，吃在广东，味在四川，调和在中原。"

"80后"作家南飞雁早期的小说与刘震云颇有几分相似，他的"七厅八处"多描写中原城市的公务员，讲述他们人到中年，灰色、卑微的人生。2019年，南飞雁推出了长篇小说《省府前街》，以民国时期开封的沈家为中心，串联起了1937—1954年开封、郑州两座城市的历史。小说还原了民国及中华人民共和国初期开封的城市历史，写出了城市的各个阶层(大户人家的小姐、佣人、"戏子"、国民党部队高官、地下党)在动荡历史中的凡俗人生，富于沧桑的历史感和浓郁的中原文化气息。老开封的传统民俗成为小说的重要组成部分，饮食如热汤面、羊肉汤、花卷馍，戏园里演唱的曲目《春秋配》等，开封城的老字号和老建筑，如陆稿荐、豫盛和、包耀记、晋阳豫、德润和、又一新等。

学者刘增杰指出，以农耕文化为基础带有小农经济特征的中原文化，其心理结构具有超稳定的文化心理倾向，在心态上的突出表现是知足常乐的内向性，有着一种割舍不断的恋乡恋土情结。不过，对于河南作家来说，"恋土、恋乡"所恋的已非现实中的中原故土，而是精神上的"故乡"与"大地"。在李佩甫的小说中，"大地"毋宁说是一个精神化的土地，能对抗当下现代化、城市化过程中人性的扭曲和异化。在《生命册》中，最感人的当属作家对乡土生活的诗性怀想，那些牛毛细雨、瓦楞上的滴水、夜半的狗叫声、蛐蛐的叫声、倒沫的老牛、门搭的声音、谷草垛、钉在黄泥墙上的木橛等，都使得中原乡土充满了诗情画意，温暖着读者的心灵。邵丽《金枝》中的拴妮儿，在很大程度上是中原乡土的象征，她虽然没有什么文化，但以自己的包容、执着、勤劳支撑着整个家庭。她的生命与大地联系在一起，"我"和她的联系也是"我"与中原大地的生命联系，喻示着大地是每个人的生命之根。

总的来说，新世纪河南作家出于强烈的忧患意识，对于城市化进程中乡村生态恶化、文化衰落的书写，从启蒙角度对乡村基层权力的批判，对都市文化多元性、包容性的呈现，对开封、郑州历史文化的打捞，对当代都市文化中人们被欲望所主导的现实的反思，使得新世纪河南文学的城乡叙事颇具文学和文化价值。但不可否认，由于中原文化整体是基于农耕文明的政治文化，与中原文化顽强的生命力相伴而生的固有的保守性，也在某种程度上制约着河南作家作品所能达到的深度。过于沉重的现实关怀也阻碍了河南作家想象力的飞扬，在思想的底蕴、文体的创新上显得有些薄弱。

——《河南日报》2023 年 4 月 14 日

附 录 7

乡音　乡风　乡情

——读袁占才散文

十几年前，我毕业来到郑大任教不久，第一次见到了占才兄。当时他正为老家鲁山申报“牛郎织女之乡”的事情而辗转奔波，这是当地文化建设的一件大事。初次见面，他淳朴的乡音，热情的笑容，让人感觉不到一丝世故，而是带着曾经养育我的那片土地的泥土气息。后来，读到他的《以善止骗》一文，文章讲述的是2005年“我”到广州看望侄子时在火车站被骗的经历，骗子假扮侄子的工友将“我”拉上了大巴车，“我”对骗子情感真挚，嘘寒问暖，“你们长期在外打工不是长久之计，将来孩子长大上学，没有城市户口不好办，所以打工期间一定节俭些、辛苦些，攒点钱还是回家立业生活的好”，最后本想行骗的骗子弃“我”而逃。读到此处，我不禁暗笑，但同时又为故乡人的真诚善良而感动，甚至生出几分骄傲。文章最后写道：“善以待人，真情一片，常会收到以善止恶，教化感慈之功效”，这是作者对人生的一种体悟吧！一方水土育一方人，我想到了故乡先贤徐玉诺先生。有一次，他从福建回家路过上海，将自己身上的八百元全部散给难民，自己则冲进头等车厢，被查票时，他厉声喊道：“你还不认识我徐玉诺？”时代不同，在这之间，是否也有某种精神联系？

我七岁时离开鲁山的一个小村庄，跟随父亲到市里求学、生活，留在记忆中的故乡形象始终是模糊的、碎片式的。占才兄对鲁山多方位的文学叙述，丰富了我对故乡的认识，亦常常将我的思绪拉回到童年时代，那于人到中年的我始终是一份美好的回忆。他在《三县交界盐店村》中，以文学的方式描绘鲁山的地理地貌，颇为生动，“鲁山境大小河流差不多上百条，河名多因地而名，譬如北来河、清水河、团城河、香盘河，响马河，听听就知道是什么地方的河”，这让我想起故乡小村落旁的漫流河来，离家不远就有一个叫作漫流的小村庄。“河水九折十八湾，横冲直撞，在岩床上滚过，冲撞出的是无数的潭瀑：黄龙潭、金龟潭、横梁潭、簸箕潭，状物名物，似兽名兽。而瀑却不叫瀑而叫撞：头道撞、二道撞、三道撞…… 一直‘撞’下去，奔流到海”，“撞”这个用词是如此形象，颇有鲁山人爽直、诚厚的特征。除了山水，还是石，“盐店山脉的山石是梅花玉，底色有豆青、茄紫、赭红三种…… 火山岩浆迸发冷凝，形成无数杏仁似的气孔，任凭填充上什么颜色，都像是梅花状的”。在作者笔下，鲁山的石带上了文人的情趣和格调。

让我颇感兴趣的，还有作者对于自己童年时期拾柴火的经历的叙述，既生动温馨，又颇具历史感，写出了20世纪70年代鲁山的地理特征及百姓凄苦而又不乏温馨的生活：“豫西这地方山多，见怪不怪。多数的山尤其是丘陵地，就喊作坡吧。冬天，山瘦了，坡也瘦了，瘦得毛发干枯，筋骨裸露，我和伙伴们上坡拾硬柴。老家有两架坡，东坡是石庙坡，石头多，石缝里灌木荆棘挤着长，张牙舞爪的，总是扎手，不易往家弄；北坡乃土坡，土贫，却什么杂树都长，不成材的歪脖子树尤多，正是我们猎取的对象。”这段对鲁山山地地貌的描写极为生动，在我的童年记忆中，家乡有许多“坡”和“岭”。因为其时乡村生活贫苦，没有煤做燃料，只能让孩子们出去拾柴火，“穿着棉袄棉裤，一路奔北坡去，风镰刀似的，先割脸，再蛇一样从脖口往下拱，接着又从脚踝处蹿出，把鼻涕蹿大长。待到坡上，猴子似的嗖嗖爬上树，一阵咔咔嚓嚓，干树枝扳下一地，就浑身燥热起来，燥热得敞开怀，袄成了‘火龙’袄，直想脱掉”，这段描写生动地呈现了20世纪70年代鲁山山地乡村孩子们不乏快乐的日常生活。当年生活虽然艰辛，但在孩子们的世界中，只有玩乐和游戏，如“当台”：“画一条界河，找几根拐尺一样的树枝，小胳膊粗细，照准对方的‘台’狠命凿去，凿过界算赢，对方的‘台’就归你了。‘点儿’幸时，能赢十好几根木柴，兴高采烈，一路哼着曲儿回家”。这些对儿童游戏的描写不禁让我们想起汪曾祺在《大淖记事》中对高邮小镇人们“滚钱”“打钱”等日常娱乐的叙述。20世纪70年代乡村的苦难与儿童生活的乐趣在作家生动的叙述中形成了强烈的张力，让读者既感到历史的沉重与苦涩，又被儿童的兴致与乐趣深深打动。还有鲁山的各种美食，作者如数家珍，详细道来，如浆面条，“无论豆面好面，配上芝麻叶、萝卜叶、红薯叶，佐以芝麻酱、辣椒酱、黄豆、芹菜、韭菜等，两块钱一小碗，价廉味美”，这些美食早已成了当地百姓日常生活的一部分，鼎顺搅锅菜，鸿盛滋补甜鸡，郭记烩羊杂，袁氏卤猪肉，史记羊蹄等，“都是平民百姓享受得起的”，甚至渗透着他们乐知天命、坚韧求生的生存哲学，“东关大街许氏丸子汤、城壕老粮管所门口侯氏豆沫儿我没少去喝，都是父子几代承传。侯氏豆沫儿女主人，一出摊掌住勺，就盛几百碗，使得胳膊痛。当今社会，灯红酒绿的，长期守着一份薄利的营生几十年，实在不容易”。

在作者的叙述中，打动我的，还有那些有着自己内心坚守的鲁山人。他们并非名人，却在各自的人生中践行着真诚为人、踏实做事的墨家哲学——鲁山本是墨子的故乡。占才兄曾做了十几年的鲁山文史资料编辑工作，因此对当地的文史工作者较为熟悉。他笔下钟情于文史工作的几位老者给我留下深刻的印象。撰写文史资料，“是一件苦差事，硬功夫，苦筋巴力写出来，稿费换不住几袋盐”，几位老者是将之作为“一项工作、一项任务、一种事业去追求的”。陈继祥老人常常“近处骑自行车，走村串户，远处乘班车，打长途电话，到处搜集文史资料”，给《鲁山文史资料》供稿75篇，约33万字。水利局退休干部程岷源，“患食道癌冠心病等十多种顽症二十多年，躺在病床上坚持写了20年，政协匾赠‘沉疴撰史，光前裕后’”。马楼乡退休教师林瑞五，坚持文史工作，所想的是“我一生从事教育，没有什么钱财留给后代，有生之年撰写几篇文史资料，也算为后世留点遗记”。他们致力于地方历史文化的记录与发掘，这种诚朴的人生哲学，以及对人生意义和价值的探寻和追求，对当今的我们仍不无启发。除了文史工作者，作者还以深情的笔触追忆了20世纪50—80年代鲁山县两位医者仁心的医生。作者20世纪80年代初卫校毕业后进入县医院当护士，曾在医疗系统工作多年，与这两位医生相熟。当今，个体面对巨大而庞杂的医疗体系，往往感到渺小无力。我们能从作者动情的追忆中，去寻找隐藏在历史中的“熟人社会”中的那份温情。

在《医界楷模》中，作者写道，鲁山因为交通闭塞，地理位置偏僻，医疗条件落后。建国初期，李庭栋医生遵照县政府指示，负责筹建鲁山县卫生院。他医术精湛，为人亲和，因为心无旁骛、不问政治，曾被打成“右派”，但他“无怨无悔，把名誉看得很淡薄。能为病人看病是他最大的心愿”。七十岁时，李医生仍坚持每周二五的大查房，“老人精神矍铄，每天都是乐呵呵的样子”。他在医院的工资最高，“每遇发工资，他便会微笑着小心谨慎地掏出一二十元钱让我去买东西，我就乐颠颠买回来一大堆糖果花生或郑州三号西瓜，把几个科室的人都喊过来，吃着笑着说着感谢的话”。通过作者的叙述，一个医术精湛、极为敬业、为人谦和的医者如在眼前。此外，还有一位师医生，“他每给病人诊病，话并不多，腔也并不高，但沟通到位。他的每一句话，如春风般和煦，似阳光般温暖，让病人听了很顺畅，很受用”，当年医疗体系还分得不是那么详细，他精通多门外科，除了心外和脑外，“几乎没有他不能做的手术。很多妇科手术，妇产科的医生拿不下来，也常请师医生上手术台”。“我”曾多次看师医生做手术，他“总是有条不紊。记得有一次病人出血严重，动脉血管的血液射到师医生脸上，但师医生顾不上擦，依然神情专注地迅速接过一把止血钳，小心而又准确地夹住一个个出血点，然后再结扎出血点”。当时的小县城就是一个小的熟人社会，师医生名声在外，“那时没有电话手机，师医生家住在城壕边，离医院一二里地，路又不好，他家门前又是个大水坑，黑灯瞎火的，尤其三九严寒、风刮雨倾的，更不容易。但只要去喊，师医生那是没有不出诊的，外边喊声未落，师医生便立即下床，蹬上裤子迅速和来人一同赶往医院，一熬一个通宵”。读到此处，令当下在现代化进程中倍感孤独、渺小的我们，感到当时“乡村共同体”的温情与慰藉，也让我们重新思考中国传统文化的意义和价值。经由作者的发掘与书写，这两位医生将成为鲁山地方文化记忆的一部分，从而散发出独特的光彩，他们“医者仁心”的形象，对后来者也有着深远的影响。

读完占才兄的散文，萦绕心头最难以忘却的，还是那些生长在那片土地上的芸芸众生，他们如乡间那些不知名的野草一样，始终倔强地在大地上生存着。如“嫂嫂”，她的生命定格在36岁。她和哥哥定亲时，坦言自己有气管炎，婚后操劳着一家人的生活，“哥哥在50里开外的昭平台参加治水库时，你曾拖着病体一星期往返两次去看望他；在家，哥哥下地，稍稍回晚，你就赶到地里唤他，替他背起锄头双双回家，然后把热腾腾的饭菜递到他手里”，还要“为我赶缝入学的书包”。这篇散文的题目是“苦枳”，它象征着当年许多乡土女性的苦难命运，“枳树，性酸苦，它并不抱怨自己生在哪里，只把幼小或成熟的果子，凝缩成一剂浓浓的汤药，捧到人们面前”。还有“父亲”，他是一个勤劳、本分的传统农民，“日出日落中，父亲把一个弯形的牛梭头套进牛脖子里，一手扶了犁，一手把鞭子高高举起，鞭稍点在牛脊背上，牛吃这一吓，狠劲地跑开去，父亲的脚就蹬蹬地连着跟了上”，在大病之后，“父亲”仍然不放弃劳动，“麦天割麦打场，秋天锄地播玉米”，一生勤俭艰苦，最后因病去世。他的一生谈不上多么辉煌，仅仅是将七个孩子养大成人，但对现代历史稍有了解的人都会明白其中的艰辛。还有“七叔”，一生勤劳谨慎，“领着几个孩子日出而作，日落而息地苦干”，他会打铁的手艺，“农闲时拉动风箱，升起炉火，叮叮当当，镰锄斧镢，拿得生铁来，换得熟刃去，分文不要，深得村人高抬”，后来吃饭咽不下去，“医生问过病情后吩咐钡透拉网，然顺两次管子都未下去”。七叔的倔脾气上来了，他坚决不治了，要求回家，病情渐渐好转后，他又开始了劳作，但死神并未放过七叔，“住院一个多月，人瘦成一把骨头”，“一天，他睁开眼，突然攥紧我的手说：‘才，我这病治不好，只是我放心不下这一群孩子啊！”，“治不好也是白花钱，请等着回去为我瞒鞋了”，七叔在雪夜中离开了人世，离开了他惦念的孩子们。这些颇为动情的叙述，让我想起了曾经在那儿度过快乐的童年的小村落的乡亲们。经由作者对这些普通农人生命的书写，我们不仅从中了解到现代以来中原乡村的苦难历史，而且看到了乡间百姓坚韧的生命力，这不禁让人想起余华的《活着》，从而进一步去探寻、思考生命的价值。

一个秋日，前一天还在北京的我，次日回到了这片土地，熟悉的小村落，拥挤、喧闹的大都市仿佛被抛在了昨天。站在故乡的土地上，秋天的田野，安静，辽远，我突然强烈地意识到，在情感上我是如此依恋这片土地，它是我的精神原乡。占才兄从卫校毕业后在县医院工作多年，后来弃医从文走上了文学的道路，成为鲁山文化记忆的书写者、发掘者，这片土地的歌者。

——鲁山县文学艺术网

附 录 8

深秋忆爷爷

北方的深秋，高大的法桐点亮了秋色，金黄、赤褐色的叶片从树上飘落，铺满了雨后的街道。走在这样的小路上，遥望无尽的远方，常常让人想起每个人长长的一生。

爷爷离开人间，也正是这样一个秋天。秋天难道是告别的季节吗?告别夏的炎热与茂盛。泰戈尔曾有这样的诗句：生如夏花之绚烂，死如秋叶之静美。秋叶静静飘落离开树木，归于大地，正如生命本身的历程。我更喜欢鲁迅的《腊叶》："有一点蛀孔，镶着乌黑的花边，在红，黄和绿的斑驳中，明眸似的向人凝视。"在先生的笔下，秋叶有了生命。

爷爷如一片有生命的秋叶，从树木上飘落，融于大地，他大半生务农，大地也正是他生命的归宿。

我温馨、快乐的童年记忆是与爷爷联系在一起的，那是豫西鲁山东部的一个小村落，小村落里的一个小院儿。

核 桃 树

人到中年的我，忆及爷爷，觉得他必是一个热爱生活的人。打我记事起，小院儿砖瓦房的屋檐下就有一群灰蓝色的鸽子，是爷爷养的，咯咯咕咕的鸽子叫声伴我长大。小院儿里有一棵高大的核桃树，还有一棵枣树，它们都是爷爷种下的，但核桃树于我有着更深的记忆。农谚说

"桃三杏四梨五年，想吃核桃18年"，可以想见爷爷种的核桃树其时应该有些年岁了。

那时我尤为喜欢它那略略发白的树干，喜欢它大大的、形状独特的树叶。初秋核桃成熟的季节，于小孩子而言，简直是莫大的乐趣。摘下核桃，不停地拿石头砸，果绿色的核桃果溅出绿色的汁液，露出里面硬硬的壳。估计是我和姐姐、哥哥喜欢不停地做这样的游戏，爷爷吓唬道：那汁液溅到胳膊、手上，就会变成一个个的小黑点，洗也洗不掉。即使如此，想必当年的我们也不肯罢休。

许是像五岁的儿子这般年纪，有天正抱着核桃树的我突发奇想：如果我松手了，会怎么样呢？核桃树后面就是一堵墙，没有什么意外——我的后脑勺磕破了。全家人急坏了，是爷爷每天早上给我打鸡蛋茶——这在20世纪80年代初的农村，已是极大的破费，养了半月才好。现在后脑勺处仍有一块疤，可以视作童年时探索世界的一个纪念吧！

走在Z城的街道上，看到附近乡村的农人们将一筐筐绿油油的核桃果摆在街边，路过的我常觉得莫名的亲切，想起爷爷，想起小院儿里那棵陪我成长的核桃树……

锅盔

据百科，锅盔又叫锅魁、干馍，是陕西省关中地区及甘肃省城乡居民喜食的地方传统风味面食。不过，Z城常卖一种锅盔，长方形，薄薄的两层，上面撒着芝麻粒，中间零星分布着些肉末，味道也不差，可以用来饱腹，但这与我记忆中的锅盔迥然不同。

传统风俗，锅盔是外婆给外孙贺弥月赠送的礼品，然而我第一次吃的锅盔，是出自爷爷之手。他用家里最大的锅，炕出的锅盔外焦里虚，在其时贫穷的乡村，不啻是一种难得的美味。为了便于让足有两厘米厚的大锅盔熟透，爷爷常常在上面用筷子扎一些小孔，幼时觉得这一切都有趣极了。我和姐姐、哥哥每人掰一块儿锅盔坐在核桃树下吃得津津有味，口中留着小麦面原本的香甜味道，何尝体会到大人生活之艰难？“烙馍生活，蒸馍费，吃了锅盔当了地”，说明吃锅盔在乡村是颇为奢侈的。长大后，据父亲讲，爷爷当年很辛苦，每到临近年关，正值寒冷的冬日，凌晨四点起床，拉着一架子车红薯，走三十多里地到鲁山县城去卖，置办年货。

其实，爷爷一生大多在小村庄里度过，并无在外省闯荡的经历，他是如何通晓这种来自陕西的面食的制作过程的，是一个谜，我想这应该是很多中国传统农民的生活智慧吧！

除了锅盔，留在记忆中的童年美食还有蒸大米饭，香喷喷的米饭，还冒着热气，上面撒一层白糖——当时在乡村是极为珍贵的物事。唉，今天的孩子们会觉得很奇怪吧，这算什么美食呢……

秦椒

爷爷曾在村外西岭开辟了一小块地种菜，我们把它叫“小沙坑”，其实它是20世纪60年代挖干渠时留下的一片坑洼地。如果爷爷不在家，大半是去“小沙坑”侍弄菜去了。爷爷种过芋头，所以幼时我便吃上了芋头，绵软的，沾上白糖，也是那个年代难得的美味。

秦椒，也出自“小沙坑”。秦椒不是普通的辣椒，而是辣椒中的一种，有“椒中之王”的美誉，辣味浓郁，体形纤长，又称线椒。

孩子自然是不喜欢辣椒的，如今我也惧怕秦椒的辣。

但秦椒留在了我的记忆中，让我与它有了亲近感。漫长的冬天，北方的乡村天寒地冻，并无取暖的设施，依稀记得将掰过的玉米穗儿支起来，下面点上火，燃烧起来，房间里就有了暖意。然而，专注于玩耍的我，手还是经常冻裂，甚至生出冻疮，现在想来必定是难看至极的，但其时竟然毫不在意，只有孩童的快乐。

爷爷将秋天的秦椒棵留着，晒干，冬天时用它们熬出一锅略略发黄的热水，让我洗手。按中医来讲，应是取秦椒温热之性。后来查阅文献得知，辣椒的确可治疗冻疮。当年手有没有变得好点？我已经忘记了，但那些秦椒棵和爷爷留在了我的记忆中，让我觉得自己是幸福的孩子……

爷爷出生于1919年，进私塾读过《论语》《孟子》，十岁因饥荒而失学。爷爷的名字极有书卷气，潘作述。20世纪50年代，爷爷曾到刚开始建设的平顶山做过工人，参与修建过西市场武庄后地的高墩桥、五矿的十六米垮桥、平顶山到韩庄铁路宝丰庙王西涵洞和魏窑桥等，晋升到技术石工六级。爷爷本来可以继续留在城市，却回到了乡村。讲起这些，爷爷笑呵呵的，并没有悔意，他说当时家里的成分是中农，留奶奶一个人在家带着父亲和叔叔两个孩子不放心。

爷爷让我明白我生命的来处。尽管在Z城过着所谓的都市生活，但我知道自己曾经经历的穷困生活让我始终与大地上那些沉默的大多数在一起。

六年前的秋天，与爷爷的最后一面。他闭上了双眼，面庞还是如平日那样的安详。

屋檐下的那群鸽子，不知飞去了何方？

2021年11月

参考文献

1. 秦方奇. 徐玉诺诗文辑存[M]. 郑州：河南大学出版社，2007.

2. 刘振军. 徐玉诺先生的故事[M]. 北京：中国文史出版社，2007.

3. 刘增杰. 师陀全集[M]. 郑州：河南大学出版社，2004.

4. 朱鸿召. 王实味文存[M]. 上海：上海三联书店，1998.

5. 李佩甫. 生命册[M]. 北京：作家出版社，2016.

6. 李佩甫. 李佩甫文集[M]. 武汉：长江文艺出版社，2001.

7. 孔会侠. 李佩甫评传[M]. 郑州：河南文艺出版社，2018.

8. 周大新. 长在中原十八年[M]. 北京：中国文史出版社，2012.

9. 罗平汉. 人民公社化运动始末[M]. 北京：中共中央党校出版社，2006.

10. 周大新. 香魂女[M]. 北京：人民文学出版社，2016.

11. 周大新. 走出盆地[M]. 北京：人民文学出版社，2016.

12. 周大新. 安魂[M]. 北京：作家出版社，2012.

13. 周大新. 天黑得很慢[M]. 北京：人民文学出版社，2018.

14. 周大新. 湖光山色[M]. 北京：作家出版社，2008.

15. 周大新. 21 大厦[M]. 北京：人民文学出版社，2016.

16. 乔叶. 拆楼记[M]. 郑州：河南文艺出版社，2012.

17. 乔叶. 取暖[M]. 武汉：长江文艺出版社，2015.

18. 乔叶. 生活家[M]. 南京：江苏凤凰文艺出版社，2016.

19. 乔叶. 她[M]. 桂林：广西师范大学出版社，2019.

20. 乔叶. 深夜醒来[M]. 北京：当代中国出版社，2015.

21. 乔叶. 我承认我怕天黑[M]. 济南：山东文艺出版社，2007.

22. 乔叶. 我是真的热爱你[M]. 武汉：长江文艺出版社，2004.

23. 乔叶. 走神[M]. 郑州：河南文艺出版社，2015.

24. 梁鸿. 中国在梁庄[M]. 南京：江苏人民出版社，2010.

25. 梁鸿. 出梁庄记[M]. 广州：花城出版社，2013.

26. 冯杰. 田园书[M]. 郑州：河南文艺出版社，2012.

27. 冯杰. 北中原[M]. 北京：作家出版社，2020.

28. 冯杰. 九片之瓦[M]. 北京：作家出版社，2016.

29. 王剑冰. 王剑冰精短散文[M]. 郑州：大象出版社，2011.

30. 杨稼生. 北湾[M]. 北京：中国文联出版社，2011.

31. 杨稼生. 两岸书[M]. 郑州：河南文艺出版社，2014.

32. 杨稼生. 叩问童心[M]. 郑州：大象出版社，2015.

33. 王怀让. 王怀让自选集[M]. 北京：作家出版社，1997.

34. 陆健. 洛水之阳[M]. 郑州：郑州大学出版社，2021.

35. 张莉，李馨. 当代河南女作家研究资料汇编 乔叶卷[M]. 北京：北京十月文艺出版社，2021.

36. 萧军. 人与人间——萧军回忆录[M]. 北京：中国文史出版社，2006.

37. 洪子诚，刘登翰：中国当代诗歌史(修订版)[M]. 北京：北京大学出版社，2005.

38. 张柠. 中国当代文学与文化研究[M]. 北京：北京师范大学出版社，2008.

39. 陆幼青. 生命的留言：《死亡日记》全选本[M]. 北京：华艺出版社，2000.

40. 李丹梦. 文学“乡土”的地方精神[M]. 北京：北京大学出版社，2014.

41. 李勇. 新世纪的河南文学映像[M]. 北京：人民文学出版社，2019.

42. 刘宏志. 墨白小说研究[M]. 郑州：河南大学出版社，2013.

43. 刘宏志. 邵丽小说研究[M]. 郑州：河南文艺出版社，2017.

44. 朱自清. 朱自清全集[M]. 南京：江苏教育出版社，1999.

45. [俄]陀思妥耶夫斯基. 死屋手记[M]. 上海：上海译文出版社，2015.

46. 杨义. 中国现代小说史[M]. 北京：人民文学出版社，1986.

47. 于建嵘. 底层立场[M]. 上海：上海三联书店，2011.

48. 费孝通. 乡土中国[M]. 上海：上海世纪出版集团，2007.

49. 吴毅. 小镇喧嚣：一个乡镇政治运作的演绎与阐释[M]. 北京：生活·读书·新知三联书店，2018.

50. 陈志让. 军绅政权——近代中国的军阀时期[M]. 桂林：广西师范大学出版社，2008.

51. 张乐天. 告别理想：人民公社制度研究[M]. 上海：上海人民出版社，2016.

52. [美]R. E. 帕克，等. 城市社会学——芝加哥学派城市研究文集(中译本序言)[M]. 宋俊岭，等，译. 北京：华夏出版社，1987.

53. [澳]德波拉·史蒂文森. 城市与城市文化[M]. 李东航，译. 北京：北京大学出版社，2015.

54. [英]齐格蒙·鲍曼. 现代性与大屠杀[M]. 杨渝东、史建华，译. 南京：译林出版社，2011.

55. [美]彼得·莫斯科维茨. 杀死一座城市：缙绅化、不平等与街区中的战斗[M]. 吴比娜，赖彦如，译. 太原：山西教育出版社，2022.

56. 林乃燊. 中国饮食文化[M]. 上海：上海人民出版社，1989.

57. 钱理群. 周作人研究二十一讲[M]. 北京：中华书局，2004.

58. 张振金. 中国当代散文史[M]. 天津：百花文艺出版社，2012.

后　记

又是一个春天来到了，走在校园里，远远望去，朦胧如烟的垂柳，还有那带着粉意的桃林，空气中弥漫着各种花的香气……这所如公园一样的校园静静地陪伴了我近二十年。

2008年，"新世纪底层文学研究"获得国家社科基金青年项目立项，原本做延安研究的我开始进入当下文坛，阅读了不少最新的小说，逐渐转向当代文学研究和当代文学批评。由于身处河南，也由此开始关注河南的文学创作现状。2011年，《河南文学史·当代卷》(张鸿声主编)由郑州大学出版社出版，诗歌部分是我负责完成的。我开始陆陆续续写下一些文章，这些文章涉及李佩甫、邵丽、乔叶、周大新等小说家，也涉及王剑冰、冯杰等散文家，还有我家乡平顶山的杨稼生、曲令敏、叶剑秀、袁占才等文学创作者。河南文学逐渐成为我的一个小的研究分支。

本书的有些篇章曾经公开发表过，有些篇章在已发表的基础上又经过了扩写、补充。

感谢郑州大学文学院、中国现当代文学学科点，本书才得以顺利出版！

感谢武汉大学出版社编辑对本书的辛勤付出！

莫让岁月空流逝。这本书记录着我曾经的学术印迹……

潘　磊

2024.3.20于郑州大学新校区